KNAUR✹

SUSANNE FRÖHLICH
CONSTANZE KLEIS

Halte den Kopf hoch und den *Mittelfinger* höher

KNAUR

Originalausgabe Oktober 2023
© 2023 Knaur Verlag
Ein Imprint der Verlagsgruppe Droemer Knaur GmbH & Co. KG, München
Alle Rechte vorbehalten. Das Werk darf – auch teilweise – nur mit
Genehmigung des Verlags wiedergegeben werden.
Redaktion: Dr. Caroline Draeger
Covergestaltung: Verlagsgruppe Droemer Knaur
Coverabbildung: Shutterstock.com/1494
Satz und Layout: Adobe InDesign im Verlag
Druck und Bindung: CPI books GmbH, Leck
ISBN 978-3-426-28625-8

»Wenn du den Weg, auf dem du unterwegs bist,
nicht magst, pflastere dir einen neuen.«

Dolly Parton

Sie, unsere treue Leserin, kennen das ja schon: zwei Frauen, eine Haltung – aber zwei dann doch verschiedene Erfahrungs-Horizonte. Die eine hat Kinder – die andere keine. Die eine ist sehr gewichtsflexibel – die andere ihren durchschnittlich zehn Kilo plus ziemlich treu. Die eine war schon vor der Euro-Umstellung liiert, die andere hatte nach längeren Exkursionen durch den Dating-Kosmos erst kürzlich ein neues Glück gefunden. Kurz: Hier findet sich einmal wieder alles, was so ein Frauenleben ausmacht. Wer da was genau erlebt hat – ist dann gar nicht so wichtig. Sie und wir finden uns so oder so wieder.

INHALT

Ja, es stimmt –
es gibt für uns alle
kein Essen ohne Abwasch.
Theoretisch.
Praktisch stehen immer noch
überwiegend Frauen an der
Spüle des Lebens.

DANKE, ES REICHT!

Wenn wir erzählt haben, an welchem Buch, an welchem Thema wir arbeiten, haben wir oft gehört: Wirklich? Gut, Frauen können immer noch nicht Papst werden. Aber ansonsten sind wir doch längst raus aus dem Verdacht, uns nicht durchsetzen zu können. Keine müsste heute noch etwas tun, das sie nicht mag oder was ihr nicht liegt oder ihr gar schadet. Jede habe die Chance, im Job so weit zu kommen, wie sie es für sich für richtig hält. Die Freiheit, ihr Leben nach ihren Wünschen zu gestalten, die Wahl, zu heiraten, ledig oder solo zu bleiben, mit Frauen oder mit zwei Männern zu leben, selbst einer zu werden, zehn Kinder oder keines zu bekommen, ein Nagelstudio zu eröffnen oder Kanzlerin zu werden. Ellenlang sind die Aufzählungen, die nicht nur von Männern, sondern auch von Frauen kommen. Sie sollen dokumentieren, dass das biografische GPS für Frauen sich da längst die Lunge aus dem Leib schreit, damit es auch die in der letzten Reihe verstehen: SIE HABEN IHR ZIEL ERREICHT! Aber weshalb fühlen wir uns dann nicht so? Weshalb sind so viele Frauen so unglaublich erschöpft? So frustriert? So enttäuscht? So gestresst? Weshalb fällt es uns sogar noch schwerer, Grenzen zu ziehen, als etwa wochenlang auf Süßes und Kohlenhydrate zu verzichten? Warum stehen unsere Bedürfnisse immer noch allermeistens ganz hinten in der Warteschlange? Hinter denen unserer Männer, unserer Kinder, der Rest-Familie, der Kolleg*innen und sogar hinter denen von Leuten, die wir nicht mal kennen – wie dem Typen, der im Flieger gleich beide Armlehnen belegt und die Ansage der Stewardess »Es ist leider nur noch einmal Currywurst da« souverän mit »Das nehm ich!« beantwortet.

Wieso gilt nach wie vor: Wo zwei gleich qualifiziert und Vollzeit berufstätig sind und gemeinsame Kinder haben, hat die eine immer noch den Großteil der Familienarbeit auf ihrer To-do-Liste? Und warum braucht es manchmal nur einen blöden Kerl, der uns nicht mal dann das Wasser reichen könnte, wenn man ihm einen Hebekran hinstellt, um unser ganzes Selbstbewusstsein für Wochen und Monate in den Keller zu schicken? Bloß weil er im Netz ein Bild von uns mit »ganz schön faltig« kommentiert? Oder sich nach einem Date nicht mehr meldet?

Wovor fürchten wir uns, wenn wir so vieles nicht sagen, sondern höchstens denken? Egal, wie stark, wie selbstbewusst, wie erfolgreich wir sind, immer steckt offenbar irgendwo auch noch ein Hasenherz in uns, das uns unser Leben souffliert. Mit Sätzen wie: »Darf ich das überhaupt?« Oder: »Jetzt besser nicht sagen, dass mein Auto sehr viel größer ist als seins, sonst war das unser letztes Date!« Oder: »Boah! Der hat doch jetzt nicht wirklich MIR erklären wollen, wie man Kindergartenkinder pädagogisch qualifiziert begleitet? NACHDEM ich ihm gesagt habe, dass ich Erzieherin bin.[1] Was macht der noch mal? Ah ja: Bauingenieur! Aber okay, ich will uns ja nicht den Abend verderben!!« Oder: »Nein, du sagst auf keinen Fall ›Ihre Hoden können unmöglich so groß sein, dass Sie Ihre Beine dermaßen auch noch bis weit in meinem Sitzbereich spreizen müssen. Und wenn, dann sollten Sie jetzt eigentlich beim Arzt und nicht in der S-Bahn sitzen.‹« Oder: »Leon könnte ruhig mal merken, wie ›gechillt‹ es ist, eine Klasse zu wiederholen. Aber damit wäre ich dann wohl raus aus der Endausscheidung für den Titel ›gute Mutti‹, also schreibe ich wohl besser seine Hausarbeit.« Oder: »Geld ist doch nicht alles. Also jedenfalls nicht genug, um den Chef mal entschieden um die seit Jahren fällige Gehaltserhöhung anzugehen.«

Nichts gegen das Hasenherz in uns. Es hofft schließlich auf etwas sehr Schönes: auf das Grundgute. Auf Teamgeist. Darauf, dass man sich höchstens mit Wattebäuschen bewirft und am Ende die gewinnt, die sogar den Burn-out noch mit einem Lächeln begrüßt. Auf eine Welt, in der Freundlichkeit, Vernunft und Einsicht regieren, in der sich alle ganz doll liebhaben und niemand wirklich richtig böse wird. Das Hasenherz glaubt an Einsicht, an das gute Beispiel, an Freundlichkeit. Es glaubt nicht an Konsequenz, Egoismus, Konflikt und Konfrontation. Sieht man doch überall, wohin das führt. Ukraine und so. Es sagt:»Ich haue nicht. Niemals. Unter keinen Umständen.« Wie die 56-jährige Carla, mit der wir vor einiger Zeit einen Selbstverteidigungskurs für Frauen besucht haben. An einem Wochenende wollten wir uns mit zehn anderen Frauen Grundlegendes zeigen lassen. Nur für den Angriffsfall. Dazu gehörte, das Gelernte einem Praxistext zu unterziehen. Einer der Trainer hatte sich dafür in einer Art Ganzkörperdämmung verschanzt, inklusive Helm und Gesichtsschutz. Wir Frauen sollten uns im Kreis um ihn aufstellen und uns seiner Zugriffe erwehren. Bloß Carla wollte nicht mitmachen.»Die Runde will ich auslassen. Ich KANN einfach niemanden schlagen. Das ist mir so dermaßen wesensfremd und widerspricht allem, woran ich glaube.« Nur mit größter Mühe war Carla davon zu überzeugen, dass der ganz Kurs ohne diese Übungseinheit nun wirklich wenig Sinn machen würde. Und es ja nur für den Fall sei, ein potenzieller Angreifer ließe sich nicht von einem entschiedenen»Stopp!« und einer eindeutigen Abwehrhaltung abhalten, eine Frau zu verprügeln.

Wir staunten nicht schlecht, als Carla »dran«kam und sich des menschlichen Crashtest-Dummies erwehren sollte. Sie semmelte ihm umstandslos so dermaßen eine rein, dass der Schlag den ganzen Schutzhelm crashte und der ziemlich große, maximal durchtrainierte Mann fast umgefallen wäre. Carla war dabei mindestens so überrascht wie wir Zuschauerinnen ob der Power des Schlags und der Wut – die offenbar wider Carlas Wissen in ihr steckte. Seitdem nannten wir sie nur noch »Tyson«. Marion, die dabei war, sagt manchmal heute noch, wie viel Glück der Trainer doch hatte, dass Carla ihm die Ohren heil gelassen hat. Schließlich hatte Mike Tyson seinem Gegner Evander Holyfield fast mal eines abgebissen.

Nein, wir wollen nicht darauf hinaus, dass Frauen unbedingt mehr Ohrfeigen verteilen sollten. (Obwohl es da durchaus ein paar sehr geeignete Kandidaten gäbe.) Wir finden nur, dass Carla ein exzellentes Beispiel dafür abgibt, wie es hinter den so hübschen Fassaden von Freundlichkeit, Nachgiebigkeit und Harmoniestreben in uns allen gärt. Wir fühlen uns, wie jemand sich eben fühlt, der sich größter Anstrengungen unterzieht, um alles für alle ganz richtig zu machen und trotzdem (oder vielleicht gerade deshalb) niemals auf seine Kosten kommt. Wie in der Fabel vom Hasen und dem Igel ist stets jemand anders schon allhier –, wenn es gilt, Lorbeeren zu ernten, Anerkennung, Freizeit, mehr Gehalt und den letzten freien Parkplatz. Ja, es stimmt – es gibt für uns alle kein Essen ohne Abwasch. Theoretisch. Praktisch stehen immer noch überwiegend Frauen an der Spüle des Lebens. Selbst wenn sie gerade nichts oder fast nichts oder bloß Proteine zu sich nehmen, weil sie einmal wieder auf einem der 1000 Wege unterwegs sind, die angeblich zur Idealfigur führen.

Noch immer leisten Frauen den Löwenanteil der unbezahlten Care-Arbeit. Was besonders während des Lockdowns zu ungeahnten Erschöpfungsspitzenwerten führte, so eine Studie. Forschende aus Chemnitz hatten untersucht, wie sich die Einschränkungen durch die Pandemie psychologisch auswirkten. Das Ergebnis, so Prof. Dr. Bertolt Meyer, einer der Studienleiter: »Dass Frauen in so einem erheblichen Maß eine stärkere Belastung empfinden, das hatte ich nicht erwartet.« Tja, wir schon. Aber natürlich muss da erst mal ein Mann kommen, um es amtlich zu machen. Wie wir uns überhaupt immer noch vorwiegend von Männern die Welt erklären lassen sollen. (Laut einer Studie der MaLisa Stiftung von 2020 sind 74 Prozent der Expert*innen in Informationssendungen männlich und 26 Prozent weiblich.)[2] Ja, auch die Sache mit #MeToo (herzlichen Dank, Benjamin von Stuckrad-Barre, ohne Sie hätten nicht mal die Betroffenen erfahren, was Machtmissbrauch am weiblichen Körper wirklich für sie bedeutet).

Während sich Männer dauernd sogar in unserem Gefühlshaushalt besser auskennen wollen als wir, dürfen Frauen wenigstens eines noch ganz allein (zumal, wenn sie Mütter sind): schuld sein. Etwa wenn der Nachwuchs später mal Busse entführt. Egal, ob eine Frau eigens fürs Kind die beruflichen Pläne auf Eis gelegt oder trotz Kind in die Karriere investiert hat – es ist immer und in jedem Fall eine falsche Entscheidung. Deshalb haben wir in diesem Wochenend-Selbstverteidigungstraining nicht nur gelernt, dass in jeder Friedenstaube auch ein Mike Tyson steckt. Sondern wir haben auch Wichtiges über uns erfahren: *Wir achten nie auf unsere Grenzen. Wir lassen andere viel zu nah an uns herankommen. Wir trauen unseren eigenen Gefühlen nicht. Wir wollen nicht unsympathisch oder gar abweisend rüberkommen und winken deshalb viel zu viele Zumutungen einfach so durch.* Das alles ist sehr gefährlich. Nicht nur nachts auf dunklen Straßen. Es macht uns unglaublich müde. Es kostet uns Glück, Erfüllung, Chancen auf Selbstentfaltung, eine Menge Lebensqualität. Und es trübt unseren Blick für das, was uns zusteht, was wir mit Fug und Recht beanspruchen können. Auch gegen die Interessen anderer. Das, was jedem Menschen gebührt: Respekt, Anerkennung, Support, Rücksicht auf eigene Ressourcen. Deshalb dieses Buch. Es soll zu Selbstbehauptung und Selbstschutz ermutigen. Dazu, eigene Bedürfnisse durchzusetzen und zu sehen, wie gerade die Verknappung von häuslichen Dienstleistungen, von Zugewandtheit, von emotionalem Engagement, von Aufmerksamkeit, von Entgegenkommen, sehr viel mehr Ertrag bringt. Im Umgang mit Kindern, Männern, Freundinnen, Familie. Es soll eine Haltung päppeln, die Ulla, eine Freundin, so formuliert: *»Ich kann 24/7 nett sein. Hab's lange probiert. Bringt aber nichts.«* Nicht, dass wir ganz auf Freundlichkeit verzichten. Wir formulieren es einfach mal so: »Danke! Aber es reicht!« Und natürlich: »Kopf hoch! Mittelfinger höher!« (Letzteres selbstverständlich nur in Gedanken. Jedenfalls so lange, bis wir auch den Fortgeschrittenen-Kurs in Selbstverteidigung absolviert haben.)

Für uns sind Schuldgefühle
so etwas wie Eierstöcke –
ein primäres Geschlechtsmerkmal.

NEW KIDS ON THE PFLOCK

»Ich muss mir nicht alles gefallen lassen.
Auch nicht von mir selbst.«

Viktor Frankl

SCHULDFRAGEN

»Schreien Sie nicht so!«, sagt der Mann auf dem Podium zu mir. Dabei habe ich – meinem Sitzplatz in der sechsten Reihe angemessen – nur mit leicht erhöhter Stimme eine Frage gestellt. Eine für ihn unangenehme Frage. Auf die hat er gar nicht reagiert. Er hat stattdessen die Aufmerksamkeit von sich auf mich abgelenkt. Mit Erfolg. Die Männer um mich herum schauen nicht mehr zu ihm, sondern zu mir. Sie wissen, was er eigentlich sagen will: »Typisch Frau, statt zu argumentieren, wird gekeift!«

Und was tue ich? Ich verstehe die Strategie. Aber ich sage trotzdem nicht: »Das beantwortet meine Frage nicht!« Ich erkläre vielmehr, gar nicht geschrien zu haben. Ich rechtfertige mich. Als hätte ich etwas Falsches getan.

Auf einmal bin ich wieder fünf Jahre alt und fühle mich so ertappt wie damals, als mich Schwester Notker im katholischen Kindergarten dabei erwischte, dass ich regelwidrig ein Fläschchen Bluna im Keller trank. Bluna musste man nämlich kaufen. Aber ich hatte kein Geld. Dafür einen enormen Durst. Es war ein heißer Sommertag, und ich hatte vorher schon nach Wasser gefragt, aber keines bekommen. Ich hatte also eigentlich nichts anderes getan, als meine Versorgung selbst in die Hand zu nehmen. Trotzdem schämte ich mich entsetzlich. Schwester Notker befeuerte dieses Gefühl noch mit göttlichem Zorn – siebtes Gebot: Du sollst nicht stehlen. Ich fühlte mich schuldig.

Wenn es nach ihrer Prognose von damals ginge, würde ich der- einst in dieselbe Abteilung der Hölle einchecken wie Hitler. Das macht mir eher weniger Sorgen. Mehr Gedanken mache ich mir darüber, warum ich eigentlich immer sofort ein schlechtes Gewis- sen habe. Und nicht nur ich. *Ja, Frauen lieben Schuhe. Sie ziehen sich tatsächlich jeden einzelnen an, den man ihnen reicht.* Sogar dann, wenn er eigentlich jemand anderem gehört. Wenn er gar nicht passt. Für uns sind Schuldgefühle so etwas wie Eierstöcke – ein primäres Geschlechtsmerkmal.

Laut einer Umfrage sollen sich 96 Prozent der Frauen min- destens einmal am Tag schuldig fühlen. Spanische Psychologen haben sogar herausgefunden, dass Frauen nicht nur mehr Schuld- gefühle haben als Männer, sondern auch stärker darunter leiden. Klar, meinem Mann würde es im Traum nicht einfallen, es per- sönlich zu nehmen, wenn ihm das Steak auf dem Grill verbrennt. Legt er halt ein neues drauf. Basta. Er würde sich auch niemals grämen, wenn er den Geburtstag seines besten Freundes vergisst oder entgegen den eigenen Vorsätzen doch wieder ein Stück Ku- chen isst. Was soll's? Und wenn der 13-jährige Konrad mit bloß drei Punkten für die Mathearbeit nach Hause kommt, kann es keineswegs daran liegen, dass sein Vater nicht genug mit ihm ge- lernt hat. Oder dass Konrad selbst hätte mehr tun müssen, als ei- nen Tag vorher mal ins Buch zu schauen. Da war dann der Lehrer blöd, die Aufgaben waren nicht abgesprochen oder eine kosmisch enorm ungünstige Strahlung hat ihm einen kurzfristigen Ge- dächtnisverlust beschert. Wir dagegen sehen uns immer als Urhe- berin jedweder Katastrophe. Unter den Toten: unser Selbstwert- gefühl, unsere Bedürfnisse und eine Menge Lebensqualität.

Dabei erfüllen Schuldgefühle eigentlich einen guten Zweck. Im Grunde handelt es sich um ein Koordinatensystem aus Werten, das unser Zusammenleben erst ermöglicht. Es regelt, wie wir uns anderen gegenüber verhalten sollten. Es sorgt idealerweise dafür, dass man eben nicht in den Keller geht und der katholischen Kirche eine Bluna-Flasche klaut. Oder höchstens, wenn einem die Kindergartentante nichts zu trinken gibt. Weil es sich so schlecht anfühlt, dass man das nicht noch mal wiederholt (oder beim nächsten Mal besser aufpasst, nicht erwischt zu werden). Schuldgefühle motivieren im besten Fall dazu, unser Verhalten noch einmal zu überprüfen und weiterzuentwickeln. Es beim nächsten Mal anders zu machen, ehrlicher, vorsichtiger, sorgsamer, rücksichtsvoller zu sein.

Theoretisch gilt das für Frauen wie für Männer. Praktisch haben sich Frauen noch ein paar mehr Gelegenheiten auferlegt, sich schlecht zu fühlen. Der Grund: Wir gelten als das empathischere, fürsorglichere und emotional grundsätzlich engagiertere Geschlecht.

Zu unserem Zuständigkeitsbereich wird alles rund um Beziehungen gezählt. Natürlich fühlen sich auch Männer für das Wohlergehen anderer verantwortlich. Aber sie haben eine recht übersichtliche Vorstellung davon, wie dieses Wohlergehen aussieht: Klar bereiten sie ihrem Nachwuchs auch mal eine warme Mahlzeit zu. Aber welche Nährstoffe die enthält? Ob das Kind alles bekommt, was es braucht? Sicher, auch sie sind mal kurz schuldbewusst, wenn sie Tante Helga drei Stunden am Bahnhof warten lassen, weil sie sich mit der Zeit vertan haben. Aber nur kurz und nicht wochenlang. Männer liegen nicht nachts grübelnd wach, weil die Kollegin gestern so grimmig geguckt hat oder eine Freundin plötzlich keine Zeit mehr hat. Ist halt so. Wird sich schon melden, wenn ihr was querliegt. Mein Mann sagt gern »Ist nicht schlimm«, wenn er etwas verbockt hat. Ich sage zwar: »Das kannst du doch gar nicht beurteilen, wie schlimm es für mich ist!« Aber irgendwie beneide ich ihn um seine Entspanntheit.

Für mich gibt jede Situation, bei der etwas nicht ganz rund läuft zwischen mir und den anderen, einen herrlichen Grund für Schuldgefühle ab. Und sogar, wenn die, die ich liebe, gar nicht mit mir, sondern untereinander Trouble haben. Als wäre ich deren Ringrichter. Als hätte ich irgendwas besser machen müssen.

Das geht nicht nur mir so. Das höre ich auch bei anderen. »Mein Mann versteht sich mit meiner besten Freundin nicht«, ist so ein typisches Thema. Man könnte sagen: Ist doch deren Problem. Oder: Die müssen sich ja auch nicht verstehen. Hauptsache, ich komme jeweils gut mit ihnen aus. Oder: Warum machen die es nicht wie der Freund, der zwei Rottweiler hatte, die sich hassten? Man geht halt immer getrennt jeweils mit einem Gassi?!

LASTENAUSGLEICH

Das ist das eine Frauen-Schuldgefühle-Hauptfach. Das nächste: wenn wir die Erwartungen nicht erfüllen. Die, die man immer noch an Frauen stellt. Wenn wir etwa mehr verdienen, beruflich erfolgreicher sind als unser Mann zum Beispiel. Dann übernehmen wir zum Ausgleich noch mehr Hausarbeit – wie eine Studie belegt.[1] Die Erklärung der Forscher*innen: So versuchten sich Paare gegenseitig zu beweisen, dass trotzdem doch alles beim Alten ist. Mann und Frau in den Rollen bleiben, die ihnen zugeschrieben sind – das Stereotyp vom »männlichen Ernährer« und das von der treu sorgenden Hausfrau. Ja, das ist verrückt: noch mehr zu arbeiten, bloß um nicht als »schlechte« Frau dazustehen. Als müssten wir uns entschuldigen, ausgleichen, wenn wir nicht tun, was wir denken, dass Frauen tun sollten, um weiterhin als Frauen gelten zu dürfen. Ein Motiv, das sich durch unser ganzes Leben zieht.

Wir fühlen uns schuldig, wenn uns ein beruflicher Termin »wichtiger« ist als das Kindergartenfest. Selbst wenn wir uns das nicht ausgesucht haben. Wir fühlen uns schuldig, sobald wir die Bedürfnisse unserer Nächsten nicht auf unserer Prioritätenliste ganz oben platzieren. Wenn wir etwa vergessen, das Geburtstagsgeschenk für die Schwiegermutter zu kaufen. Oder für die Kinder eine Tiefkühlpizza auftauen, anstatt einen Gemüseauflauf zu kochen. Oder der Kollegin die Unterstützung der Präsentation absagen – weil die nicht mehr zu schaffen wäre. Kurz: Wir haben immer dort »gewohnheitsmäßig Schuldgefühle«, wo wir glauben, unser Frauen-Plansoll nicht ordnungsgemäß erfüllt zu haben.

So wie Marion. Sie ist Grundschullehrerin, 45 Jahre alt und seit zwanzig Jahren mit Thomas, einem Rundfunk-Redakteur, verheiratet. Gäbe es eine Champions League für Stinkstiefeligkeit – Thomas wäre Real Madrid. Er hat Marion in den letzten Jahren nur heruntergemacht, war schlecht gelaunt, hat sie schließlich auch noch betrogen. Damit hatte selbst die geduldige Marion genug. Zumal Thomas wenig unternahm, um seine Affäre vor ihr geheim zu halten. »Ich dachte damals, ich bin ihm nicht mal das bisschen Rücksichtnahme wert, das es braucht, um mich zu schonen.« Thomas musste ausziehen, aus dem Haus, das zwar beide gemeinsam bewohnten, das aber Marion gehört. Doch die Trennung währte nicht lange. Bald zog Thomas wieder ein. Nicht, weil er sich entschuldigt hätte oder irgendwie sonst freundlicher geworden wäre. Nein, Marion hatte Schuldgefühle, ihn »im Stich zu lassen«, wie sie es formulierte. Thomas sei eben sehr verbittert, seit man ihn bei mehreren Beförderungsrunden in seiner Redaktion nicht berücksichtigt hatte. Kein Wunder, wie wir fanden. Schließlich war er im Job mindestens genauso ruppig und selbstgerecht wie in seiner Ehe. Trotzdem bestand sein Fehlermanagement vor allem darin, andere für seine Misere verantwortlich zu machen. Dass das nicht ihr Problem sei und man von einem erwachsenen Mann durchaus erwarten könne, seine Frau nicht als Punchingball für seinen Frust zu missbrauchen, ließ sie nicht gelten. Ebenso wenig wie das Argument, sie sei nicht seine Therapeutin. Marion findet, als Thomas' Frau sei sie eben für sein Wohlergehen zuständig. Da es aber Thomas ganz offenbar nicht wohlergeht, empfindet sie ihre Ehefrauen-Leistung als mangelhaft. Nun versucht sie, ihren Frausein-Notendurchschnitt mit Verständnis und Entgegenkommen anzuheben.

PLANUNGSFEHLER

Ein anderes Schuld-Thema breitete Sophia beim letzten Freundinnentreffen aus: Sie hatte den Familienurlaub gebucht: Ferienwohnung für vier an der Algarve. Bei Ankunft stellte sich das »großzügige Apartment mit Meerblick und Sonnenterrasse« als ein finsteres, ziemlich schmuddeliges Loch heraus. Die »Sonnenterrasse« war ein Parkplatz und der Meerblick nur dann vorhanden, wenn man vom Erdgeschoss mit dem Aufzug in die sechste Etage des Apartmenthauses fuhr und da aus dem Treppenhausfenster blickte. Wirklich ärgerlich. Noch ärgerlicher: dass die Familie Sophia den Fehlgriff büßen ließ. Denn natürlich nahm sie Sophias großzügiges Angebot an, alle Schuld auf ihr abzuladen. »Das hat mir so leidgetan. Nur meinetwegen war der ganze Urlaub so ein Reinfall. Mein Mann und die Kinder hatten sich echt gefreut, und jetzt diese Pleite.« Als »Trost« hatte sie Mann und Kinder über das letzte Ferienwochenende in ein Design-Hotel eingebucht und den stolzen Hauptsaison-Preis aus eigener Tasche bezahlt. »Franz und die Kinder sollten nicht mit dem Eindruck nach Hause fahren, dass das hier wirklich miese Ferien waren.«

Bei näherem Nachfragen stellte sich heraus, dass die Familie Sophia schon seit Jahren den ganzen Buchungsstress überlässt. Günstige Ferienwohnung finden, dabei die Quersumme aller Bedürfnisse nach Meernähe, Stadt-Sightseeing, nach Sport, Kultur, Entspannung ziehen. Die Flugdaten an die Mietfristen anpassen. Und so weiter. »Ich zeige Franz zwar immer, was ich jeweils ausgesucht habe. Aber am Ende bin ich diejenige, die hätte genauer hinschauen sollen.«

Da man bei anderen immer klarer sieht als bei sich selbst, machten wir sie darauf aufmerksam: Nur wer nie etwas tut, kann auch keine Fehler machen. Damit wäre es also eigentlich nicht das Verdienst ihres Mannes, wenn ihm bislang noch kein solcher Buchungsirrtum unterlaufen war. Umgekehrt hätte sie rein statistisch gesehen mindestens noch vier schrottige Ferienwohnungen frei, nach all den Jahren, in denen wegen ihrer Umsichtigkeit alles wie am Schnürchen lief. Ganz zu schweigen von Dankbarkeit und ihren herrlichen Ausdrucksformen wie Blumensträußen, Restaurantbesuchen, ja sogar Schmuck wäre denkbar –, wenn eine Frau im Nebenberuf gratis noch die gesamte Familien-Reiseplanung auf sich nimmt. »Bist du verrückt, dann auch noch alle auf das schmale Brett zu heben, dass sie umgekehrt da bei dir noch eine Rechnung offen haben?«, fragte Steffi entsetzt. Sophia sagte, dass sie den Punkt natürlich verstehe und sie sich das auch überlegt habe. Aber: »Ich habe mich am Ende einfach besser damit gefühlt. So als wäre ein Schulden-Konto ausgeglichen. Ein Versagen aus der Welt geschafft.«

EIN PAAR EXTRA-HÄNDE

Ja, das ist eigentlich total irre. Wie überhaupt der Umstand, dass Frauen stets das Unmögliche wollen. Nicht etwa Gleichberechtigung sofort, anstatt erst in 300 Jahren (wie es die UNO kürzlich vorrechnete). Wir streben lieber danach, immer alles ganz richtig machen zu wollen. In sämtlichen Wahl-Hauptfächern unsere Hausaufgaben gleichermaßen exzellent abzuliefern: eine perfekte Mutter sein, eine zuverlässige Arbeitskraft, eine gute Nachbarin, Kollegin, Freundin, Tochter, Schwester, Ehefrau.

Das ist nicht zu schaffen. Solange der Tag nur 24 Stunden hat und Gott uns nicht noch eben mal mindestens ein weiteres Paar Hände schenkt. Besser noch zwei Paar. Und außerdem die sieben Zwerge drauflegt und ein Dutzend gute Feen auf Speed. Trotzdem fühlen wir uns schuldig, wenn uns nicht gelingt, all die Bälle oben zu halten, die man uns hinwirft. Die wir uns zuteilen. Zumal die sich oft gegenseitig ausschließen. Zum Beispiel total entspannt wirken und trotzdem alles erledigen, was so ansteht. Sehr schlank sein und dennoch großartig kochen. Klaglos etwa 80 Prozent des Haushalts schmeißen (in aller Stille –, weil es längst als ziemlich uncool gilt, sich als Frau über glatt gekämmte Teppichfransen zu definieren) und abends noch putzmunter die aufregende Geliebte geben. In Würde älter werden, ohne auch nur einmal über Botox nachzudenken, und dabei megajung bleiben. Eine Konferenz leiten und dabei noch die Hausaufgaben der Kinder betreuen. Sämtliche Geburtstage aller Familienmitglieder, deren Partner und der wichtigsten Freunde der Kinder parat haben und sich trotzdem noch daran erinnern können, wo genau der Mann gestern seine Autoschlüssel verlegt hat. Wir sollen selbstständig sein, eigenes Geld verdienen, uns aber dabei immer noch so ergriffen vom Arbeitsalltag des Mannes zeigen, als sei er der alleinige Ernährer. Wir sollen Kinder bekommen und uns dabei einen flachen Bauch bewahren. Zu allem kommen zig Beauty-Pflichten, die ja auch noch auf der To-do-Liste stehen: schlank sein, Sport machen, sich um jeden Quadratzentimeter Haut so hingebungsvoll kümmern, als wäre uns eine sehr sensible Orchideenart zur Pflege übergeben, und dabei alle Zeit der Welt haben für Gäste, Reisen, Kino, Theater. Um am Ende des Tages doch wieder nur einen Bruchteil der To-do-Liste abgearbeitet zu haben. Klar, morgen ist auch noch ein Tag. Aber Sie ahnen es schon: Der wird auch nicht reichen. Trotzdem entschuldigen wir uns andauernd. Und zwar vorsichtshalber schon mal im Voraus und auf die Gefahr hin, dass wir etwas falsch gemacht haben könnten. Mit dem Ergebnis, dass etwa 75 Prozent aller Entschuldigungen von Frauen stammen.[2]

Männer hingegen entschuldigen sich meist nur, wenn wirklich zweifelsfrei geklärt ist, dass sie tatsächlich schuld sind. Wenn also der Slip der Geliebten im Handschuhfach liegt oder man zufällig eine Tonaufnahme von dem Versprechen hat, dass er heute mal die Kinder von der Kita abholt oder den Einkauf macht. Dabei fühlt sich – laut einer Studie der University of Queensland – deutlich besser, wer sich nicht ständig entschuldigt. *Es stärkt – logisch – einfach das Selbstbewusstsein, wenn man sich nicht als Fehlerquelle auf zwei Beinen sieht* und diese Perspektive auch ständig anderen anbietet.[3]

GUTE ZEITEN – SCHLECHTE ZEITEN

Frauen fühlen sich selbst da schuldig, wo es eigentlich um ganz normale Bedürfnisse geht. Das zeigte auch eine Kampagne des dänischen Beauty-Box-Herstellers Goodiebox. Dafür wurden Frauen in den sozialen Netzwerken aufgerufen, unter dem Hashtag #sorrynotsorry und #noapology zu erzählen, wann und weshalb sie ein schlechtes Gewissen haben. Frauen sagten, sie fühlten sich schlecht, weil sie keine Zeit für ihre Freundinnen haben. Wenn sie in den Spiegel schauten und sich nicht hübsch genug fanden. Eine sagte, sie würde sich sicher ihr ganzes Leben lang schuldig dafür fühlen, dass sie sich vom Vater ihrer Kinder getrennt habe. Eine andere, sie fühle sich schlecht, weil sie so eine »laute Person« sei. Frauen fühlen sich sogar da schuldig, wo man höchstens finstere Schicksalsmächte verantwortlich machen kann. Wenn es etwa nach der Geburt mit dem Stillen nicht klappt. Und selbst, wenn sie eine Fehl- oder Stillgeburt erleiden. Mehr als zwei Drittel aller Frauen – so Studien – haben zu der Trauer über den Verlust auch noch das beschämende Gefühl, versagt zu haben. Noch immer regiert die Ansicht, eine Frau sei nur als Mutter vollständig. Und die wird uns nicht etwa nur von Männern vermittelt, sondern ebenso von anderen Frauen. »Du hast vielleicht gar nicht wirklich ein Kind gewollt!«, sagte mir Ute, eine alte Schulfreundin, als ich nach einer Eileiterschwangerschaft noch zwei weitere Male schwanger war und jeweils im dritten Monat das

Kind verlor. Hatte ich etwas falsch gemacht, als ich all die sicher sehr gut gemeinten Ratschläge ausschlug? Den Tee aus irgendeiner Baumrinde, den mir eine Bekannte empfohlen hatte? Das Pülverchen, das mir eine Kollegin mit einer Geste überreichte, als wäre es ein Mittel gegen Krebs – das sie allein in ihrer Küche zusammengebraut hatte? All die manchmal schon sehr bizarren Ernährungsregeln, die ganz sicher zum Erfolg führen würden? Nicht nur im Freundeskreis, sondern allüberall werden einem ja zig Möglichkeiten angeboten, wie es ganz sicher doch noch funktionieren könnte: »10 Tipps, damit es mit der Schwangerschaft schneller klappt!« (Eltern.de)[4].

Sicher gut gemeint –, aber wenn es nur gehen soll, sofern man all die Tipps beherzigt, dann ist ja vermutlich die Frau selbst das Problem. Dann liegt es an ihr, wenn es nicht nur nicht »schneller«, sondern gar nicht klappt. Fehl-Geburt klingt ja ohnehin schon so, als hätte man an irgendeiner Stelle einen Fehler gemacht. Versagt. Die Freundin, die fand, ich hätte mich wohl nicht ausreichend angestrengt, hat selbst zwei Kinder. Sie meinte, dass ich – wäre mein Kinderwunsch wirklich so stark wie von mir behauptet – die Reproduktionsmedizin hätte in Anspruch nehmen können oder ein Kind adoptieren. Auch da habe ich mich gerechtfertigt. Habe weitschweifig erklärt, dass ich ja schon Ende dreißig war – dass ich nach den drei Verlusten nicht mit noch größerem Aufwand weitere Enttäuschungen hätte ertragen können. Und auch, dass mein Mann und ich – wie sie und ihr Mann ja auch – sehr gern ein gemeinsames Kind gehabt hätten.

Das ist lange her. Aber immer noch hängt mir die Frage im Gemüt, ob ich damals nicht doch irgendwo etwas übersehen habe. Ich laufe – wie ein Streckenwärter die Gleise – in Gedanken die ganzen Jahre ab, in denen wir es versucht haben, um zu sehen, ob da nicht irgendwo eine Erklärung liegt. Etwas, das dafür gesorgt hätte, dass wir doch Eltern geworden wären. Wenn ich es »richtig« gemacht hätte. Dabei weiß ich, dass etwa 12 bis 24 Prozent aller Schwangeren Ähnliches erleben. Dass vier von fünf

Fehlgeburten innerhalb der ersten drei Monate passieren, ohne dass man dafür »spezifische« Ursachen finden kann. Dass bei Frauen im Alter von bis zu 34 Jahren – dem Alter, in dem wir uns gerade kennengelernt hatten und anfingen mit dem Versuch, Eltern zu werden – die Wahrscheinlichkeit für eine Fehlgeburt bei bis zu 15 Prozent liegt. Und dass sie zwischen 35 und 39 Jahren – der Zeit, in der wir weitere Versuche starteten – auf etwa 25 Prozent steigt. Zwischen 40 und 44 Jahren liegt sie sogar schon bei etwa 50 Prozent. Kein Wunder, wenn meine Frauenärztin damals sagte, dass es sich vermutlich um ein- und dieselbe Frau handelte, von der mir so oft erzählt wurde, wenn ich einmal wieder erklären musste, dass es bei uns – leider – bislang nicht geklappt habe: »Du, das wird schon, ich habe eine Freundin, die hat noch mit vierundvierzig Jahren ein gesundes Mädchen (oder einen gesunden Jungen) zur Welt gebracht.«

Noch heute muss ich mich manchmal selbst daran erinnern, dass mein Mann und ich mit deutlich mehr Aufwand keine Kinder bekommen haben, als andere brauchten, um Eltern zu werden. Noch immer wird ja gefragt: »Ach, Sie haben keine Kinder?!« Als hätte ich meine Pflichten nicht erfüllt und mich eines Vergehens schuldig gemacht. Als hätten wir uns den Nachwuchs aus Bequemlichkeit gespart, weil wir nicht bereit waren, den Verzicht zu leisten, die Opfer zu bringen – die der Elternschaft nun mal innewohnen. Immer schwingt der Verdacht mit, wir seien kinderfeindliche Egoisten, verantwortungslose Hedonisten. Später stritt ich mich mit Ute einmal einen ganzen Abend lang darüber, ob es nicht eine Art Kinderlosen-Abgabe geben sollte –, um den hohen finanziellen Aufwand auszugleichen, den sie und ihr Mann mit ihren zwei Kindern auf sich genommen hätten. Um schließlich auch meine zukünftigen Rentenzahler zu produzieren. Da könnte man auch etwas mehr Dankbarkeit in Euro erwarten. Sie wusste nicht, dass wir als Kinderlose ohnehin schon mehr Steuern zahlen –, während umgekehrt Familien hohe Freibeträge geltend machen können. Sie hatte auch nicht auf dem Zettel, dass ich ja auch die Kitas und Schulen und Universitäten ihrer Kinder mitfinanziere und dabei nicht mal sicher sein kann, ob wirklich ein solventer Rentenzahler dabei herauskommen wird.

MUTTER ALLER FRAGEN

Warum haben Sie keine Kinder? Auf diese Frage gibt es viele Antworten: Weil Männer glauben, sie könnten sich mit der Vaterschaft ähnlich viel Zeit lassen wie Methusalem. Das ist zwar nur ein weiterer dieser unausrottbaren Irrtümer rund um Männlichkeit. (Studien belegen, dass etwa Krebserkrankungen, Diabetes und Herzfehler bei Kindern alter Väter deutlich häufiger auftreten.) Aber noch immer agieren viel zu viele Männer bei der Kinderfrage wie ein Achtjähriger, den man dazu verdonnert hat, sein Zimmer aufzuräumen: »Och nö. Nicht jetzt. Später!« Dann klappt es manchmal eben einfach nicht. Selbst bei In-vitro-Fertilisation liegt die Schwangerschaftsrate auch nur bei 25 Prozent. Oder anders ausgedrückt: Jeder vierte bis fünfte Embryo-Transfer führt zum Erfolg. Die Wahrscheinlichkeit erhöht sich, wenn man gleich mehrere Embryos einpflanzt. Dann hat man aber auch gute Chancen, gleich zwei oder drei Kinder zu bekommen.

Und dann will einfach nicht jede Frau Mutter werden. Was ja auch vollkommen okay ist. Finde ich. Finden aber immer noch längst nicht alle. Es gilt immer noch als selbstverständlich, dass in jeder Frau dieser überwältigende Wunsch schlummert. Dass unser Frausein erst durch die Mutterschaft offiziell bestätigt wird. Umso verstörender wirkt offenbar, wenn eine diese Chance, ihrer Weiblichkeit die Krone aufzusetzen, offenbar nicht ergriffen hat. Umso deutlicher muss man sie an die Hausaufgabe erinnern, die sie geschwänzt hat. »Warum haben Sie keine Kinder?«, diese Frage wurde selbst der damals 74-jährigen Dolly Parton in einem Interview gestellt. Klar, sie hat mehr als 3000 Lieder geschrieben. In ihrer »Imagination Library« stellte sie fast 150 Millionen Bücher für Kinder bereit, und sie finanzierte unter anderem auch die Entwicklung eines COVID-19-Impfstoffes. Also Kinderfeindlichkeit kann man ihr wirklich nicht unterstellen. Aber das alles verliert an Bedeutung gegenüber der eigentlichen Frage, an der sich jede Frau messen lassen muss: Was ist mit Mutterschaft?

Wenn wir uns entscheiden, keine Kinder zu bekommen, dann ist das, als hätten wir ein Versprechen gebrochen. Eine Zusage nicht eingehalten. Die amerikanische Essayistin Rebecca Solnit hat in ihrem Buch »Die Mutter aller Fragen« einen 15-seitigen Text geschrieben, was es bedeutet, wenn eine Frau – egal, was sie sonst schon so geleistet hat – immer bloß danach beurteilt wird, ob sie Kinder hat oder nicht. Wie das auch den Blick auf uns verstellt. Auf das, worin wir sonst noch gut sein könnten, wenn wir uns ausschließlich daran messen lassen, ob wir Kinder bekommen oder nicht. Viele Menschen, schreibt sie über Virginia Woolf, schenkten »Babys das Licht der Welt, aber nur ein Mensch schenkte uns *Zum Leuchtturm* und *Drei Guineen*«. Sie ist wütend über die Annahme, dass erst Kinder eine Frau vollständig erfüllen würden. »Warum haben Sie keine Kinder?«, diese Mutter aller Fragen wird auch ihr, wie jeder kinderlosen Frau gestellt. Gern öffentlich – etwa bei Lesungen. Solnit schreibt, eines ihrer Lebensziele sei es, jede geschlossene Frage, die auf einer vorgefertigten Annahme beruht, selbstbestimmt mit einer offenen Frage zu beantworten: »Weshalb fragen Sie mich das?« Das werde ich jetzt auch mal versuchen. Alternativ kann man auch antworten: »Gegenfrage: Wie oft haben Sie in der letzten Woche masturbiert?« Oder für die etwas Zaghafteren: »Warum haben Sie eigentlich Kinder?«

SCHULDGEFÜHLEFABRIK

Damit wäre dann allerdings erst ein Krisengebiet leidlich befriedet. Es bleiben immer noch mehr als die UNO auf ihrer Liste hat. Man wünscht sich manchmal, auch andere Lebensbereiche wären so produktiv wie unsere Schuldgefühlefabrik, die bei jeder passenden und vor allem bei jeder unpassenden Gelegenheit ein nächstes schlechtes Gewissen vom Fließband laufen lässt. *Es mag gesund sein, sich für das eigene Verhalten verantwortlich zu fühlen.* Und es würde der Welt viel Leid ersparen, wenn gerade die Mächtigen auch nur Spurenelemente dieser Bereitschaft mitbrächten. Dann wäre Putin etwa spätestens seit 2014 daheim, um sich mal richtig über sich auszuheulen. *Aber Frauen übertreiben es einfach.*

Wir haben Schuldgefühle, wenn wir unsere Mutter nicht gleich zurückrufen – obwohl es sicher nichts Wichtiges sein wird. Wir haben Schuldgefühle, wenn wir Aufgaben ablehnen, obwohl wir vorher schon weit mehr angenommen haben, als uns guttut. Wir haben Schuldgefühle, wenn wir den Mann bitten müssen, seinen heiligen Fußballnachmittag der Kinderbetreuung zu opfern, um einen beruflichen Termin wahrzunehmen. Obwohl es erstens ja auch seine Kinder sind und er zweitens ohnehin deutlich mehr Freizeit für sich beansprucht als seine Frau. (Das sagt die Statistik.) Wir haben ein schlechtes Gewissen, wenn das Essen misslingt, und Schuldgefühle, wenn der Gatte am Telefon einmal wieder den Stoffel gibt.

So wie Josephine: »Wenn meine Freundin Mia aus Hamburg anruft und Theo ist dran, bringt er nicht mal einen freundlichen Satz raus. Er sagt ›Hallo‹ und: ›Dann gebe ich mal weiter!‹ Ich habe sehr viel Lebenszeit damit verbracht, Mia zu erklären, wie Theo das meint. Selbstverständlich nicht böse. Er sei vielmehr gerade mit etwas anderem beschäftigt und deshalb in Gedanken. Oder er habe etwas auf dem Herd. Oder er sei eben dabei, sich Badewasser einlaufen zu lassen. Dabei war er bloß faul und hat mir sowieso immer alles Soziale überlassen. Umgekehrt tat Mia das auch für ihren Mann Simon. Der ist mindestens so kurz angebunden wie Theo. Den Gipfel des Irrsinns hatten Mia und ich dann erreicht, als wir einmal wieder einen Restaurantbesuch zu viert planten. Ihr Mann mag nicht italienisch essen. Meiner auf keinen Fall asiatisch. Ihr Mann möchte gern eher spät essen. Meiner möglichst früh. Nachdem wir verschiedene Optionen in Erwägung gezogen hatten und mit immer neuen ›Auflagen‹ unserer Männer in weitere ›Verhandlungen‹ zogen, fing erst Mia an zu lachen und dann ich. Wir sagten uns: Sind wir denn irre? Wieso gehen nicht die beiden Pflegeleichten einfach dahin, wohin sie gerne Essen gehen würden – und stellen es den Männern frei, dabei zu sein oder weiterhin ihre Befindlichkeiten zu diskutieren. Allein. Wir waren ab dem Moment raus aus der Hege des männlichen Mimosen-Gartens.«

KRAUSE HAARE, KRAUSER VERSTAND

Natürlich stellt sich die Frage: Wann hört das endlich einmal auf? Die beantwortet sich am besten, wenn man sich einmal anschaut, wo das eigentlich alles angefangen hat. Und damit sind wir bei meiner Großmutter Luise. Die sagte noch: »Mädchen, die pfeifen, und Hühnern, die krähen, sollte man beizeiten die Hälse umdrehen.« Sie sagte es, wenn ich – wie sie fand – »vorlaut« war, also etwas Wesentliches zur Unterhaltung beizutragen hatte. Sie sagte es, als sie von meinen Eltern für einen Tag die Aufsicht über mich und meine beiden jüngeren Geschwister übernommen hatte. Und dann sagte sie auch, dass sie es meinem Vater erzählen würde, dass ich »Jungsbesuch« bekam. Das schicke sich nämlich nicht für ein Mädchen. Sie wirkte dabei so missbilligend, als hätte ich mit meinen 14 Jahren in dem Durchgangszimmer, das ich mit meiner kleinen Schwester bewohnte, gerade einen Swingerclub eröffnet. Dann sagte sie noch »Krause Haare, krauser Verstand!« angesichts meiner selten zu bändigenden Frisur, und dass ein Mädchen niemals »ich will« sagt, sondern höchstens »ich möchte«. Sie hatte außerdem zig andere Pfeile im Köcher, die darauf abzielten, mir und meiner Schwester möglichst früh klarzumachen, wo genau für eine Frau der Platz im Leben sei. Genau dort, wo sie ihres verbracht hat: im Hintergrund. Unauffällig wie Raufaser. Bedürfnislos wie ein Polstersessel. Sie hatte die typische Erziehung ihrer Zeit zur Bescheidenheit, zum Bravsein, zur Unterwürfigkeit, zu Hilflosigkeit genossen und war umzingelt von »Frau-tut-Frau-tut-nicht«-Geboten, die sie gern an uns weitergegeben hat.

Sie sagte niemals direkt, was sie wollte. Was oft zu Verstimmungen führte, weil sie ihre Wünsche so lange durch kommunikative Nebenstraßen schickte, bis wir sie aus den Augen verloren hatten. Dann war sie sauer, ohne dass wir wussten, warum. Hinter all der Bedürfnislosigkeit, die sie wie eine Monstranz vor sich hertrug, brodelte dabei stets ein giftiges Gebräu aus Ärger, Frust und Enttäuschung. Man hätte annehmen können, dass sie tougher sei, nachdem ihr Mann früh verstorben war und sie immerhin fünf Töchter fast allein großgezogen hatte. Aber eigentlich war sie stets wie ein weiteres Kind. Ich weiß nichts über ihre Eltern, über ihre Kindheit. Aber wie wir unsere Oma Luise erlebten, müssen diese bei ihrer Tochter früh und gründlich jedweden Eigensinn, jedwede Entschiedenheit, jedwede Selbstbehauptung, nebst Mut, Neugier, Kampfgeist gekappt haben. Was blieb, war die Macht der Ohnmächtigen. Das, was man in der Psychologie passive Aggressivität nennt. Sie sagte »Das hat erstaunlich gut geschmeckt!« – was ja eigentlich meint: »Ganz okay für eine eigentlich lausige Köchin«. Oder: »Du siehst ja mal leidlich schlank aus auf dem Foto!« für: »Du bist ganz schön fett.« Oder: »Ich verstehe ja, dass du bei deiner ganzen Arbeit nicht auch noch dazu kommst, dich mal ein wenig hübsch zu machen.« Passiv-aggressives Verhalten ist der Wolf im Schafspelz. Die Vortäuschung von Entgegenkommen bei gleichzeitigem Heruntermachen. Der Versuch, seinen Willen zu bekommen, ohne ihn gegen Widerstand durchsetzen zu müssen, ohne Konflikte zu riskieren. Das gelingt nicht immer, sorgt aber garantiert für miese Stimmung.

OMA LUISE

Ich dachte immer, dass ich niemals so werden will wie Oma Luise. Zumal unsere Mutter aus anderem Holz geschnitzt war. Nicht, dass sie BHs verbrannt hätte (wozu soll das auch gut sein). Aber immerhin lautet ihr Mantra an ihre beiden Töchter:»Macht euch bloß nie von einem Mann abhängig!« Sie wollte, dass wir uns selbst versorgen können. Als ich eine Empfehlung fürs Gymnasium bekam, meinte einer meiner Onkel damals, das sei Verschwendung. Ich würde doch eh heiraten – da genüge eine Friseurinnen-Ausbildung oder eine kaufmännische Lehre. Damit könne man ja auch prima mit Kindern in Teilzeit arbeiten. Also im Falle, dass es mir nicht gelingen würde, einen Mann zu finden, der mir das Berufstätigsein gänzlich erspart. (Womit er offensichtlich rechnete.) Außerdem würde es die Partnersuche enorm erschweren, wenn man als Frau eine zu gute Schulbildung hätte. Aber meine Mutter blieb hart. Sie hatte eine Ausbildung zur Rechtsanwaltsgehilfin und hat – sobald wir drei, fünf und sieben Jahre alt waren – wieder angefangen Vollzeit im Vorzimmer des hessischen Ministerpräsidenten zu arbeiten. Dafür nahm sie einiges auf sich. Und nicht nur die Missbilligung ihrer sieben Schwägerinnen. Sie kochte jeden Abend für den nächsten Tag das Essen vor, das wir uns dann aufwärmten. Sie erledigte den Großteil des Haushalts – obwohl mein Vater für die damaligen Verhältnisse viel mithalf. Trotzdem steckte nicht nur ihr, sondern steckt auch immer noch mir eine Menge Luise in den Knochen und ebenso in denen von so ziemlich allen anderen Frauen um mich herum.

Die Luise-Geschichte geht ja einfach immer weiter: durch Erziehung, Erwartungen, Traditionen. »Der herausragende Nagel wird heruntergehämmert«, sagt man in Japan, wenn ein Mädchen den Kopf über den ihr zugewiesenen Frauen-Tellerrand hebt. Es wird immer geahndet, wenn Frauen zu selbstbewusst, zu fordernd, zu entschieden sind. Wenn sie ihre Bedürfnisse direkt äußern und durchsetzen. Wenn sie ihre Meinung sagen. Wenn sie

ehrgeizig sind. Wenn sie mehr Geld wollen und das schöne Eck-
büro und eben nicht die Abstellkammer gleich neben dem Fahr-
stuhl. Wenn es ihnen ziemlich wumpe ist, dass der Rinderbraten
leider zäh geworden ist –, weil das eben auch mal passiert und
höchstens ärgerlich ist, aber kein Grund sich gleich für einen
Geißlerzug anzumelden. Wenn wir die ausgetretenen Weiblich-
keitspfade verlassen, indem wir etwa nicht zu Hause beim Kind
bleiben wollen –, sondern wie eine Freundin zu ihrem Mann sagen: »Wenn du Kinder möchtest, sehr gern. Aber dann gehst du
in Teilzeit. Nicht ich.« Oder wenn Frauen in irgendetwas besser
sind, das Männer als ihr Stammterrain ansehen. Also im Prinzip
alles, wo es um mehr geht als die Frage »Und was koche ich morgen?« oder: »Was soll unser Lucca der kleinen Lea zur Feier ihres
zwölften Geburtstags schenken?«.

TRUMPS KRAWATTE

*Wann immer eine Frau sich anschickt, sich mehr Raum zu nehmen,
etwas anderes zu tun, als von ihr erwartet wird, gibt es orkanartigen
Gegenwind.* Das ist verständlich. Dann betonen manche Frauen
gern, dass wir Männern doch gar nichts wegnehmen wollen und
es ja auch nur zu ihrem Besten ist, wenn sie etwas von ihrer Verantwortung abgeben. (Als wären wir jetzt auch noch dafür zuständig, Männern die Gleichberechtigung schmackhaft zu machen.)
*Natürlich nehmen wir Männern etwas weg: diese beneidenswerte
Selbstgewissheit, es bloß kraft ihres Mannseins verdient zu haben,
weiterhin das Lenken und Denken zu übernehmen.* Anspruch auf
Rundumbetreuung anmelden zu können. Mehr Zeit für sich re-
klamieren zu dürfen und weniger damit zu verbringen, sich etwa
um ihr eigen Fleisch und Blut zu kümmern oder gar um den
Haushalt oder um niedere Tätigkeiten im Job.
    Es hat sich da im Prinzip wenig verändert, seit ich während des
Studiums in einer Fabrik für Haarspray und -färbemittel gejobbt

habe. Die Frauen machten die Drecksarbeit am Band (für die wir einmal in der Woche einen Liter Milch vom Unternehmen bekamen – »zur Entgiftung«, wie man uns sagte). Die Männer fuhren Gabelstapler. Und wurden dafür auch noch deutlich besser bezahlt. Wenig erstaunlich also, wenn Männer nur mäßig begeistert sind und ihr Terrain oft auch mit unfeinen Mitteln verteidigen. Wenn sie also sagen: »Schreien Sie mich nicht an!«, wenn man in durchaus ruhigem Ton eine berechtigte Frage stellt. Wenn sie konstruktive Vorschläge von Frauen ignorieren, um sie dann kurz später selbst in die Runde zu werfen. Als eigene, geniale Idee. Wenn sie einen vor vollendete Tatsachen stellen – »Meine Mutter kommt am Wochenende. Kochst du uns was Schönes?!« – und darauf spekulieren, dass man NATÜRLICH nicht sagt: »Spinnst du? Ich wollte mit meinen Freundinnen an den Badesee«, um keine diplomatischen Verheerungen und ein getrübtes Schwiegermutti-Verhältnis zu riskieren. Wenn sie auf Zermürbungstaktik setzen und Absprachen – »Du machst das Bad, ich die Küche« – so lange ignorieren, bis es uns zu anstrengend ist, immer neue Diskussionen über immer gleiche Themen zu führen. Oder wenn sie jedwede Zuneigungsbekundungen drosseln – um uns emotional so zu unterzuckern, dass wir alles tun würden, um wieder in den männlichen Aufmerksamkeits-Fokus zu rücken. Sogar die Toiletten putzen, obwohl er dran ist.

Oder sie machen abfällige Bemerkungen über die Optik. Die Spekulation: dass Frauen sofort zum Heulen nach Hause gehen, wenn man ihr Aussehen kritisiert. Eine Variante: überhaupt das Aussehen in den Fokus zu stellen, um damit den Inhalt nichtig zu machen. Hillary Clinton scherzte 1995 einmal: »Wenn ich eine Titelgeschichte will, ändere ich einfach meine Frisur.« Später sagte sie, sie habe ihre Autobiografie erst »The Scrunchy Chronicles«, also die »Haargummi-Chroniken«, nennen wollen. Schließlich sei es den Medien bei ihren 112 Auslandsreisen immer und vor allem um ihre Haare gegangen. Allein die Kleidung einer Politikerin zu erwähnen, hat aber schon einen negativen Einfluss auf die Wähler, ergab eine Studie. Und natürlich tut man das nicht nur vorwiegend, sondern ausschließlich bei Frauen. Oder – wie *Die Welt* über die Obsession der Medien Hillary Clintons Kleidung betreffend schrieb[5]: »Auf Twitter und in vielen Medienberichten hatte der rote Hosenanzug schnell den Namen ›Power Suit‹ weg, andere interpretierten ihn als ›patriotisch‹ und selbstverständlich wurde gegoogelt, wer denn der Designer ist. Fürs Protokoll: Ralph Lauren, die Schuhe waren von Miu Miu, die Kette von Julie Vos. *Weiß irgendjemand, woher Trump seine Krawatte hat?*«

DER ELEFANT AN DER KETTE

Die meisten Frauen würden die Bedeutung ihres Reviers für Männer »völlig unterschätzen«, sagt der Coach Peter Modler in einem Interview mit der *Süddeutschen*.[6] Entsprechend erkennen sie auch die Strategien nicht, die der Verteidigung dieser Revierflächen dienen. Die Abwehrmaßnahmen zur Pfründesicherung. Sie halten es für etwas Persönliches.

Würden Frauen auf Schunkellieder oder Square-Dance in Gummistiefeln ähnlich angefasst reagieren, würden Männer eben Schunkellieder singen und dazu einen Square-Dance in Gummistiefeln vollführen. So aber setzen die Verteidigungsmaßnahmen eben dort an, wo wir ohnehin leicht zu verunsichern sind: bei dem Verdacht, wir könnten keine »richtigen« Frauen sein und entsprechend die »falschen« Prioritäten setzen. Je nach Bedarf soll es dann eben nicht richtig sein, sich überhaupt und zu kostenintensiv um sein Aussehen zu kümmern (ständig wurde etwa Hillary Clintons Budget für ihre Hosenanzüge im Wahlkampf ausgerechnet), oder nicht okay, wenn man sich – wie Angela Merkel – dafür kaum mehr zu interessieren scheint als für den Sack Reis, der in China gerade umfällt. In beiden Fällen wird man auf eine Umleitung geschickt, die ins Nirgendwo führt. Plötzlich geht es nur noch ums Aussehen, nicht mehr um Inhaltliches.

Wir machen dann gleich zwei Fehler: Wir fühlen uns ertappt – als hätten wir gegen ein ungeschriebenes Gesetz verstoßen, als stünden wir unter dem schrecklichen Verdacht, wider die Daseinsbeschreibung von Frauen verstoßen zu haben. Und dann fangen wir an, uns zu erklären und zu rechtfertigen. Wir reden über ein Thema, über das wir überhaupt nicht reden wollten. Das mit unserem Anliegen rein gar nichts zu tun hat. Wir bestätigen damit, dass uns das Aussehen ja doch wichtig ist, jedenfalls wichtiger, als die Position zu vertreten, um die es uns eigentlich gerade geht. Damit ist das Kalkül aufgegangen.

Die Methode lässt sich durch viele Bereiche durchdeklinieren. Zum Beispiel, wenn man monierte, dass der Chef eigentlich immer nur die Kolleginnen fragt, ob sie sich um die Verpflegung für die Meetings kümmern. Und er darauf gar nicht eingeht und zurückfragt: »Ihnen fällt da doch wohl kein Zacken aus der Krone, bloß weil Sie sich mal um unser leibliches Wohl kümmern sollen?!« Da unter uns immer noch ausreichend Frauen sind, die keinesfalls als »Emanze« in den Büroklatsch eingehen wollen, wird nicht mal mehr darüber nachgedacht, dass auch Männer sehr schön Kekse und Kaffee servieren können. Die Methode wird in Sitzungen praktiziert, wenn ignoriert wird, was eine Kollegin gesagt hat und – unter dem Beifall der Kollegen –, wenig später ein Kollege denselben Vorschlag macht. Reklamiert man, ist man »zickig«, lässt man die Sache auf sich beruhen, fehlt es an Durchsetzungsvermögen.

Ja, das ist nicht nett. Aber letztlich ist doch die entscheidende Frage: Weshalb sind wir so leicht zu kriegen? So einfach zu verunsichern? Lassen wir uns dauernd Platzverweise erteilen? Weil wir eben immer noch selbst nicht sicher sind, ob wir das »dürfen«, was wir da tun! Manchmal erinnert das, was ich an mir selbst und an anderen Frauen erlebe, an die Geschichte des Elefanten. Sie stammt von dem argentinischen Autor, Psychiater und Gestalttherapeut Jorge Bucay. Er erzählt, wie er sich als kleiner Junge bei einem Zirkusbesuch darüber wundert, dass ein riesiger Elefant, der am Fuß an einen kleinen Pflock angekettet ist, keinerlei Anstalten macht, sich zu befreien. »Ein winziges Stück Holz, das kaum ein paar Zentimeter tief in der Erde steckte. Und obwohl die Kette mächtig und schwer war, stand für mich ganz außer Zweifel, dass ein Tier, das die Kraft hat, Bäume mitsamt der Wurzel auszureißen, sich mit Leichtigkeit von einem solchen Pflock befreien und fliehen konnte.« Er fragt Erwachsene, wie sie sich dieses Rätsel erklären. Einer sagt, der Elefant sei sicher dressiert. Aber wenn er dressiert ist, warum braucht es dann einen Pflock und eine Kette? Jorge Bucay schreibt, wie er viele Jahre später herausfand, weshalb der Elefant nicht flieht. »Weil er schon seit frühester Kindheit an einen solchen Pflock gekettet ist. Weil er, als er noch zu klein und schwach war, erlebt« hat, dass er sich nicht befreien kann. Trotz aller Anstrengungen. »Bis er eines Tages, eines für seine Zukunft verhängnisvollen Tages«, die Ohnmacht akzeptiert. »Dieser riesige und mächtige Elefant, den wir aus dem Zirkus kennen, flieht nicht, weil der Ärmste glaubt, dass er es nicht kann.«[7] Die Erinnerung daran, wie ohnmächtig er sich gefühlt hat, habe sich so tief in ihm eingebrannt, dass er sie nie wieder infrage stellte.

MENSTRUIERENDE MENSCHEN

Also: *Was soll schon passieren, wenn wir uns nicht an Spielregeln halten, die wir ohnehin nicht mal selbst aufgestellt haben? Wenn wir uns nicht nach Frauenrollen in Drehbüchern richten, die andere verfasst haben? Oder wenn wir nicht in Stücken mitspielen, in denen wir nichts zu sagen haben sollen?* Warum können wir uns nicht gleichzeitig etwas aus Klamotten machen und trotzdem kluge Ideen haben? Oder einfach sagen: »Das ist jetzt nicht das Thema!«, und selbst bestimmen, worüber wir reden wollen und worüber nicht. Was soll schon passieren, wenn wir sagen: »Herr Müller, ab heute wird hier nicht mehr von mir eingedeckt!« Oder: »Ich wusste gar nicht, dass Sie sich so für Mode interessieren.« Oder »Ich werde nicht dafür bezahlt, Ihnen Ihr Frauenbild zu bestätigen.« Oder einfach gar nichts.

Müssen wir dann ohne Nachtisch ins Bett? Wird niemand mehr mit uns spielen? Drehen sie uns Netflix ab? Wenn ich mir den Schuh nicht angezogen hätte, den mir der Mann auf dem Podium gereicht hat, wäre ich ganz sicher nicht wegen Renitenz aus der Versammlung ausgeschlossen worden. Im Gegenteil. Ich hätte mir Respekt verschafft. Etwas, das Männer durchaus verstehen und das zumindest die schätzen, die ich schätze.

Wer mir Steine in den Weg legen will, wer mich dauernd daran erinnert, wo genau mein Platz als Frau sein soll, dem bestätige ich nicht noch das ohnehin zweifelhafte Weltbild, indem ich mich gräme. Ich verweigere ihm einfach den Zugang in meine Selbstzweifel-Abteilung. Sich ständig schuldig zu fühlen, legt sich wie ein Grauschleier über das ganze Leben. Die Angst, den eigenen Erwartungen und den Erwartungen des Umfelds nicht gerecht zu werden, führt nicht zu mehr Liebe und Anerkennung, sondern nur dazu, dauerhaft in einer Opferrolle stecken zu bleiben. Fremdbestimmt. Mangelhaft. Überfordert. Gestresst. Ausgenutzt. Wie eine echte Frau also. Oder jedenfalls wie das, was sich die »anderen« unter einer »echten Frau« vorstellen. Jene, die davon so lange profitierten.

Um eine Frau sein zu dürfen und als solche auch erkannt und respektiert zu werden, braucht man nicht erst einen Burnout. *Wir müssen uns nicht dafür entschuldigen, wenn wir Erwartungen nicht erfüllen und uns nicht ständig klein machen mögen.* Sagen wir doch einfach, wenn wir gern arbeiten, wenn wir mehr verdienen als unser Mann, wenn wir keine Zeit und keine Lust haben/hatten, für den Besuch der Schwiegermutti vier Stunden in der Küche zu stehen – nur, damit die weiß, dass ihr Sohn ein treusorgendes Weibchen und keinen Rottweiler geheiratet hat. Buchen wir halt einfach einen Tisch beim Italiener. Und klar können wir erwähnen, dass wir unsere Kinder manchmal auf den Mond schießen möchten und schon mal »Internat« und »Kosten« gegoogelt haben.

Wir können vielleicht nicht die ganze Welt, aber wenigstens unsere so verändern, dass wir gern und entspannt und mit dem Gefühl darin leben, ganz und gar richtig zu sein. Ohne irgendjemandem eine Erklärung dafür zu schulden. Mag sein, dass unser Umfeld das irritierend findet. Vielleicht sogar »rücksichtslos«. Aber wie gesagt: Das sind bloß Ablenkungsmanöver, eine Art Verlustangst-Camouflage, um den eigentlichen Verdruss zu kaschieren – den, dass es ab jetzt ein wenig ungemütlich werden könnte für unser Umfeld. Und das wird es, wenn Frauen ihre Sorge in die Altkleidersammlung geben, man könnte sie für »unweiblich« halten.

Meist steigen ohnehin gerade die Menschen argumentativ gern sehr hoch ein, die die größten Verluste für ihre Bequemlichkeit fürchten. Die sind ohnehin die Letzten, die wir uns zu Herzen nehmen sollten. *Wir haben jedes Recht, uns unser Leben nach unserer Fasson hübsch zu machen.* Vor allem: *selbst zu entscheiden, was unser Frausein ausmacht.* (Das ist deutlich mehr als ein »menstruierender Mensch« zu sein – wie die Gender-Debatte uns gerade auf das absolute biologische Existenzminimum herunterrechnet. Aber auch viel mehr als die traditionellen Rollenklischees, die man uns immer noch zuschreibt.)

Was es ist, können und sollten wir für uns entscheiden. Wir müssen niemandem nachweisen, dass wir »richtige« Frauen sind. Hören wir also auf, Dinge für andere zu tun, bloß weil die behaupten, das gehöre nun mal eben ins weibliche Portfolio. *Wir sollten verstehen, dass es ganz schön dumm ist, auf Freizeit, auf offensiv zur Schau getragenen Stolz, auf berufliche Erfolge, auf die Durchsetzung von unseren Bedürfnissen und Ansprüchen zu verzichten – und übrigens auch auf aufregenden Sex –, bloß um Erwartungen zu erfüllen, die vermutlich Moses schon vom Berg Sinai mitgebracht hat.* Was haben wir davon? Gibt es eine »Hall of Fame« für Frauen, die sich ihrer Geschlechterzugehörigkeit an Herd, Spüle und mit Sätzen wie »Also ich bin keine Feministin« vergewissert haben? Wieso genügt bei Männern da ein Griff ans Gemächt, während wir dafür erst den Küchenboden feudeln, einen Berg Bügelwäsche bewältigen und das männliche Ego päppeln müssen, bevor wir wissen, dass wir Frauen sind?

Und könnten wir – wenn wir endlich all die lästigen Frauenpflichten, all die weibliche Zurückhaltung, diese ganze Backstage-Fron erst einmal hinter uns gelassen haben – nicht sowieso viel hilfreicher für andere sein? Weil wir dann an den Schaltstellen sitzen – also da, wo über Kinderbetreuung entschieden wird, über Gehälter, über flexible Arbeitszeitmodelle für Eltern? Es ist am Ende so, wie man es uns bei den Sicherheitsvorkehrungen im Flugzeug immer zeigt. Da werden wir ja auch darauf hingewiesen, im Ernstfall erst mal uns selbst die Sauerstoffmaske über das Gesicht zu ziehen. Beim Versuch, allen anderen zuerst zu helfen, könnten wir nämlich wegen Sauerstoffmangel ohnmächtig werden. So würden wir nie mehr erfahren, ob das Lämpchen an der Schwimmweste tatsächlich aufleuchtet, wenn es mit Wasser in Kontakt kommt. Aber auch: was wir sonst noch so alles draufhaben, was wir können, wer wir wirklich sein können – wozu wir bislang vor lauter Frauseinwollen nicht gekommen sind.

Nicht mein Zirkus,
nicht meine Affen.

I DO IT MY WAY

*»Und dann sitzt du nach einem langen Tag
auf dem Sofa und musst dich aufraffen,
um jetzt auch noch etwas ›für dich‹ zu tun.«*

Mare@mareWieMeer

DAS SEHENSWERTE LEBEN

Wäre mein Leben eine Mahlzeit, es wäre Grünkohl mit Pinkel oder Pichelsteiner Eintopf. Ist beides mordslecker. Bloß kein Stück vorzeigbar. Es sieht auf Fotos eigentlich eher aus wie etwas, das die Katze schon mal verdaut hat. Jedenfalls im Vergleich zu den optisch sehr ansprechenden Tomaten-Rhabarber-Holunder-salat- oder Süßkartoffel-Minze-Taboulé-mit-Seitan-und-Cashew-Topping-Leben in den Sozialen Medien. Klar: Ich gehe regelmäßig joggen. Trotzdem bin ich in den letzten Jahren keinen Schritt vorangekommen. Ich laufe immer dieselbe Strecke: dreimal die Woche durchschnittlich zwischen vier und sechs Kilometer. Mehr ist nicht drin. Zumal ich schon nach einem Kilometer meine ganze Kraft zum Überleben brauche und keinerlei Energie mehr übrighabe, unterwegs auch noch meinen inneren Schweinehund ohnmächtig zu schlagen. Ich koche ganz gut. Aber für den Hausgebrauch und nicht für Fotoausstellungen. Unsere Wohnung ist zwar gemütlich, aber leider weit entfernt von Schöner-Wohnen-Homestory-Material. *Ich mag hübsche Kleidung – ziehe mich aber nur einmal am Tag und nicht viermal um, was offenbar die Mindestanforderung ist, will man als Style-Vorbild im Netz von sich reden machen.*

Alles könnte gut sein. Aber es wird einem zunehmend schwer gemacht, sehr zufrieden und manchmal auch ziemlich glücklich zu sein. Schließlich leben wir in einer Welt, in der Aufmerksamkeit und Bestätigung die Währung sind, nach der sich unser Wert zunehmend bemisst. Und zwar nicht im Abgleich mit dem Nahumfeld – und etwa dafür, dass man sich immerhin dreimal die Woche überhaupt aufrafft, sich Laufschuhe anzuziehen, oder ganz manierlich Akkordeon spielt oder ziemlich ordentlich kocht. Sondern im Abgleich mit dem ganzen Planeten. Da kann man nur verlieren.

FRAUEN IN ÖL

Gut, wir, die wir über 50 sind, könnten das gelassen angehen. Schließlich sind wir noch in einer Zeit aufgewachsen, in der man sich höchstens mit seinen Freundinnen und den Nachbarinnen verglichen hat und dann vielleicht noch mit den Models in den Frauenmagazinen. Das hat an sich schon Druck gemacht.

Studien haben ergeben, dass einem gleich die Laune in den Keller sinkt, wenn man sich erst mal durch die Fotos von den super Figürchen blättert, und man sofort zum Trost was Leckeres essen muss. Aber immerhin konnten wir uns in hellen Momenten noch trösten und sagen: Das sind Models, die werden dafür bezahlt, zu darben. Und mal ehrlich: Wie groß sind die Chancen, dass sich ein Kurt aus Rodgau-Mörfelden enttäuscht von seiner Gisela abwendet, weil die nicht wie Cara Delevingne aussieht?

Heute wird unser Selbstwert gleich in einer globalen Vergleichsmaschinerie zerquetscht. Feedback-Loop nennt sich das gnadenlose Mahlwerk: Wenn der Algorithmus dafür sorgt, dass wir bloß einmal länger einen Post oder ein Video von einer schlanken Frau mit enormen Diäterfolgen oder einer fantastischen Designer-Küche oder einer beeindruckenden Luxus-Taschensammlung anzuschauen brauchen, um in Folge mit ganz ähnlichen Insta- oder TikTok-Beiträgen bombardiert zu werden. Mit Bildern von vermeintlich ganz normalen Frauen, die alle irgendwie einen mega

Mehrwert mitbringen. Sie haben nach der Geburt sofort wieder in ihre Skinny-Jeans gepasst. Sie haben vier Kinder, einen Full-time-Job und noch Zeit, ihr Haus in Barbies Traumschloss zu verwandeln. Sie sind mit ihren Partnern in ständigem Austausch darüber, wie man die Beziehung noch toller, aufregender, erfüllender gestalten kann. Sie haben ein Geburtsjahr in ihrem Pass stehen, an dem noch Dinosaurier im Vorgarten grasten, sehen aber so glatt und jugendfrisch aus, als hätte man sie vor fünf Minuten erst wieder aufgetaut, nachdem sie mit 14 eingefroren wurden.

Alles ist vorzeigbar, grandios aussehend, perfekt und mühelos: der Haushalt, die Kinder, das Essen, die Ferien, der Sport, die Figur, die Beziehung. Mit teilweise dramatischen Folgen, wie sie die amerikanischen Sozialpsychologen Jonathan Haidt und Jean Twenge an die Wand malen. Sie glauben an eine direkte Verbindung zwischen psychischen Problemen bei jungen Menschen und der Einführung des iPhone 4 im Jahr 2010. Es war das erste iPhone mit einer Selfie-Kamera – also mit der Möglichkeit, sich selbst auf Social Media einzuspeisen.[1]

Wir alle, die wir in den Sozialen Medien unterwegs sind, befinden uns in einem nicht enden wollenden Wettbewerb, in dem Frauen ihr Leben und sich wie eine Kunstausstellung editieren, um Instagram oder TikTok mit persönlichen Hochglanz-Posts zu füllen. Alles hat das Zeug zum Exponat. Sogar das Aufstehen. Das heißt jetzt Morgenroutine und ist ein Groß-Event, das sich – folgt man etwa Influencerin Cathy Hummels – aus mehr Programmpunkten zusammensetzt als ein Schlagerabend mit Florian Silbereisen. Dazu gehören Mizellenwasser, ein »leichtes Serum«, Zähne putzen, Sport, Duschen, wieder ein Serum. »Dann kommt noch eine Creme drüber und ich öle mich ein – von Hals bis Fuß – auch im Gesicht. Aber da noch mal ein anderes Öl. Es ist kompliziert.«[2] Vor allem für uns Normalo-Frauen – die wir schon im Mittelteil überlegen, ob »Ich musste mich noch einölen« im Büro eine akzeptable Entschuldigung für die Verspätung abgibt. Wie gesagt: *Wir sind über 50 – da denkt man schon mal drüber nach, ob man sich noch das dritte Serum auflegt oder lieber einfach noch ein zweites Käsebrötchen frühstückt.*

Den Druck, der hier gemacht wird – und zwar rund um die Uhr –, spüren zwar alle, aber besonders jüngere Frauen. Nicht nur, weil das Medium relativ jung ist, sondern weil sie ihre prägenden Jahre damit verbringen und praktisch damit aufgewachsen sind. Anders als wir, die wir noch eine Jugend hatten, in der man nicht hauptsächlich auf Social Media, sondern auf Partys unterwegs war und darauf bauen konnte, dass wirklich niemand eine Kamera dabeihatte. Wozu auch? Der Optik-Vergleich fand abends in der Disco der örtlichen Kirche zwischen einem Teil der 16-Jährigen in der Kleinstadt statt, in der ich aufgewachsen bin – und nicht international. Was für mich und meine Akne ohnehin bitter genug war. Nicht auszudenken, wäre mein Selbstbewusstsein auch noch world-wide auf die Probe gestellt worden.

Mit 30 hatte ich dann echt Besseres zu tun, als mir morgens in aller Ruhe einen grünen Smoothie zu machen, eine 12-Steps-Skincare-Routine zu absolvieren, bevor ich dann den Tag mit Pilates, Kochen, Shoppen und Gassigehen mit einer französischen Bulldogge verbringe. Natürlich in einem Zustand, für den es eine mehrstündige Session vor dem Kosmetikspiegel braucht. Ich hatte allerdings auch keinen Mann, der das alles finanzierte. So wie die Frauen, die unter dem Hashtag #stayathomegirlfriend eine Art Glamour-Variante des guten alten Hausfrauenmodells vorleben. Ihre Lebensleistung: Sie haben es »geschafft«, sich einen reichen Freund zu angeln, der sie vor einer Berufstätigkeit bewahrt. Sieht einfach aus. Ist aber harte Arbeit, wie ich kürzlich in einem Podcast gelernt habe. Da klagten sich zwei Influencerinnen gegenseitig ihr Leid. Sie fühlten sich notorisch unterschätzt, die Öffentlichkeit hätte ja keine Ahnung, wie aufreibend dieser Job sei. Und überhaupt Job – streng genommen sei das ja ein Beruf. Einer, für den man ja auch eine Menge können müsse. Sie würden schließlich nicht einfach so zum Feiern gehen – wie sich das alle

Welt so vorstellt. Sie müssten ständig nach guten Motiven suchen. Haben sie eines gefunden, hätten auch die Clubs oder Hotels oder Restaurants etwas davon, die dabei mit im Bild wären. Logisch, dass sie als Influencerinnen nicht auch noch Eintritt bezahlen könnten. Sie würden ja schließlich Werbung für diese Läden machen. Was sie übrigens furchtbar finden: Bekannte oder Freunde, die denken, sie könnten sich mit den beiden auch umsonst irgendwo reinmogeln. »Also für mich sind das Schnorrer!«, sagte die eine. Als wären sie nicht selbst »digitale Schmarotzer«, wie manche sich das Wort Influencer übersetzen. Zumindest sind sie, was man auch ein »pain in the ass« nennt: denn sie täuschen uns ein Leben als echt vor, das so wahr ist wie die Kaffeewerbung.

KATZENTISCH

Stellen Sie sich jetzt vor, Sie sehen sich Videos an, in denen Frauen sich offenbar einen fürstlichen Lebensunterhalt für ein megaentspanntes Dasein damit verdienen, schön auszusehen und schöne Dinge zu tun. Und zwar während man selbst gerade in dem 18. Zoom-Meeting des Tages sitzt oder versucht daheim eine aufreibende Präsentation vorzubereiten –, während das, was die dreijährigen Zwillinge nebenan so veranstalten, klingt, als würde das höchstens einer überleben. Oder man muss jeden einzelnen Cent umdrehen, weil der Halbtagsjob einfach nicht zum Lebensunterhalt einer Alleinerziehenden mit Kind reicht. Oder man hat nach gefühlt 24 Diäten einmal wieder mehr auf den Rippen als vor der ersten – und surft auf Instagram entlang all der Frauen, die nicht nur zehn Kilo, sondern gleich zwanzig oder dreißig abgenommen haben – was einem in vier Hopsern präsentiert wird: Bei jedem »Hops« ist die Frau einfach so einige Kilo leichter.

Wer würde nicht denken, dass im eigenen Leben offenbar einiges schiefgeht? Mag sein, dass das Medium sehr jung ist – die Bilder die es transportiert, sind es nicht. Es sind überwiegend sehr alte Frauenklischees, die einem da begegnen: Frauen, die sich vor allem um ihre Optik kümmern. Frauen, die ihr Haus in einen Design-Traum verwandeln. Frauen, die halbe Tage in der Küche verbringen, um was Tolles zu backen – und ja, dabei noch so hinreißend schön und wahnsinnig schlank aussehen, als hätten sie nie auch nur einen Happen ihrer eigenen Cremetorten verkostet. Frauen, die fantastische Festtafeln dekorieren oder ihren Kindern für die Schule Gault-Millau-taugliche Stullen einpacken oder die halbstündige Vorträge darüber halten, wie man sich die perfekten Augenbrauen malt.

Ausgerechnet im Internet leben sie fort, die 1950er-Jahre. Ein Umstand, den Forschende damit erklären, dass das einfach mehr Klicks gibt und damit auch mehr Aussichten auf Werbeeinnahmen, wenn man ein traditionelles Frauenbild bedient. Und dann lassen die sich einfach auch besser fotografieren als der Laptop auf einem übervollen Schreibtisch, an dem ich gerade sitze, um dieses Buch zu schreiben.

Man braucht sich ja nur mal zu fragen, was man selbst anklicken würde: den Arbeitsalltag von Frauen in Arztpraxen, an Supermarktkassen, in Friseursalons, inmitten chaotischer Kinderzimmer, vor schmutzigen Geschirr-Stapeln in der Küche und Wäschebergen – oder eine Influencerin mit Model-Maßen in Designer-Klamotten, die in einer megastylishen, total aufgeräumten Wohnung verträumt an einem Fenster lehnt, um die Aussicht auf einen blühenden Garten zu genießen (inklusive Shopping-Tipps zu Outfit, Geschirr, Küchenhersteller)? *Kein Wunder, wenn wir uns – im direkten Vergleich – ständig nicht nur so fühlen, als wären wir am Katzentisch des Lebens gelandet. Wir fühlen uns, als wären wir selbst der Katzentisch.*

FLEISSARBEIT IM ALLTAGS-BERGWERK

Natürlich war früher auch nicht alles besser. Aber seit dieses sexy Geschoss »Social Media« auf dem Schulhof aufgetaucht ist, haben die Möglichkeiten, sich mies zu fühlen, doch einigen Zuwachs bekommen. Oder – wie es Dr. Olivia Remes, Expertin für Mental Health und Wellbeing an der University of Cambridge – formuliert: »Jeder zeigt auf diese perfekten Leben, die nicht die Realität repräsentieren, und das steht im krassen Gegensatz zu den Vorbildern vergangener Jahrzehnte.« Das habe Folgen: »Wenn man sich heute die Ziele junger Menschen ansieht, geht es eher um Ruhm, Reichtum und Berühmtheit, während das Ziel vor Jahrzehnten hauptsächlich familienorientiert war.«[3] Und egal, wie man sich anstrengt – immer ist schon jemand da, der es noch besser macht, noch besser aussieht, noch mehr kann. Und zwar mit Leichtigkeit. Ganz mühelos. Ohne all die ganz und gar unglamourösen Fleißarbeiten im Alltags-Bergwerk.

Es ist längst eingetroffen, was Andy Warhol bereits 1968 prognostizierte: In Zukunft wird jeder für 15 Minuten berühmt sein. Jeder scheint sich vom großen Fame-Kuchen ein Stück abschneiden zu können. Für einen Star-Status genügt es, mit einem Fußballer oder Politiker verheiratet gewesen zu sein oder mal etwas mit Boris Becker gehabt zu haben. Man kann seine Prominenz aus einer Drittplatzierung bei GNTM von 2017 beziehen und/oder sich vor laufender Kamera den Po so vergrößern lassen, dass sich darauf ein Tablett abstellen lässt. Man kann sich wie Henrik Stoltenberg allein schon dadurch Fame erwerben, dass man seine Hose öffnet und mal echt im Fernsehen Sex hat. Schwupps, schon ist man ein Realitystar. Man kann auch einfach dekorativ im Aufzug herumstehen, wie die Elevator Boys. Fünf Jungmänner, die aussehen wie eine Boygroup – und mit diesem relativ übersichtlichen Portfolio zu absoluten Instagram- und TikTok-Stars avanciert sind. Nicht nur Heidi Klum oder Brad Pitt lassen sich mit ihnen ablichten. Auch Kai Pflaume hoffte schon, dass ein wenig vom Glamour der Jungs auf ihn abfärben würde. Das ganze Netz ist ein einziges Disneyland – in dem im Sekundentakt neue Märchen inszeniert werden und Ausnahmeerscheinungen wie Bambus wuchern. Es scheint eigentlich nichts Besonderes, jemand Besonderes zu sein. Darauf folgt – logisch – die Frage: Warum schaffst du es also nicht? Warum spielst du nicht ganz oben mit? Warum bist du bloß Mittelmaß? Quasi unsichtbar? Fame ist der aktuell heißeste Scheiß. Eigentlich kein Wunder, dass laut einer Studie viele Frauen einem »Like« den Vorzug vor dem Kompliment ihres Mannes geben würden.

DIE XXL-KAROTTE

Ja, das kann einen ganz schön fertig machen. Selbst, wenn man wie ich in einer Zeit aufgewachsen ist, in der es noch keinen Fame-Kuchen zu verteilen gab, und/oder man ohnehin nicht mehr die Bandscheiben für Körbchengröße 75N hat und/oder zu alt und zu blass ist für eine Affäre mit Boris Becker. Uns allen wird da eine riesige, sehr verlockende Karotte vor die Nase gehalten. Gerade immer so weit entfernt von uns, dass wir zwar Appetit bekommen, aber nicht reinbeißen können. Für eine Diät wäre das mal ein super Konzept.

Für unser Selbstbewusstsein, unsere Selbstliebe aber fühlt es sich an, als würde sie vor prall gefüllten Bestätigungs-Regalen verhungern. So mühsam die Wege zum Erfolg sonst auch manchmal sein mögen – also die Old-School-Variante: gute Noten, gute Ausbildung, viel Arbeit – sie sind leidlich berechenbar. Ich konnte mir immer sagen – was mein Mathelehrer mir damals gesagt hat –, dass ich mich von Berufen besser fernhalten soll, die irgendwas mit Zahlen zu tun haben. (Übrigens der Grund, weshalb ich heute nicht im Vorstand der Deutschen Bank sitze.)

Heute stehen wir vor einer virtuellen Jury, die alles und jedes an uns beurteilt: das Gewicht, die Frisur, das Make-up, was wir in der Küche fabrizieren, unsere Wimpern, unsere Haare, die Augenbrauen, die Fingernägel. Es ist eine alte Botschaft, die da in den neuen Medien mit maximalem Nachdruck verbreitet wird: Du bist nicht gut genug. Es reicht nicht. Du musst mehr aus dir machen. Warum schaffen es die anderen und du nicht? Du siehst doch, es ist ganz leicht, du musst nur hier und da ein wenig besser werden. Nur: Jetzt kann die ganze Welt über uns abstimmen, ob wir gefallen. Wir sind in einem Dauerwettbewerb, bei dem nicht nur jeder teilnehmen kann. Es darf auch jeder jeden beurteilen, kann es Bestätigung regnen lassen oder unser Selbstvertrauen mit einem miesen Kommentar in den Keller bringen.

Ein kleiner Unterschied mit großen Folgen. Gerade für Frauen ist das Netz gefährlicher als eine Bahnunterführung in Neukölln bei Nacht. Einmal, weil dort sekündlich eine Selbstliebe stirbt. Aber auch, weil uns das Netz dauer-degradiert – uns am liebsten am Herd, eine fette Sahnesoße rührend, sieht, während wir mit einem Top-Figürchen im hippen Yoga-Outfit zeigen, wie man ganz leicht noch nebenher selbst bei der Hausarbeit ein paar Übungen machen kann. Und dann werden dort Frauen in einem Umfang und mit einer Vehemenz heruntergemacht, die es vorher so noch nicht gab. Der Forschungsbericht des »Instituts für Demokratie und Zivilgesellschaft« von 2019 sagt aus, dass Frauen in 88 Prozent der Fälle Ziel von Hassbotschaften sind. Die richten sich bevorzugt gegen weibliches Selbstbewusstsein, weiblichen Ehrgeiz, weibliche Karrieren.

DIE NATÜRLICHE ORDNUNG

Wo immer eine Frau im Netz den Kopf über den ihr zugewiesenen Tellerrand hebt, wird sie rund gemacht. So wurde die Politikerin Renate Künast als »Schlampe«, »Drecks Fotze«, »Sondermüll«, »Geisteskranke«, »Alte perverse Drecksau«, »Pädophilen-Trulla« beschimpft. Sie klagte dagegen. Aber in der ersten Instanz wurde festgestellt, dass die Äußerungen keine Beleidung darstellen. Später wurden wenigstens sechs von 22 Kommentaren als Beleidigung eingestuft.[4] Es gibt unzählige weitere Beispiele von Journalistinnen, Ärztinnen, Politikerinnen, Autorinnen, Künstlerinnen und anderen Frauen, die online aktiv sind, ihre Meinung äußern und solche Angriffe kennen.

Dabei handelt es sich um ein globales, höchst alarmierendes Phänomen. Diejenigen, die solche Taten begehen, zielen ja nicht auf die eine Frau, sondern grundsätzlich auf die Existenz von Frauen im öffentlichen Raum. Sie wollen Frauen verdrängen. Wollen nicht, dass wir mitreden. Wollen »die natürliche Ordnung wiederherstellen«. Natürlich geht das gar nicht. Auf keinen Fall. Selbstverständlich sollte sich jede Frau, die so angegangen wird, weil sie tut, was eine Frau auch tun sollte – mitreden, Meinung haben, Haltung zeigen –, die Hater zur Anzeige bringen. Und sie sollte andere dabei unterstützen, nicht den Mut zu verlieren, und sich an die Seite jener stellen, die da fertig gemacht werden sollen. Es braucht starke Signale – auch angesichts der Vehemenz, mit der manche Männer am Erhalt ihres Weltbilds arbeiten, das vermutlich noch in Sütterlin abgefasst ist.

IM MITTEL GLÜCKLICH

Ja, das Netz ist ein großartiges Instrument, um sich zu verbinden, in Kontakt zu kommen, voneinander zu lernen, sich zu informieren und inspirieren zu lassen. Aber es ist auch eine gewaltige Druck-Maschine. Es fordert uns ständig auf, unser Leben nach Kriterien zu vermessen, die nicht unsere sind. Die nicht mal wirklich sind. Es grenzt aus – nämlich alles, was sehr gut und sehr klug, aber vielleicht nicht präsentabel ist. Damit ist es allerdings auch ein 1-a-Trainingsgerät für ein paar Lektionen in Sachen Realitätstüchtigkeit. Es zeigt ja nur lauter vermeintliche Hauptgewinne, aber nicht den Preis, der dafür fällig wurde.

Kürzlich hatte ich ein Gespräch mit einem echten Insta-Hit – mit einer Frau, die mit ihren zwei Kindern und ihrem Mann ein überaus vorzeigbares Leben zu führen scheint: zwei enorm attraktive Menschen, megaglücklich verheiratet, viel auf Reisen, mit einer coolen Wohnung in einem angesagten Frankfurter Stadtteil. Sie erzählte, wie es auch ihnen bewusst sei, dass sie durchaus nur noch weiteres Druckmaterial abliefern – nur noch mehr schöne Bilder, die zeigen: So kann das Leben auch sein. So sollte es auch sein. So ist aber meines nicht.

»Unseres ist eigentlich auch nicht so!«, sagte sie. »Natürlich streiten wir uns auch furchtbar. Selbstverständlich sind wir manchmal so kaputt und durch mit der Welt, dass wir einfach am Küchentisch sitzen und heulen. Wir haben Geldprobleme. Uns wurde die Wohnung gerade gekündigt. Und ich hatte eine Wochenbettdepression.« Aber sie sagt auch: »Wir merken, wie das keinen interessiert. Je mehr Wirklichkeit, desto weniger ›Likes‹.«

Tja, wer im Insta-Paradies Äpfel vom Baum der Erkenntnis anbietet, der läuft Gefahr, daraus vertrieben zu werden. Ja, es spricht eigentlich doch viel für ein Grünkohl-mit-Pinkel-Dasein: Denn es ist meines, und darin bestimme ich ganz allein, was wichtig ist und was nicht. Es gibt Licht und Schatten, und ich muss nicht angestrengt so tun, als könne es nur das eine ohne das andere geben. Ich brauche weder meine Mahlzeiten noch mein Aussehen oder meine Kinder völlig Fremden zur Bewertung überlassen. Ich sitze selbst im Regieraum meines Lebens, kann mich ganz allein gut finden. Ich brauche dafür nicht erst die Abstimmungsergebnisse einer gnadenlosen Jury abzuwarten, die gar nicht erst den Nachweis erbringen muss, dass sie es auch nur einen Deut besser macht.

»Wer allein das Perfekte will und das Glück im Unvollkommenen leugnet, macht sich nicht glücklich, sondern verrückt«, sagt der Autor Dr. Reinhard K. Sprenger in einem Interview[5]. Deshalb betreibe ich bei allem gerade den Aufwand, der für mich ausreichend ist. Beim Kochen ebenso wie bei Aufräumen oder bei der

Hege und Pflege der Grünpflanzen, die so freundlich sind, meine relative Missachtung ihrer Befindlichkeiten zu überleben. Der Haushalt sieht so aus, dass man spontanen Besuchern kein GPS und eine Schneeschaufel in die Hand geben muss, um den Weg ins Wohnzimmer zu bewältigen. Und ich bereite Gästen Mahlzeiten zu, die sich dafür nicht nach Farben, sondern mit einer für meinen Job, meinen Sport, meine Netflix-Serien verträglichen Mischung aus Geschmack und Aufwand qualifiziert haben. Tja – und meinen Körper habe ich ohnehin schon lange aus dem Wettkampf herausgenommen. Der wird selbstverständlich gepflegt und bewegt. Aber ich habe ihm streng verboten, sich mit Jüngeren und Dünneren zu messen, und ihm das so erklärt: »Das ist nix für dich. Du hast andere Qualitäten als die, die dort abgerufen werden. Und übrigens: Auch ohne dass der Schweiß in Strömen fließt, gibt es ganz hübsche Preise.«

»Metakognition« nennen Psychologen das Wissen um unsere Möglichkeiten, aber auch um unsere Grenzen. Eine Selbstbewusstheit, die voraussetzt, dass man auch mal sagen kann: Schön für dich – nichts für mich! Es ist ja auch so: *Wenn ich immer so beschäftigt bin, mein Dasein mit anderen abzugleichen, um zu bieten, was sie angeblich im Portfolio haben, vernachlässige ich zwangsläufig meine eigenen Stärken.*

EIN STÜCK VOM FAME-KUCHEN

Das Einzige, was unsrem Leben zu seiner Krönung oft noch fehlt, ist bloß der Entschluss, damit einfach mal sehr zufrieden zu sein. Was ist schlecht daran, wenn man in all seinen Lebensbereichen eher zum Mittelmaß neigt? Wenn man abends rechtschaffen müde ist, so nach einem Tag als Angestellte bei einer Krankenversicherung, als MTA oder Altenpflegerin? Wenn man lieber auf dem Sofa liegt, als an seiner Einmaligkeit zu arbeiten? Wenn man keine »grüne Oase« auf dem Balkon anlegen mag, weil da schon der Webergrill steht? Wenn man nicht mehr ins Make-up investiert, als man braucht, um nicht dauernd gefragt zu werden, ob man krank sei? Wenn das Essen zwar sehr lecker, aber wenig kameratauglich ist? Wenn die Figur so mittel ist und man deshalb zwar leider nicht in der Kinderabteilung shoppen kann, aber dafür abends leidlich satt ins Bett geht? Dann führen wir immerhin ein überaus mehrheitsfähiges und entspanntes Leben. Wir können Urlaube machen, uns Restaurantbesuche gönnen, ohne vorher darüber nachzudenken, wie sich das auf Social Media macht. Wir werden geliebt – vielleicht nicht immer von Männern, aber ganz sicher von unseren Freundinnen.

Damit ist nicht gemeint, dass wir jede Ambition auf Verbesserung vergessen. Natürlich gibt es da viel zu tun, kann und sollte man sich engagieren. Etwa für erträgliche Mietkosten und Lebensmittelpreise. Für eine faire Bezahlung. Für die Vereinbarkeit von Kindern und Beruf. Für Nachhaltigkeit. Für Bildung. Für den Weltfrieden – und wo wir schon dabei sind: Wäre außerdem schön, es gäbe endlich eine Frauenquote, ein Tempolimit und ein Redeverbot für Wolfgang Kubicki und Friedrich Merz.

Aber die Lösungen für all diese Probleme finden sich sicher nicht auf Insta. Es sollte uns klar sein, dass das, was sich in den sozialen Medien tut, kaum noch etwas mit dem wirklichen Leben gemein hat. Außer, dass die Unzufriedenheit, die dort generiert wird, natürlich Strahlkraft auf unser Selbstbewusstsein, auf unsere Selbstliebe, auf unsere Zufriedenheit, auf unser Wohlbefinden hat. Die 15 Minuten Ruhm, die Andy Warhol den Menschen der Zukunft einst ankündigte, waren auch deshalb so kurz bemessen, weil er schon voraussah, dass Fame irgendwann bloß noch ein emotionales Fastfood – ein Massenphänomen – sein wird. Dass die Stücke vom Fame-Kuchen – also von der öffentlichen Aufmerksamkeit – entsprechend für immer mehr Menschen reichen müssen und also ständig kleiner und in immer kürzeren Abständen verzehrt werden. Am Ende hinterlässt der Run auf die letzten Brocken immer mehr zerbrochene Menschen, die eben auch nichts anderes können als Fame und denen es den Boden unter den Füßen wegzieht, wenn die Aufmerksamkeit irgendwann ausbleibt.

AFFENZIRKUS

Was macht zum Beispiel Jessy Bunny, die Österreicherin, die ihren Fame den derzeit größten Brüsten und Lippen Österreichs verdankt, in fünf Jahren, wenn sich das Publikum gähnend zurücklehnt? Näht sie sich noch eine dritte Brust auf den Rücken? Findet ihr Fame irgendwann eine Wiederverwertung bei Big Brother? Bekommt er Anhang – weil dann noch ein Lover mit ins Fame-Boot geholt wird –, was die Chancen auf noch mehr Fame einerseits verdoppelt (Love Island), andererseits halbiert, weil man ja nun die Aufmerksamkeit teilen muss? Will man überhaupt, dass diese Gedanken wichtigen Speicherplatz in unseren Köpfen belegen? Und wie viel Platz hätten wir dort, wenn wir dann auch noch alle Boris-Becker-Geschichten, das einstündige Augenbrauentutorial und Cathy Hummels daraus entfernen? Für neue Sprachen, spannende Bücher, tolle Filme oder Gespräche mit unseren Freundinnen?

Natürlich wäre ich sehr gerne eine von diesen Frauen, die eben für den Weg zum Supermarkt ein Sauerstoffzelt brauchten und die schon sechs Monate später ihren ersten Marathon laufen UND gewinnen. Aber das liegt nicht in meiner Natur. Freundinnen mit mehr Ehrgeiz sagen dazu gern, dass ich das besser könnte. Dass ich es auch schaffen würde, 42 Kilometer am Stück zu laufen – oder wenigstens 15 – und dass sie da jemandem auf Instagram folgen, der wie ich ganz klein angefangen hat.

Aber ehrlich: Ich bin ganz zufrieden mit meinem Programm. Und bevor ich mich um die Fame-Kuchen-Krümel balge, backe ich mir doch selbst einen, meinen eigenen Kuchen. Und ist nicht ohnehin IMMER noch Luft nach oben? Selbst wenn ich einmal im Leben einen Marathon laufen würde, gibt es 1000 andere Frauen, die gleich mehrere im Jahr absolvieren. Die beim Ironman mitmachen oder noch härter – bei einem dieser Läufe, bei denen man tagelang in der Wüste unterwegs ist oder im Gebirge aufwärts rennt. Für mich klingt das nach »schlimmer geht immer«. Was nicht bedeutet, dass ich nicht allergrößten Respekt vor diesen Leistungen und den Menschen habe, die sie sich aufbürden. Ich würde nur sagen: Toll, wie sie das machen – aber nichts für mich. Nicht mein Zirkus. Nicht meine Affen.

Du hast schon Sex,
dann kannst du auch dein Bett
frisch beziehen.

DER MITTELFINGER IM KINDERZIMMER

»Es ist nicht einfach, eine Mutter zu sein.
Wenn es so wäre, würden Väter den Job erledigen –«

Golden Girls

ALLES FÜRS KIND

Sie sind unser Ein und Alles, und wir wollen natürlich alles richtig machen. Mit vollem Elan und ganzem Einsatz. Schließlich sind sie unser persönlicher Nabel der Welt. Schon deshalb tun wir, was wir können, und sind, wenn es um die Kinder geht – um unsere eigenen Kinder wohlgemerkt – sehr verletzlich, schnell angegriffen und im Handumdrehen beleidigt. Und wir haben jede Menge Fragen: Nur weil wir dem 17-Jährigen den Turnbeutel hinterherfahren, sind wir doch keine Helikoptermutter, oder? Was darf man den Kindern zumuten? Gilt Spülmaschinenausräumen schon als Kinderarbeit? Ist es für die lieben Kleinen machbar, ihr Erdkundereferat ganz allein zu schreiben? Wäre das nicht grob unfair, zumal alle anderen jede Menge Hilfe bekommen? Also eine Form von mieser Wettbewerbsverzerrung? Ab wann gehört ein Handy zur Grundausstattung? Ist der öffentliche Nahverkehr nicht zu gefährlich für eine Zehnjährige?

Erziehung und Aufzucht stellen uns vor zahllose Fragen und Herausforderungen.

Beim Thema Kinder gibt es zwei entscheidende Aspekte. Der erste ist die Außenwahrnehmung, also: Wie erziehen wir, wie erledigen wir unsere Aufgabe? Wie stehen wir als Mutter da, wie wirkt »das Produkt« – die Kinder – auf andere, welchen Eindruck machen sie? Glänzen wir in unserer Rolle? Gelten wir als kompetente Erzieherinnen? Sind wir eine der Super-Moms? Schaut das Umfeld bewundernd auf unsere Kinder und damit auch auf uns, die Verantwortlichen? Sind wir vielleicht sogar die allerbeste Freundin unserer Tochter? Aber ist das überhaupt erstrebenswert? Tauschen wir Klamotten und verbringen unsere Freizeit gemeinsam? Ist es seelische Grausamkeit, wenn man sagt: Du hast schon Sex, dann kannst du auch dein Bett frisch beziehen? Kommt man an den Mutti-Pranger, wenn man tatsächlich verlangt, dass der 13-Jährige beim gemeinsamen Abendessen das Handy mal weglegt, spricht und dann noch abräumt? *Warum ist es uns so irre wichtig, wie andere uns in unserer Rolle sehen? Gibt es Medaillen für Mutti-Höchstleistungen?* Wird uns im Kindergarten oder beim Elternabend applaudiert? Warum treten wir in den Mutti-Wettstreit und behandeln unsere Kinder wie kleine, kostbare Rennpferde?

Der zweite Aspekt ist die Innenwahrnehmung. Was macht unser Erziehungsstil mit dem Nachwuchs? Wie funktioniert das Miteinander? Ist das Resultat so, wie wir uns das wünschen? Sitzen bezaubernde strahlende Sonnenscheine an unserem Frühstückstisch und freuen sich ein Loch in den Bauch übers selbst gemachte Porridge? Wissen sie unseren Aufwand zu schätzen?

Bekommen wir für unseren grenzenlosen Input den erwartbaren Dank? Oder ist Dank schlichtweg von vorneweg illusorisch, allein der Gedanke der völlig falsche Ansatz? Bringt uns unsere Dauerdienstleistung dann zumindest Harmonie im Familienleben? Sichert er grenzenlose Liebe? Eine innige Verbundenheit? Im späteren Leben zahlreiche Besuche im Seniorenheim?

PASCHA-ZÜCHTUNG

Fragen über Fragen und jeder da draußen weiß angeblich, wie es am besten geht. Das mit dem Erziehen. Ist nur man selbst verfolgt von einer gewissen Unsicherheit? Sind wir auf der richtigen Spur? Muss man strenger, nachgiebiger, auf jeden Fall irgendwie anders sein? Tief plagt uns die Angst, was passieren könnte, wenn wir es verpatzen. Wird das Kind jahrelang Therapie machen müssen, um sich von unserer verkorksten Erziehung zu erholen? Werden wir haftbar gemacht, wenn unser Liebling später mal straffällig wird? Wird Mia wegen ihrer Drei in Mathe nicht aufs Gymnasium kommen und damit am Ende bei Hartz IV landen? Züchten wir einen kleinen Pascha heran, wenn wir durchgehen lassen, dass Leon Valentin nun mal kein Händchen für die Hausarbeit hat? Ist die Schule nicht Herausforderung genug? Ist der Preis für ein bisschen Mithilfe nicht zu hoch? Leidet das Miteinander? Wird das Kind uns doof finden? Uns mit Missachtung strafen? Uns später nicht im Rollstuhl mal an die Luft schieben? Uns vielleicht sogar weniger oder am Ende, und das wäre der Super-GAU, gar nicht lieben? Wir wollen ein glückliches Kind. Wir wollen es mit Liebe zur Selbstständigkeit erziehen, sein Selbstbewusstsein stärken und seine Talente entdecken und fördern. Wir wollen, dass es aufrecht, mit Haltung, Meinung und so zufrieden wie möglich ein entspanntes und schönes Leben führen kann.

Darin sind sich fast alle einig. Nur der Weg ist das Problem. Wie schafft man das? Was auffällt: Viele sind zutiefst verzagt und wollen zumeist vor allem eins: Dass man sie bitte, bitte zurückliebt. Da liegt schon der erste große Knackpunkt: Wer geliebt werden will, macht sich ungern unbeliebt mit Anforderungen oder gar Anmeckern. Doch wie soll man erziehen, ohne all das? Auf Freiwilligkeit hoffen? Auf Einsicht? Auf tiefgreifende Erkenntnis? Bitten und betteln? Reden, bis dem Nachwuchs die Ohren qualmen? Glauben wir wirklich, dass irgendwann der berühmte Groschen fällt und unser Liebling sagt: »Ach Mama, du hattest von Anfang an recht, jetzt endlich ist mir das klar geworden, und ich werde mich an all deine Vorgaben halten! Wäre ich nur früher auf den Trichter gekommen!« Ein schöner, aber leider reichlich abwegiger Gedanke.

CHAMÄLEONGLEICH

Renata kennt das gesamte Dilemma nur zu gut und klagt oft genug ihr Leid. Ihr Sohn Javier ist sechzehn Jahre alt und macht bei genauer Betrachtung einfach nur, was er will. »Na ja, er ist ja quasi erwachsen«, rechtfertigt Renata sein Verhalten. »Klar, dass er sich da nichts mehr sagen lässt. Das spricht ja auch für sein Selbstbewusstsein. Sein Standing. Er weiß halt, was er will. Aber anstrengend ist es schon« Sechzehn ist nur leider nicht erwachsen. Nicht mal auf dem Papier. Und selbst wenn er achtzehn Jahre alt wäre (oder zwanzig oder fünfundzwanzig, ja, auch die wohnen teilweise noch gemütlich bei Mutti), solange man gemeinsam lebt, sollte man sich auch – im Rahmen der Möglichkeiten – gemeinsam um alles kümmern, was beim Zusammenleben so ansteht.

Das Kümmer-Gen bei Renata ist sehr ausgeprägt, Javiers leider nicht mal in Spurenelementen vorhanden. »Das ist die Pubertät!«, meint Renata. Eben war er noch erwachsen, und jetzt ist er pubertär! Mütter können sich chamäleongleich an die Situation anpassen. Geht es ums Ausgehen, ums Rauchen, ums Alkoholtrinken, ums Ausschlafen, ist Javier in Renatas Augen erwachsen. Geht es um Profanes, wie mal die Spülmaschine ausräumen, die Wäsche selbst in den Schrank legen, dann verwandelt sich der erwachsene Sohn in ein unmündiges, tapsiges Kleinkind mit zwei linken Händen (mit denen er übrigens hervorragend stundenlang FIFA spielen kann). Eine – für ihn – fantastische und superbequeme Metamorphose.

Renata räumt auf, putzt und kauft ein. Selbstverständlich kocht sie auch und wäscht seine Wäsche. Sie bereitet Hühnersuppe, wenn er kränkelt, legt ihm ganz leise und vorausschauend Aspirin ans Bett, wenn er einen kleinen Afterpartykopf hat, und zahlt neben einem fetten Taschengeld selbstverständlich Klamotten, Handy, Fitnessstudio, Netflix, Spotify und Co. »Ich bin die Mutter, das ist nun mal mein Zuständigkeitsbereich: Versorgung!«, argumentiert sie.

Renata ist, freundlich ausgedrückt, die Dienstleisterin und Finanzierin ihres Sohnes. Man könnte, etwas weniger freundlich, auch Dienerin, Zugehfrau, Köchin, Pflegerin sagen. Das sieht sie natürlich ganz anders. »Er muss sich um die Schule kümmern, das ist sein Job, der Rest ist meine Aufgabe.« – »Er schafft das einfach nebenher nicht, und ich habe es ja schnell erledigt«, schiebt sie noch eine prima Entschuldigung für ihren verwöhnten Sprössling hinterher. Fast so, als sei das Wäsche-in-den-Schrank-Legen oder sie gar selbst zu waschen, ungeheuer kompliziert, anstrengend und zeitraubend. »Außerdem gibt es eh nur Theater, wenn ich Stress mache! Das bringt ja nichts!«, offenbart sie ihre Hilflosigkeit.

MUTTI-ARBEITSHEFT

»Stinkt dir das nicht, dass er faul rumliegt und du seine Servicekraft bist?«, hake ich nach.

»Manchmal«, gesteht sie, »aber ich verstehe es ja.« Ich verstehe es auch, denn wenn man mich ließe, würde ich auch sehr gerne sehr viel mehr rumliegen. Der Mensch an sich neigt zur Faulheit, egal, in welchem Alter. Renata vergisst, dass auch sie neben all der Hausarbeit noch einen Beruf hat. Dass sie vielleicht auch Sehnsucht nach der Couch hat. Aber bevor sie ein Fass aufmacht, wischt sie, kocht sie, und schneidet Obst für einen kleinen Obstteller. Selbstverständlich schält sie die Äpfel, weil Javier Schale so gar nicht mag. (All das, nachdem sie sein Zimmer aufgeräumt hat. Selbstverständlich in seiner Abwesenheit. Er mag es auch so gar nicht, wenn sie um ihn herumputzt.)

»Ich bin dafür verantwortlich, dass er genug Vitamine bekommt! Und dass er ein gemütliches, sauberes Zimmer hat.« Javier ist der Superpascha, der sich alles erlauben kann. Wer jetzt denkt, dass der Junge vor Dankbarkeit ergriffen ist und wertschätzt, was seine Mutter quasi rund um die Uhr leistet, hat sich getäuscht. Renata macht keinerlei Aufhebens um ihr Tun (ein Kardinalfehler!), und schon deshalb macht auch Javier keines. Was man nicht erwähnt, ist auch nicht existent. Er nimmt es mit einer reichlich dreisten Selbstverständlichkeit und findet sogar, dass da noch Luft nach oben ist. Dass andere Mütter sehr viel fürsorglicher seien. Solche Aussagen betrüben Renata, entfachen ihren mütterlichen Ehrgeiz, und sie versucht, die noch perfektere Mutter zu werden. Sie steht, jedenfalls was ihre mütterlichen Fähigkeiten angeht, nicht gerne im Schatten anderer Mütter. Und sie will, dass er sieht und bemerkt, wie sie sich müht. Fast so als warte sie auf ein Sternchen im Mutti-Arbeitsheft. Allein von dem Gedanken ist Javier so weit entfernt wie der Neptun von der Erde. Wenn er sich sonntags gegen 14.30 Uhr irgendwann tatsächlich erhebt, seinen Post-Party-Körper Richtung Küche schleppt und da kein schöner Brunch auf ihn wartet, empfindet er das als fast schon herzlos. »Ich gehe nur am Wochenende groß feiern, da wäre es doch möglich, genau wie unter der Woche was herzurichten. Ich meine, es ist schließlich Wochenende. Endlich mal frei.« – »Frei wovon? Dem bisschen Schule?«, sollte man entgegnen, aber das würde eine Renata niemals sagen.

DIENSTLEISTUNG AM KIND

Sie steht jeden Morgen mit ihrem Sohn auf und macht ihm ein Frühstück und ein liebevolles Pausenbrot. Javier spricht um diese Zeit kein Wort. »Laber mich nicht voll, Mudder«, ist das höchste der Gefühle, und wenn seine Lieblingscerealien nicht auf dem Tisch stehen oder Renata fahrlässigerweise sogar vergessen hat, sie einzukaufen, kann er ziemlich pampig werden.

»Bleib doch einfach mal liegen, du fängst doch im Büro erst um neun an, soll er sich doch selbst mal was machen!«, habe ich vorgeschlagen. »Dann kann er sich auch in aller Stille selbst anschweigen!« Nach der Devise: Wer nicht freundlich ist, wird nicht bedient. Ein Spiel mit einfachen, klaren und überschaubaren Regeln. Eines, bei dem Mami Renata allerdings keinesfalls mitspielen will. Sie hat mich angeschaut, als hätte ich empfohlen, ihn ohne Handy in freier Wildbahn auszusetzen.

»Ich mache ihm immer Frühstück, seit er auf der Welt ist, und ich finde, das ist das Minimum«, empört sie sich. »Wozu bin ich denn Mutter!«, legt sie noch mal nach. Allein über diese Schlussfolgerung ließe sich vortrefflich lange diskutieren. All ihre Dienstleistung am Kind sieht Renata als selbstverständliche Pflicht. Javier muss nur eins sein: ihr Kind. Und darf sich so auch aufführen, dauerhaft. »Wie soll das werden, wenn er denn jemals auszieht?«, frage ich vorsichtig. »Er kann ja nichts allein.« Er hat noch nie eine Waschmaschine bedient, nie ein Klo geputzt oder gar ein Bett bezogen.

»Müsste er nicht lernen, Verantwortung für sein Leben zu übernehmen?«, will ich wissen.

»Dafür ist genug Zeit, wenn er denn erwachsen ist!«, kontert Renata und hat wohl vergessen, dass sie eben noch behauptet hat, er sei längst erwachsen. »Hier ist er mein Kind, er muss den Rest des Lebens dann allein klarkommen, das ist hart genug! Der arme Kerl!«

»Willst du dann, wenn er tatsächlich je sein kuscheliges Vollpensionsnest verlässt, in seine WG fahren und für ihn putzen? Ihm Vorgekochtes mitgeben, damit er nicht verhungert?«, werde ich ein wenig provokativ.

»Noch ist er zu Hause, und ich hoffe, er bleibt noch lange hier. Wir kommen sehr gut miteinander klar.« Renata klingt verärgert. Klar, dass man gut klarkommt, wenn es nie Kritik gibt, keine Anforderungen gestellt werden und das »Kind« machen darf, was es will. Angenehmer geht es kaum. Kein Wunder, dass Javier diese Privilegien niemals freiwillig aufgeben wird. Wie soll so ein »Kind« draußen in der großen Welt ohne Mutti an der Seite lebensfähig sein? Wenn man gewöhnt ist, dass da immer jemand ist, der alles Unangenehme erledigt. Ohne großes Aufheben. Ich glaube kaum, dass Javier dieses Paradies verlassen wird. Ich würde es nicht tun. Renata ist Controllerin in einer Softwarefirma, geachtet und sogar ein bisschen gefürchtet, eigentlich also wirklich ein Tough Cookie. Nur zu Hause mutiert sie zur Arbeitsbiene und agiert nebenberuflich noch als Anwältin von Javier.

Sie entschuldigt das Verhalten ihres Sohnes und rechtfertigt damit ihres. Am Ende ist sie das Problem, nicht er. Warum sollte er etwas ändern? Es läuft ja mehr als erfreulich für ihn.

FÜRS LEBEN LERNEN

Viele neigen dazu, sich das Tun – oder besser gesagt das Nicht-Tun – ihrer Kinder immerzu zu erklären und zu entschuldigen. Das macht es der Gegenseite hübsch bequem, die Kids müssen nicht mal ihre Ausreden selbst erfinden.

Das Gegenstück zu Renata ist Miriam. Sie ist Mutter von inzwischen erwachsenen und ausgesprochen patenten Zwillingen. »Sobald sie eine Tasse tragen konnten, haben sie eine getragen!«, hat sie uns mal bei einem Abendessen erzählt. Die alleinerziehende Mutter hat ihre Kinder zu wahren Hauswirtschaftsprofis erzogen. Beide mussten lernen, wie man Wäsche sortiert und wäscht, welche Putzmittel wofür bestimmt sind und wann der Garpunkt der Kartoffel erreicht ist. Sie haben Regale zusammengeschraubt und Türschlösser geölt. Ihre Kinder konnten schon mit zwölf Jahren kleine Menüs zaubern und wussten, dass man den Wollpulli nicht mit der Bettwäsche zusammen bei 60 Grad wäscht. »Ja, es hat sie genervt, sie waren nicht heiß darauf, all das zu lernen, aber ich habe es durchgezogen. Nicht nur zu meiner Entlastung, es ist ja am Anfang mehr Arbeit, sie machen zu lassen. Aber ich wollte, dass sie es lernen.«

Neulich hat Miriams Sohn Paul, der in einer WG wohnt, ihr eine Nachricht geschickt. »Damals, Mama, haben wir echt im Strahl gekotzt über den ganzen Haushaltskram, aber ich bin der

Einzige hier, dessen Wollpullis noch in Form sind und der weiß, wie man eine Kaffeemaschine entkalkt. Der mehr kann, als Fischstäbchen auftauen und der nicht – wie mein Kumpel gestern – versucht, Nudeln in der Pfanne mit Fett zu ›kochen‹. **Danke. Ich bin lebensfähig.**«

BAUSTELLE SCHULE

Renata ist kein wunderlicher Ausnahmefall in der weiten Mutti-Welt. Silke hat zwei Kinder, und auch sie ist das Mama-Modell »Ich kümmere mich um alles.« Schreibt Anna-Lena eine drei, ist Silke kurz vor dem Amoklauf. Nicht, weil Anna-Lena nicht genug gelernt hat oder Silkes Ansprüchen nicht genügt, sondern weil Anna-Lenas Lehrerin natürlich ungerecht benotet hat. Die sieht das Potenzial von Anna-Lena nicht, und so was lässt Silke keinesfalls auf sich sitzen. Sie greift ein, schreibt Mails und regt sich auf. Sie kennt ihr Kind doch besser als irgendeine angebliche Pädagogin. Wenn Marie auf ihr Referat keine eins bekommt, ist Silke wütend. Schließlich stammt der Großteil von ihr, und die unverschämte zwei Minus ist eine persönliche Kränkung, die Silke nicht auf sich sitzen lässt.

Das hört sich bekloppt an? Ist es auch. Aber wie alle Lehrer*innen in meinem Umfeld betonen, ist es inzwischen Alltag. Die Regel und nicht die Ausnahme. »Die Kinder sind das eine, aber die wahre Plage heutzutage sind die Eltern. Entweder tauchen sie gänzlich ab – solche nennen wir U-Boot-Eltern. Oder sie melden sich quasi rund um die Uhr, sind beleidigt, wenn man Sonntagabend kein Interesse an einem stundenlangen Telefonat wegen Noahs Gymnasialeignung führen will und sie auf Sprechstunden hinweist. Erdreistet man sich, ihrem Kind Kritik entgegenzubringen, stehen sie alsbald auf der Matte, um zu erklären, dass sie schuld sind, wenn der 13-jährige Spross seinen Turnbeutel vergessen hat, und dass er wegen eines Familiengeburtstags (dem 62.

von Onkel Stefan) eben nicht lernen konnte. Arbeiten sind grundsätzlich zu schwer, der Unterricht selbstverständlich schlecht, und ständig heißt es, ich würde nicht erkennen, wie begabt ihr Kind sei. Nie liegt es am Kind. Sie erklären mir mit Wonne meinen Job, für den ich immerhin jahrelang studiert habe. Aber Eltern wissen besser, wie es geht.«

ENTSPANNUNG AN DER SCHULFRONT

Schule ist nicht mehr »der Job« der Kinder, sondern inzwischen der der Eltern. »Alle machen das, ich kann doch meine Kinder nicht allein der Schule überlassen, wenn alle anderen sich für ihre Kinder richtig ins Zeug legen«, argumentieren Eltern. Klar, gibt es in der Schule (wie eben auch im gesamten Leben) immer mal Ungerechtigkeiten. Ein*e Lehrer*in mag einen, der oder die andere leider nicht.

Eine Klassenarbeit war verdammt schwer. Lena-Marie schwankt zwischen einer zwei und einer drei und bekommt die drei. Das ist schade, aber weder ein Weltuntergang noch ein Grund für eine Revolution. That's life. Ponyhof und so.

Ein wenig mehr Entspannung an der Schulfront, etwas mehr Entschiedenheit, dem Kind mehr Verantwortung zu überlassen, wie gut oder schlecht es seine Schulkarriere gestaltet, etwas mehr Abstand wäre für alle Seiten hilfreich. Und ein wenig mehr Realismus auch. Wenn Cheyenne in der großen Pause »Du spinnst doch« zu Anna-Lisa sagt, ist das noch kein Mobbing. Auch kein Grund, dass sich die Mütter zum Klärungsgespräch treffen oder den Schulleiter dazu bringen sollten zu intervenieren. Und nur zur Info: Die Spanne an Hochbegabten ist weitaus geringer, als man vermutet, und die Wahrscheinlichkeit, dass ausgerechnet unter Ihrem Dach eine*r davon herumlungert, ist relativ gering. Nur weil Tabea mit sechs schon den Flohwalzer auswendig auf dem Klavier spielt, wird sie noch lange keine Clara Schumann.

Intelligenz ist in der Bevölkerung im Wesentlichen normverteilt, d. h. eine Gaußsche Kurve versammelt den überwiegenden Großteil der Kinder bei einem IQ um die 100, und nur zwei Prozent sind – je nach Definition – hochbegabt oder lern- bzw. geistig behindert. Doch deutlich mehr Eltern halten ihr Kind für hochintelligent, gern auch gerade dann, wenn es unkonzentriert ist, wenn die schulischen Leistungen zu wünschen übriglassen und/oder es Probleme hat, sich sozial einzufügen.

»Kannst du bitte dafür sorgen, dass dein Sohn meinem Sohn nicht immer in seine Hausaufgaben kritzelt?!«, fragt die eine Mutter die andere. »Das kann ich. Aber ich kann dir nichts versprechen. Er ist hochbegabt. Er lebt in seiner eigenen Welt.«

Aber *Hochbegabung macht sich nicht typischerweise durch Rücksichtslosigkeit bemerkbar.* Und Eltern, die ihr Kind nicht reglementieren mögen, weil es »in einer anderen Liga« spielt, die es durchgehend überschätzen, überfordern es damit. Sie sorgen für Misserfolgserlebnisse und riskieren, dass es zum Außenseiter wird. Das können wir qualifiziert beurteilen, weil immerhin eine von uns einen ordentlichen und sehr guten Abschluss im Fachbereich Erziehungswissenschaften vorweisen kann. Und ebenso können wir mit Sicherheit sagen, dass Glück eindeutig nicht abhängig ist von Intelligenz. Unglück aber schon von Eltern, die das individuelle Lernprofil ihres Kindes nicht sehen wollen. Die schon in der Grundschule glauben, das Kind auf die Erfolgsspur bringen zu müssen.

Wie die Mutter, die der Grundschule ihrer Tochter mit einer Klage drohte, wenn sie nicht die Klasse wiederholen dürfe. Die Noten hätten eine Versetzung durchaus hergegeben. Aber die Mutter sah ihre Tochter schon im Medizinstudium und wollte eine zweite Runde, damit die Noten für die Empfehlung auf die weiterführende Schule besser ausfielen. Wie viel Druck auf so einem kleinen Mädchen ruht. Und wie viel falsche Erwartungen. Schließlich speist sich Lebenserfolg vor allem aus dem Gefühl, so angenommen zu werden, wie man ist. Ebenso auch aus Beziehungen, Zufriedenheit und der Passung von Fähigkeiten, Anforderungen und der Freiheit, seine Zukunft selbst zu gestalten.

HOCHBEGABTE SCHMUTZEN AUCH

Aber nehmen wir mal den unwahrscheinlichen Fall an, dass Ihr Kind hochbegabt ist. Je nach Definition hat es dann einen IQ über 125 oder 130 (die Hochbegabung ist auf die Geschlechter mit gleicher Häufigkeit verteilt). Da Intelligenz in der (kindlichen) Bevölkerung normalverteilt ist, bleibt dieser Wert auch immer gleich. Entgegen anderslautender Hoffnungen lässt sie sich – wenn überhaupt – nur ganz minimal fördern. Wissen und Bildung dagegen schon.

Ein hoher IQ mag sich beim Mutti-Schaulaufen gut machen, aber er garantiert keinesfalls einen glatten Durchmarsch in Richtung »Erfüllung«. Das Leben wird dadurch nicht einfacher. Weder das des Kindes noch das seiner Eltern.

Kinder, denen früh alles zufliegt, versäumen es oft zu lernen, wie man lernt. Ein Werkzeug, das ihnen später fehlen wird. Zudem heben sie sich von den Gleichaltrigen ab. Das muss nicht immer in Einsamkeit münden. Aber es steht auf der kindlichen Wunschliste nun mal nicht ganz oben, anders als alle anderen zu sein (das spricht übrigens auch gegen Vornamen wie Xystus oder Pfefferminza). Auf keinen Fall ist ein hoher IQ außerdem ein Grund, ein Kind von alltäglichen Aufgaben fernzuhalten. Es ist immer auch ein Lehrstoff in Lebenstüchtigkeit, wenn man Geschirr abspülen, warme Mahlzeiten zubereiten und Badezimmer putzen kann. Und nicht nur das. Kinder lernen so auch, dass sich »das bisschen Haushalt« eben nicht von alleine macht. Und sie erfahren, dass die Person in der Familie, die selbst im dritten Jahrtausend das meiste davon erledigt, dies nicht tut, weil es so wahnsinnigen Spaß macht oder weil irgendein Naturgesetz existiert, das vorschreibt: »Die Frau ist für all die lästigen Arbeiten zuständig.«

DIESER WEG WIRD KEIN LEICHTER SEIN ...

Glauben Sie mir: *Der Respekt vor geschältem und klein geschnittenem Obst, für frisch bezogene Betten, für Spaghetti Bolognese wächst nur dort, wo man selbst einmal die Erfahrung machen konnte, wie viel Arbeit, Zeit, Energie bei all diesen Tätigkeiten draufgeht.* Zeit, die auch Frauen, ehrlich gesagt, lieber in eine Stunde Yoga, in einen Spaziergang oder in ein Nickerchen auf dem Sofa investieren würden.

Es gibt also kein plausibles Argument, wieso ein Kind vor allem »verschont« werden sollte (außer permanenter Bettlägerigkeit und sehr schlimmer Krankheit). Im Gegenteil.

Wer ihnen diese Fähigkeiten vermittelt, gibt ihnen einen wichtigen Proviant mit auf den Lebensweg, macht sie verantwortungsvoller und selbstständiger. Das zeigen auch Untersuchungen aus den USA: Kinder, die im Haushalt helfen, sind später im Job erfolgreicher, selbstbewusster und teamfähiger.[1] Oder wie es die US-Wissenschaftlerin Julie Lythcott-Haims, die seit vielen Jahren im Bereich der Erziehung forscht, formuliert: »Wenn Kinder ihre Teller nicht abspülen, lernen sie, dass es wohl jemand anders für sie macht. Damit entgeht ihnen nicht nur die Arbeit, sondern vor allem die Erfahrung, dass jeder seinen Teil zum Ganzen beizutragen hat, weil er ein Teil des Ganzen ist.« Aber klar: »Dieser Weg wird kein leichter sein«, so eine Liedzeile von Xavier Naidoo (bevor er etwas seltsam wurde). Jede*r von uns war selbst mal Kind und kennt also die Hausarbeits-Abwehrmaßnahmen. Also auch den Impuls, auf Zermürbungstaktik zu setzen und die ganze Klaviatur der Unlust zu bespielen.

Jammern: »Ooch nö, jetzt doch nicht!«

Empörung: »Lisa-Marie muss daheim GAR NIX machen!«

Vertrösten: »Mache ich später!«

Beschimpfen: »Du bist sooooo gemein!«

Oder Drohen: »Ich gehe jetzt zur Polizei und sage, dass ihr mich gehauen habt!«

Ja, das habe ich einmal in einer Wohngemeinschaft erlebt, in der ein Zwölfjähriger das erste Mal überhaupt in seinem Leben einen Tisch abräumen sollte: Da hilft es einem als Erziehungsberechtigte wenig, den Paragrafen 1619 des Bürgerlichen Gesetzbuches zu zitieren: »Das Kind ist, solange es dem elterlichen Hausstand angehört und von den Eltern erzogen oder unterhalten wird, verpflichtet, in einer seinen Kräften und seiner Lebensstellung entsprechenden Weise den Eltern in ihrem Hauswesen und Geschäft Dienste zu leisten.« Aber es gibt durchaus ein paar »Arbeitserleichterungen« auf dem Weg zur Mithilfe im Haushalt.

ABWEHRREAKTIONEN

Das beginnt damit, auch argumentative Notausgänge zu verschließen. Es braucht gar nicht erst darüber gesprochen werden, ob das Kind überhaupt im Haushalt hilft, sondern man stellt einfach Handlungsalternativen zur Verfügung: »Möchtest du lieber das Wohnzimmer aufräumen oder den Abendbrottisch decken?« Dann: Vorleben, dass man die täglichen Pflichten am besten gleich und schnell erledigt und sich dabei durchaus auch ein Gefühl von Zufriedenheit einstellt. *Wann immer man außerdem glaubt, einem Teenager nicht noch länger dabei zuschauen zu können, wie er schlecht gelaunt im Zeitlupentempo eine Geschirrspülmaschine ausräumt –* bloß nicht einknicken und es selbst machen, sondern *einfach rausgehen.* Auf keinen Fall bezahlen – Sie bekommen ja auch kein Geld für den Abwasch oder das Einkaufen im Supermarkt. Nur bei besonderen Aufträgen – etwa die Gartenmöbel reinigen oder den Dachboden entrümpeln – kann man über eine Belohnung nachdenken.

Wichtig auch, sich selbst zu prüfen, worum es vielleicht eigentlich geht: Ob man nicht vielleicht heimlich fürchtet, sich als Mutti entbehrlich zu machen, wenn man seine Kinder zur Selbstständigkeit ermuntert und die am Ende ihre Äpfelchen selbst schälen.

Ob man nicht möglicherweise deshalb den lieben Kleinen sofort alles abnimmt, sobald die auch nur den kleinsten Unmut äußern und »keinen Bock« haben. Dann gilt es natürlich auch, konsequent zu bleiben: Wenn ein Kind immer wieder aufschiebt oder ausfallen lässt, was es eigentlich zu tun hätte, kann man selbst mal einen lässigeren Stil vorleben: *»Warum sollte ich deine Lieblingsjeans waschen, wenn du keine Lust hast, den Tisch zu decken?«* Nicht gleich das ganz große Rad drehen, sobald etwas nicht klappt.

Und auf keinen Fall sollte man Drohungen aussprechen, die man am Ende sowieso nicht durchzieht. Etwa: »Dann gibt es dieses Jahr eben auch nichts zu Weihnachten« oder: »Die Partys der nächsten drei Monate kannst du dir schon mal abschminken.« Man macht sich – übrigens in jeder Beziehung – unglaubwürdig, wenn man Maßnahmen ankündigt, die schon im Ansatz lächerlich sind. Es ist im Prinzip bei der Erziehung wie in der Beziehung –, da sollte man ja auch im Krisenfall nicht sagen: »Nie tust du« oder: »Immer bist du« oder: »Du liebst mich nicht, sonst hättest du die nassen Handtücher aufgehängt, bevor sie in der Waschmaschine Schimmel ansetzen.« Einfach keine große Geschichte draus machen. Entschieden und ohne dramatische Ausführungen wiederholen, wie die Absprache lautet und welche Aufgaben das Kind – noch – zu erledigen hat. Klare Kante zeigen. Auf eigene Ressourcenschonung achten. Auch anderen Eltern gegenüber, die – das kann ich aus Erfahrung beitragen – oft reagieren, als hätte man das Kind auf eine Galeere geschickt, wenn man erzählt, was Thorben oder Mia schon alles im Haushalt machen. Dann bloß nicht den Kopf senken, als wäre man gerade bei einem sehr schlimmen Mutti-Vergehen ertappt worden –, sondern hoch erhobenen Hauptes dabei bleiben: »Freut mich für eure Carlotta, dass sie bei euch den Luxus eines Fünf-Sterne-Plus-Hotels genießen darf. Bei uns gilt eher die gute alte Jugendherberge-Devise: ›Jeder hilft jedem, wo er kann‹«.

Vor einiger Zeit hatte ich ein Gespräch mit einem – renommierten – Kinderpsychiater über dieses Thema. Er fand es absurd, von einem Kind oder Teenager eine Beteiligung an der Hausarbeit zu erwarten. Er meinte, Kinder müssten im Haushalt gar nichts machen. Es sei an den »Eltern, das Familienleben zu organisieren«. Kinder hätten schließlich schon mit dem Entwickeln ausreichend zu tun, und außerdem sei ja die Schule anstrengend genug. Dazu kann ich sagen, dass der Fachmann eine Frau daheim hat, die ja nicht nur den Kindern, sondern auch ihm die Härten der Hausarbeit erspart. Und wer dachte, dass die Kinder – so ganz und gar von häuslichen Pflichten befreit – wenigstens die Schule allein machen, der hat sich getäuscht. Auch die tägliche Hausaufgabenbetreuung – so der Experte – ist Mutti-Sache. Mit ihr – so der Kinderpsychiater – würde das immer noch am besten klappen. Klar, ist ja sonst auch niemand da.

KINDER-SELBSTERFAHRUNG

Meine Erfahrung, was Schule angeht: Da ist weniger oft mehr. Ich selbst habe mich möglichst rausgehalten. Ich habe Vokabeln abgehört, wenn man mich gebeten hat. Einen Aufsatz gelesen, aber nie einen geschrieben. Ich habe keinen Ranzen gepackt (jedenfalls nicht mehr in der weiterführenden Schule) und keine Bücher oder Hefte nachgeliefert, die vergessen wurden. Ich habe meine Kinder so gut wie nie in die Schule gefahren. Zum einen beginnt Schule sehr früh, und der frühe Vogel und ich sind keine engen Freunde. Zum anderen haben wir weit draußen auf dem Land gewohnt. Meine Kinder sind zum Bus gelaufen (ja, im Winter war es kalt und ziemlich dunkel), dann mit dem Bus gefahren und danach noch zur Schule gelaufen. »Andere werden gefahren!«, haben sie ab und an versucht, mich doch noch zu überreden. »Bewegung bringt euer Gehirn in Schwung, durchblutet es ordentlich, die frische Luft ist gut für die Haut! Und euer ökologischer Fußabdruck ist dadurch auch sehr viel besser!«, habe ich geantwortet. »Immerhin kann man im Bus noch schnell was abschreiben!«, hat mein Sohn nach einer Weile einen kleinen Vorteil erkannt. Irgendwann stand die Frage auch nicht mehr im Raum, ich habe nicht mit mir verhandeln lassen. Das verstehen Kinder sehr schnell. Und neben den Abschreibemöglichkeiten hatten das Busfahren und das damit verbundene Frühaufstehen auch einen weiteren Pluspunkt: Fuhr der Bus wegen Eis und Schnee nicht, durften sie zu Hause bleiben. Auch dann bin ich nicht gefahren. Es ist nur Schule und kein Termin zur Nierentransplantation.

Wenn ich heute meine beste Freundin besuche, stelle ich fest, dass diese Haltung ebenso vom Aussterben bedroht ist wie der Panda. Sie wohnt in einem Neubaugebiet gegenüber einer Grundschule, und da werden morgens praktisch alle Kinder mit dem Auto angeliefert. Obwohl eigentlich alle Kinder fußläufig wohnen. Auch hier gilt ganz Ähnliches wie für die Mithilfe im Haushalt: Wichtige Kompetenzen gehen verloren beim Versuch, Kinder möglichst zu schonen. Das sage ich nicht, um eine 1-a-Entschuldigung für mein eigenes Verhalten zu haben (ehrlich, die brauche ich nicht). Das sagt der ADAC. Der rät Eltern, Kinder schon ab der ersten Klasse allein zur Schule gehen zu lassen. Die Begründung: Kinder sollten früh und altersgerecht an den Straßenverkehr herangeführt werden und den Schulweg selbstständig absolvieren. »Risikobewusstsein und Verständnis für den Straßenverkehr entwickeln sie allerdings nicht, wenn sie von den Eltern regelmäßig mit dem Auto zur Schule gebracht werden. Wenn der Nachwuchs den Schulweg hingegen sicher selbst bewältigt, ist das auch ein Beitrag zur Verkehrssicherheit.« Und Hannelore Herlan von der Deutschen Verkehrswacht legt mit einer Statistik nach. Demnach verunglücken die meisten Kinder immer noch IM elterlichen Auto. »In der Regel ist es keine Unfallquelle, wenn Kinder gemeinsam zur Schule gehen«, sagt sie. Die eigentliche Gefahrenquelle sei doch die: dass Kinder erst viel später mündige Verkehrsteilnehmer würden.[2]

Ach ja: Es macht Kinder nicht nur munter, wenn sie schon mal ein wenig an der frischen Luft waren, bevor der Unterricht losgeht. Sie haben dann Gelegenheit, das Wichtigste mit ihren Freunden durchzusprechen. Und auch wenn man denkt, schon Kain und Abel wären von Adam und Eva im SUV bis vor die Tür ihrer Grundschule chauffiert worden – das Elterntaxi ist ein sehr neues Phänomen. Ebenso, dass Eltern ihren Kindern nicht mal mehr einen Fußweg oder eine kurze Radelstrecke zutrauen. Noch in den 1970er-Jahren machten sich mehr als 90 Prozent der Grundschüler allein auf den Schulweg, ohne dass die Deutschen ausgestorben wären. Es ist ja zudem nicht nur unbedingt eine übergroße Elternfürsorge, die sich da zeigt, sondern auch Bequemlichkeit. Schließlich können morgens alle länger schlafen, wenn das Kind die paar Meter und ohnehin auf dem Weg zur Arbeit der Eltern im Auto mitgenommen wird.

KINDERARBEIT

»Meine Schulzeit ist vorbei, ich habe schon Abitur«, habe ich meinen Kindern immer mal wieder gesagt. »Das hier ist euer Job, wenn ihr Hilfe braucht oder Rat, sagt Bescheid, dann bin ich da«, war mein Credo. Meine Devise: Ihnen klarzumachen, das ist euer Verantwortungsbereich. »Ich sorge dafür, dass es Essen gibt, dass es warm im Haus ist, dass eure Klamotten gewaschen sind, dass ab und an feucht durchgewischt wird. Ansonsten habe ich einen Job. Und ihr eben auch! Wenn ihr den halbwegs gut erledigt, haben wir eine fantastische Zeit miteinander.«

Ich bin zum Elternabend gegangen (und habe gehofft, dass es nicht zu lange dauert), und ich habe mich dort weitgehend an die Bitte meiner Kinder gehalten: Sag einfach nichts. Trotzdem habe ich mich manchmal aufgeregt. Ehrlich gesagt häufiger über die anderen Eltern als über die Lehrer. Vierzig Minuten Lamentiererei darüber, dass 15-Jährige manchmal acht Stunden Schule haben, so als müssten sie unbezahlt tonnenschwere Steine schleppen, so etwas hat mich aufgeregt. »In anderen Ländern knüpfen

Kinder von Montag bis Montag rund um die Uhr Teppiche, Schule ist auch ein Privileg, und sie haben dazwischen ja Zeit, was zu essen. Und acht Stunden Zocken sind für sie auch kein Problem«, habe ich kurz bemerkt. Eisiges Schweigen der restlichen Anwesenden. Keine Zustimmung und noch nicht mal ein kleines Kichern. Nie hat jemand auf einem Elternabend zu den Lehrkräften gesagt: »Das haben Sie richtig gut gemacht.« Es gab immer nur Genörgel. Das Essen in der Schulkantine, zu viel Gemüse, zu wenig Gemüse, die Klassenfahrt nach London und nicht nach Rom, Skifahren und nicht Segeln …

Probleme, die keine sind.

»Aber Konstantin schmeckt das Essen nicht, er ist von zu Hause andere Mahlzeiten gewöhnt«, hat eine Mutter reklamiert.

»Wir versuchen, es allen recht zu machen, wir haben zwei Gerichte zur Auswahl, eins mit Fleisch und eines ohne, mehr geht nicht!«, hat die Lehrerin couragiert geantwortet. Dass Konstantin auch nicht verhungern wird, wenn er einfach mal ein Brot von zu Hause mitnimmt oder einen Apfel, kam der Mutter nicht in den Sinn. Dass Konstantin eventuell sehr verzogen sein könnte und noch nicht begriffen hat, dass die Schulkantine weder McDonald's noch ein Sterne-Restaurant ist, auch nicht. Ich habe mich oft genug für die anderen Eltern geschämt. Dieses Dauergemecker. Da verbringen Pädagog*innen fast den halben Tag mit unseren Kindern – ein Lob würde ab und an nicht schaden. Wir wissen nur zu gut, wie anstrengend unsere eigenen Kinder sein können. Und dann sind in der Schule ja nicht nur eins oder zwei, sondern eine ganz Horde zu beaufsichtigen, und dabei soll ihnen noch was beigebracht werden, was sie nicht lernen und nicht wissen wollen, weil in ihren pubertären Hirnen gerade wenig Platz ist. Das klingt nach echter Arbeit, für die man an sich jede Menge Streicheleinheiten verdient hätte.

HASENBROTE

Ein weiteres Beispiel dafür, wie sich die mütterliche Fürsorge-Spirale immer enger, immer hektischer, immer hochtouriger und immer verrückter dreht – wenn nicht mal jemand entschieden »Stopp« ruft –, hat Verena vor einiger Zeit geliefert. Sie arbeitet als Grundschullehrerin in der Schweiz. Einmal im Jahr macht sie mit ihrer Klasse eine Wanderung und übernachtet anschließend mit ihnen in einem kleinen Landschulheim.

Jahrelang hat sie sich angeschaut, wie Drittklässler mit Tonnen von Proviant auf die überschaubare Wanderung (etwa zweieinhalb Stunden) gekommen sind. Wie sich die Mütter von Jahr zu Jahr gegenseitig darin überboten, ihr Kind bloß nicht mit einer vergleichsweise »ärmlichen« Ausstattung losziehen zu lassen. Wieder und wieder hat sie an den Vorbereitungselternabenden erklärt, dass die Kleinen mit zwei belegten Broten prima über die Runden kommen, dass der Weg nicht sehr weit und nicht irre anstrengend sei. Mehr so ein ausgedehnter Spaziergang. Jahr für Jahr packten die Mütter Rucksäcke voller Verpflegung, fast so, als würden die Kinder gen Himalaya aufbrechen. »Die Kinder schleppen Lebensmittel wie die Sherpas, und wir werfen jeden Abend eine Menge Nahrungsmittel in den Müll, das muss doch nicht sein!«, hat sie den Eltern gesagt. Vergebens.

Vor der letzten Wanderung hat sie dann eine sehr deutliche Ansage gemacht: »Ich schmeiße nichts mehr weg. Wer mehr als zwei Schnitten mithat, muss die Reste zum Abendbrot essen. Wir anderen essen Spaghetti mit Tomatensoße oder Pizza.« Trotzdem haben sich viele Mütter nicht darum geschert und wie in den Jahren zuvor Carepakete immensen Umfangs gepackt. Fast so, als müssten sie die gesamte Klasse durchfüttern. Aber Verena kann konsequent sein. Die Kinder mit dem Mega-Proviant saßen abends vor ihren Hasenbroten, wie man die unattraktiven Überbleibsel auch nennt. Sie nagten an Stullen herum, auf denen sich der Schinken schon leicht wellte, knabberten bräunliche Apfelschnitze und vertrocknete Gurkenscheiben, während der Rest der Klasse leckere Spaghetti verzehrte.

Das war nicht schön für die Kleinen mit den Broten. Aber verdammt eindrucksvoll. Obwohl sich zahlreiche Eltern (in erster Linie die, die ihren Kindern die Mammutportionen eingepackt hatten) danach empörten: »Die können doch nichts dafür, die Kinder, wie hartherzig kann man sein! Was macht das mit den armen Kindern? Es ist doch beileibe nicht ihre Schuld«, hat das Ereignis sich schnell rumgesprochen.

Manchmal ist die Angst so groß, als erste aus dem Mutti-Wahnsinn auszusteigen – die Frage zu stellen: »Moment mal! Was mache ich hier eigentlich?«, dass es starke Reize von außen braucht, um einmal wieder zu verstehen: Mehr bringt nicht mehr Anerkennung, mehr Liebe und auch nicht eine glückliche Kindheit. *Es kann einem wirklich quadrategal sein, was andere Muttis von einem denken,* wenn man etwa auch den aktuellen Trend zur kunstvoll befüllten Frühstücks-Bentobox für die Kleinen verweigert.

Kinder stehen ja nicht ergriffen vor den liebevoll aus Gemüse ausgestochenen Figürchen und auf Toast applizierten Tierköpfen und können sich nicht entscheiden, ob sie das essen oder eine Vernissage damit bestreiten sollen. Sie schicken auch nicht mit 35 eine WhatsApp an Mutti: »Nie hat jemals wieder eine Frau ein so tolles Frühstückspaket für mich zubereitet.« Sie tauschen das Food-Ikebana manchmal sogar gegen ein Schokokuss-Brötchen oder ein Stück kalte Pizza, wie Annegret – eine Bekannte – erschrocken feststellte. »Mia kam mit Schokoladenflecken auf dem Shirt nach Hause. Da kam alles raus: dass sie schon seit Monaten nicht mehr isst, was ich ihr so hübsch zubereite, sondern das, was Marvins Mutter ihrem Sohn mitgibt. Mia sagt, das sei einfach viel leckerer.« Jetzt wollte Annegret das »Problem« mit der Schule besprechen. »Die müssen doch darauf achten, dass die Kinder nicht einfach in der Pause mit ihrem Essen Tauschhandel betreiben!« Das habe ich ihr ausgeredet. Ich sagte ihr: »Die gute Nachricht ist doch, dass du dir diese total aufwendigen Frühstücksboxen sparen kannst. Schmier Mia einfach zwei leckere Brote und lass die Lehrer*innen da raus. Die hat damit ja nun wirklich nichts zu tun.«

STANDLEITUNG INS LEHRERZIMMER

Warum machen wir erstens nicht uns und zweitens auch den Lehrer*innen unserer Kinder das Leben deutlich leichter?! Ja, es gibt unterschiedlich gute Lehrer*innen. Wie es auch unterschiedlich gute Installateur*innen und Anwält*innen gibt. So ist es im Leben. Klar darf man mal was bemängeln, aber alle Lehrer*innen, die ich kenne, sagen, dass man es niemals allen recht machen kann und dass es einer gehörigen Portion Frustrationstoleranz bedarf, um in diesem Beruf zu überleben.

Stellen Sie sich einfach mal vor, jemand würde an Ihren Arbeitsplatz kommen und Ihnen erklären, was Sie wie zu tun haben. »Frau Müller, ihre Ablage ist unakzeptabel! Bitte sortieren Sie die Stapel anders und nehmen Sie den grünen und nicht den gelben Marker.« Allein der Gedanke nervt kolossal. Das sollten Sie sich vor jedem Anruf, jeder E-Mail ins Bewusstsein rufen.

»Aber da geht es um meine Kinder, das ist etwas anderes!«, hat Nora, eine Bekannte, interveniert, die die Lehrer*innen ihrer Kinder häufiger anruft als ihre sehr betagten Eltern. Schule ist ein abgeschlossener Kosmos, es ist gut, dass jemand auf unsere Kinder schaut, der keinerlei emotionale Aktien mitbringt. Der somit einen ungetrübteren Blick hat als wir. Wir sitzen nicht mit im Unterricht (obwohl das einige sicherlich gerne täten), und Kinder benehmen sich in der Schule vielleicht auch anders als am heimischen Esstisch. Vor allem kostet das Beruhigen und ständige Interagieren mit den Erziehungsberechtigten die Lehrer*innen jede Menge Zeit und Kraft, die anderswo sicherlich besser eingesetzt werden könnte.

Das gilt auch umgekehrt. Für Eltern. Wenn Lehrer*innen darum bitten, dass Grundschulkinder ohne Handy auf die zweitägige Fahrt gehen, dann ist das kein übergriffiges Verhalten, sondern sie haben sich etwas dabei gedacht. Wollen nicht, dass potenzielles Heimweh durch ständige Anrufe und Nachfragen befeuert wird und dass während der Ausflüge das Gros der Gruppe lieber Tik-Tok-Videos als Bäume guckt. Sie haben Gründe dafür. Welche auch immer. Nicht jede winzig kleine Lehrerentscheidung muss von jeder Mutter abgenickt werden. Ein bisschen Vertrauen und Zutrauen schadet auch hier nicht. Es spart außerdem Energie und Zeit. Und wenn Fritzi dann tatsächlich Bauchweh bekommt, wird die Lehrerin mit einer Telefonliste der Eltern im Gepäck schon wissen, was zu tun ist.

VERMINTES GELÄNDE

»Du hattest ja keine Probleme, deine Kinder waren ja immer gut in der Schule!«, haben mich Bekannte schon für meine Aussagen kritisiert.

Das stimmt so nicht ganz. Bei meiner Tochter lief es von Anfang an gut, mein Sohn war nicht so schuleuphorisch. Als er in der achten Klasse versetzungsgefährdet war, habe ich das in der gesamten Tragweite durch den Anruf eines Lehrers erfahren. Ich saß am Flughafen in Frankfurt und ein mir fremder Mann (der sich als Mathelehrer vorstellte) erklärte mir, dass mein Sohn wohl eine Ehrenrunde drehen müsse. Ich war ein wenig erstaunt, denn mein Sohn hatte mir erklärt, dass alles ganz okay sei. Zu Hause angekommen habe ich ihn gefragt, ob ich helfen könne. Ob er Dinge nicht verstehe? Was da eigentlich los sei?

»Ich krieg das hin!«, hat er behauptet und nicht den Hauch von Sorge gezeigt.

»Zeig mal deine Hefte!«, habe ich ihn aufgefordert. Er hatte genau vier Hefte. Vier! »Habt ihr nur vier Fächer?«, wollte ich ein wenig bestürzt und auch überrascht wissen.

»Ne, aber ich brauche die nicht. Ich krieg das hin. Kein Ding!

Chill mal«, hat er mit einer ziemlichen Hybris erklärt. Hausaufgaben hat er so gut wie nicht gemacht (diese wertvolle Info hatte ich durch mein Telefonat mit dem Mathelehrer), weil er dachte, er sei schlau genug, ohne zurechtzukommen. Er war damals der Größte in seiner Klasse, körperlich zumindest, und ich habe nur gesagt: »Wenn du meinst, du brauchst keine Hilfe, dann bleibst du halt sitzen und bist dann wirklich der Riese unter den Zwergen.« Auf sein süffisantes Grinsen hin habe ich nachgelegt: »Und ehrlich, was soll's, ich habe schon ein Kind zum Angeben. Deine Schwester. Wenn du so brillant bist, dass du nicht mal Hausaufgaben machen musst, dann bin ich gespannt aufs Resultat.« Das kann man hart finden, ich verstehe das. Aber es hat funktioniert. »Ich werde ein besseres Abi machen als die, 0,1 besser. Ihr werdet schon sehen.«

ENTSCHULDIGUNGSSCHREIBEN FÜRS LEBEN

Wer Hilfe nicht annimmt, wer einfach nur faul ist und glaubt, er sei ein kleines Genie, der hat kein besonderes Mitleid verdient. Der muss vielleicht kapieren, dass Handeln auch Konsequenzen hat. Dass Hochmut … usw. *Dass, wer null lernt, wer keine Hausaufgaben macht, irgendwann höchstwahrscheinlich ein Problem bekommt. Das sind Schlussfolgerungen, die man auch einem 14-Jährigen zumuten kann.*

»Du gehst nicht besonders gern in die Schule, es wundert mich, dass du echt noch ein Jahr länger gehen willst!«, habe ich ihm auch noch gesagt. Das Ende vom Lied: Er ist nicht sitzengeblieben. Ich glaube das Argument: »Dann musst du noch ein Jahr länger auf die Schule gehen« hat ihn letztlich beeindruckt.

Er war kein besonders begeisterter Schulgänger. Der Gedanke zu verlängern war für ihn eine Horrorvorstellung. Diese Methode ist nicht für jedes Kind geeignet, gar keine Frage. Es gibt Kinder, die sich anstrengen, aber es einfach nicht verstehen. Kinder, die nicht gut lernen können, Kinder, die einfach nicht sprachbegabt sind, Kinder, die Mathe hassen, Kinder, die am System verzweifeln. Es gibt Kinder, die Hilfe brauchen. Unterstützung. Und es gibt welche, denen man ruhig mal sagen kann: dein Problem. Und dann ist es auch ihr Problem.

Ich kenne genug Eltern, die das anders sehen und handhaben. Die erst Hausarbeiten schreiben, dann Bachelor- und schließlich Masterarbeiten –, obwohl sie längst einen Studienabschluss haben und seit Jahrzehnten berufstätig sind. Das so vor den Folgen seines Handelns, respektive Nichthandelns bewahrte »Kind« – das dann oft auch schon Ende Zwanzig ist – wird nie das Gefühl haben, etwas aus eigener Kraft geschafft zu haben.

Und ehrlich: Es ist oft gar nicht die Sorge, das Kind könne an den – natürlich – viel zu schweren Anforderungen im Studium, an verständnislosen Profs und überhaupt an einem Lehrumfeld scheitern, das eben nicht gemacht ist für sensible Gemüter wie Leon oder Marie. Es ist vielmehr die Angst vor dem Gesichtsverlust. Die heimliche Befürchtung, das Kind könne zu dumm und/oder unfähig sein. Wenigstens ist das Kind aber selten wirklich so dumm und/oder unfähig, nicht zu merken, wie wenig die eigenen Eltern offenbar von ihm halten. Und auch: dass das Ansehen Vorrang hat vor allem anderen. Auch vor dem Umweg oder der Extrarunde, die das Kind möglicherweise als Erfahrung braucht.

Nicht jedes Kind kann alles, auch nicht das eigene. Auch das sollten Kinder lernen. Und das sollten Eltern akzeptieren. *Wir sind nicht Marilyn vos Savant (mit einem IQ von 196), und unsere Kinder sind selten Superkids.* Meine Kinder waren (jedenfalls zu Schulzeiten) keine Sportskanonen. Freundlich ausgedrückt. (Meine Tochter wusste auch nach mehreren Wochen im Handballverein nicht sicher, in welches Tor sie werfen sollte.) Wie auch – bei einer Mutter, die kaum jemals eine Siegerurkunde bei den Bundesjugendspielen bekommen hat. Es war nicht zu erwarten, dass meine Kinder eine eins in Sport nach Hause bringen, und mal ehrlich: Ich fand es nicht so schlimm. »Helft, die Halle aufzuräumen, die

Matten zurückzulegen, macht mit, und dann langt es für eine knappe drei«, lautete mein Ratschlag.

Die Erwartungshaltung vieler Eltern ist immens hoch. Und mit ihnen die Strapazen, die damit einhergehen und die wir uns – ohne Not und ohne pädagogischen Mehrwert – auferlegen. *So hart es manchmal sein mag – ab und an muss man sogar dem eigen Fleisch und Blut den Mutti-Mittelfinger zeigen. Denn es ist nicht nur zu unserem, sondern vor allem zu seinem Besten.*

DER GLÜCKS-GRAL

Unter Abitur geht heute eigentlich gar nichts. Als ich jung war, haben ungefähr 22 Prozent aller Schüler*innen Abitur gemacht, heutzutage sind es mehr als 50 Prozent. Da wird gelernt, geübt, da gibt's Nachhilfe, nur damit der Weg zum Abitur geebnet ist. Ein Leben ohne Abitur scheint schlichtweg nicht möglich. Jedenfalls kein glückliches und erfolgreiches. Dass das Quatsch ist, wissen wir alle insgeheim. Man kann ein sehr zufriedenes Leben als Schreiner und ein sehr unglückliches als Philosophieprofessor führen. Auch was das Einkommen angeht, ist das Abitur nicht der einzige Weg zum vollen Konto. (Wer einmal die Rechnung der Orthopädin mit der des Elektrikers vergleicht, weiß, wovon ich rede.)

Trotzdem: Was für andere vollkommen langt, reicht für das eigene Kind keinesfalls. Schafft das Kind es nicht, hat am Ende Mutti versagt – und wer will das schon auf sich nehmen? Da geht es oft gar nicht mehr um Wohl oder Weh des Nachwuchses, da geht es ums Scheitern. Tina muss auf die Realschule, da hat Rosi, ihre Mutter, wohl nicht alles gegeben! Mütter, jedenfalls viele, fühlen sich haftbar für jedwedes Fehlverhalten oder vermeintliche Versagen der Kinder. Umgekehrt ist selbstredend alles, was gut läuft, der super Abi-Schnitt, die Vizehessenmeisterschaft im Kunstturnen oder das Stipendium für den Master eben auch

Muttis Verdienst. Die Mama-Performance ist abhängig von den Leistungen des Kindes. Gab es schon immer, Eislaufmutti hat man das früher genannt. Inzwischen läuft das Ganze noch sehr viel hochtouriger. Das Kind ist unser Produkt. Unsere Lebensleistung. Unser Mutti-Erfolgsnachweis. Je fehlerfreier und vorzeigbarer es ist, umso mehr haben wir richtig gemacht.

So denken viele und würden es deshalb niemals wagen, ihren kleinen Liebling zu kritisieren. Weil sie glauben, sich schlussendlich selbst damit zu kritisieren. Wir hätten in Nachhilfe investieren müssen, damit Leon noch eine drei schafft, hätten mehr mit Carina zum Tennis-Training fahren müssen, damit sie in die Mannschaft kommt, usw.

PROTZ-MATERIAL

Unter Müttern wird angegeben, dass es nur so kracht. Er läuft schon, sie schläft längst durch, und wer denkt, das legt sich irgendwann, hat sich geschnitten. Das schönste Bild im Kindergarten, die niedlichste Laterne an Sankt Martin, Schule, Sport, Studium, Lehre, Freunde – die Angeberei kennt keine Grenzen und keine zeitliche Begrenzung. Es hört nie auf!

Gibt das eigene Kind gerade keinen Anlass – selbst bei überbordender Fantasie nicht –, dann sind die Enkel*innen oder der Freund der Tochter oder wer auch immer dran. Alles wird gnadenlos schöngeredet und damit wächst auch der Druck. Wer will schon die einzige Mutter mit einem gerade mal durchschnittlich begabten Kind sein? Jedes Mal nichts zur Unterhaltung beitragen können? Also jedenfalls nicht in der angesagten guinnessbuchverdächtigen Größenordnung. Wir hauen gemeinsam so auf die Pauke, dass niemand ausscheren will. Dabei trüge das viel zur allgemeinen Entspannung bei. Auf allen Seiten. Zumal unter den Müttern: Es gibt Phasen im Leben eines Kindes, da ist es wirklich schwer, Heldentaten aufzufinden. Fast schon aussichtslos. Man kann schlecht damit punkten, wenn man sagt: »Fritz schläft schon herrlich durch!«, wenn Fritz 16 ist.

Warum nicht mal sagen: »Er wurschtelt so vor sich hin, mal schauen, was dabei rauskommt, nach Astrophysik sieht das momentan nicht aus.« Das würde auch das Leben der Kinder sehr erleichtern. Es ist schwer, immer und zu jeder Zeit das Vorzeigekind zu sein. Höchstleistungen zu erbringen, damit Mama gut dasteht. Da ist die Enttäuschung schon eingepreist. Ich hatte auch mit einer fünf in Mathe nicht das Gefühl, dass das zu Hause irgendwen besonders gekratzt hat. Der Standardspruch meines Vaters bei schlechten Noten: »Bei der Müllabfuhr sind noch Plätze frei.« Damit war das Thema beendet. Als ich Nachhilfe wollte, war mein Vater hartleibig. »Andere können es ja auch, so schwer kann es nicht sein. Probiere es doch mal mit Lernen.«

Manchmal hätte ich mir mehr Unterstützung gewünscht, aber insgesamt hing mein Wohl und Weh nie von Noten ab. Und ich wusste auch, obwohl ich das natürlich niemals zugegeben hätte, dass das mit dem Lernen stimmte. Die Haltung meiner Eltern war sehr entspannt. So ein Grundglaube an »Das wird schon«. Ich glaube nicht, dass mein Vater oder meine Mutter noch wüssten, was ihre Kinder für einen Abischnitt hatten. Es war ihnen nicht besonders wichtig. »Damals war das auch egal, wir konnten studieren, was wir wollten, das sieht heute ganz anders aus«, argumentieren Mütter, die ihre Kinder zu Höchstleistungen antreiben. Ja, es gibt mehr Fächer mit Numerus Clausus. Aber auch mehr Studiengänge und mehr Wege an die Uni. Und sehr viel mehr Top-Abi-Noten. Das Einserabitur ist schon fast Standard. Ein Phänomen, das als »Noteninflation« sogar einen eigenen Wikipedia-Eintrag hat. Dort wird vorgerechnet, dass im Jahre 2006 nicht einmal jeder 100. Abiturient die Durchschnittsnote 1,0 erhielt und sich diese Quote schon bis zum Jahr 2014 um mehr als 50 Prozent erhöhte. Am großzügigsten werden Einsen offenbar in Thüringen vergeben und am strengsten scheint die Auswahl in Niedersachsen zu sein.

Bevor man jetzt mit seinem Kind umzieht, um den Notendurchschnitt zu heben: Wenn praktisch über 40 Prozent aller Abiturienten in manchen Bundesländern eine Eins schaffen – wie viel ist diese Eins dann noch wert? Ist die Eins des Jahrgangs 2023 vielleicht die 3,2 des Jahrgangs 1978? Macht man mit dem – strengen – bayerischen Abi mehr Eindruck als mit einem aus Hessen? Das würde manche Freundin in meinem Umfeld sehr trösten. Aber nicht die Mütter der aktuellen Abi-Jahrgänge. Auf die wächst der Druck ja nur noch –, wenn sie nicht aufhören, sich auch noch für die Abinoten ihres Nachwuchses verantwortlich zu fühlen. War man früher mit einer soliden 2,5 durchaus vorzeigbar, gilt das schon als Komplettversagen. Ein Ergebnis, das man besser wegnuschelt. Niemand hat etwas gegen Ehrgeiz, aber Kinder müssen nicht das verwirklichen, woran man selbst gescheitert ist.

ERWARTUNGEN

Ich finde außerdem: Man muss als Eltern gegenüber seinen Kindern nicht immer turbobescheiden sein: »Egal, was du leistest, Hauptsache, es geht dir gut, Hase.« Nein, man darf durchaus sagen: »Da bist du deutlich unter deinen Möglichkeiten geblieben. Da wäre sicherlich mehr drin gewesen.« *Man muss keine La-Ola-Welle machen, wenn das Kind die Klausur mit Ach und Krach besteht.* Ich werde nie vergessen, dass mein erster Freund zum bestandenen Abitur mit 3,6 ein Auto bekam. Zur Belohnung. Das fand ich damals fast schon witzig. Wir drei Schwestern bekamen von unseren Eltern ein »Prima, gut gemacht, dann sind wir damit ja durch!« Und das war schon Ekstase pur, im Vergleich zu dem, was meine Oma zu meinem Vater sagte, als er nach der Abiprüfung nach Hause kam. »Mutter, ich habe Abitur«, freute sich mein Vater, und meine Oma rief aus dem ersten Stock: »Ist recht!«

Ja, das ist ein sehr karges Lob, wenn man es überhaupt als Lob bezeichnen kann, aber wir neigen umgekehrt heutzutage zu einer Überschwänglichkeit, die oft genug nicht mehr im angemessenen Verhältnis zur Leistung steht. Fast so als hätten die Kinder das Meer geteilt oder die letzten Rätsel der Quantenphysik gelöst. Da gibt es einen Mini zum 18. und eine Rolex zum Abitur, und viele finden das vollkommen normal. Oder wenigstens ein schönes Armband von Tiffany oder eine herrliche Reise? Nein, nicht nur in der Super-Upperclass. Das sparen sich auch Eltern zusammen, die selbst eine Swatch am Arm tragen und niemals auf die Idee kämen, sich solche Luxusstatussymbole zu kaufen.

Wie geht das weiter? Was gibt es denn dann zum Bachelor, zum Master oder sogar zur Promotion? Eine Eigentumswohnung? Einen Privatjet? Die Kinder haben nicht den Nobelpreis gewonnen (obwohl sie natürlich das Zeug dazu hätten!), und selbst da würden ein Glückwunsch und ein schöner Strauß Blumen ausreichen, denn der Nobelpreis bringt schon so jede Menge Geld mit sich. Und vermutlich würden die so Bedachten sich darüber auch mordsmäßig freuen. Um so weit zu kommen, braucht man schon mehr »Treibstoff« als die Aussicht auf ein Auto für ein passables Abitur. Nämlich das, was man intrinsische Motivation nennt – die Freude am Lernen an sich, ein Verständnis dafür, dass es sich lohnt, sich durchzubeißen, den Stolz auf die eigene Leistung, der für sich allein schon als Belohnung durchgeht. Und dann ist es ja auch so: Überbordende Begeisterung schon für Spurenelemente von Erfolg und unermüdliches elterliches Engagement für die Bildungs-Basisversorgung beim Kind hinterlassen ja nicht umgekehrt eine ergriffene Anerkenntnis, was da alles getan wurde. Für Kinder, die im Gegenzug selbst zum 50. Geburtstag ihrer Mutter mit nichts dastehen. »Ich brauche keine Geschenke von meinen Kindern, sie sind Geschenk genug!«, betont Elvira, eine Freundin, oft genug, und man hört in ihrer Stimme einen klitzekleinen Hauch von Bitterkeit. Mütter tendieren zur maximalen Bescheidenheit und einer geringen Erwartungshaltung, was die Geschenkbereitschaft ihrer Kinder angeht. Schon um die mögliche

Enttäuschung vorab klein zu halten. Sie sitzen tapfer da und ertragen Jahr für Jahr das große Nichts. Und nein, es macht ihnen keinesfalls »nichts« aus. Sie wissen ja selbst sehr gut, wie man Liebe auch in Taten umsetzen kann – das haben sie nämlich fast ausschließlich für ihre Kinder getan. Deshalb auch hier: *Bloß keine – ohnehin falsche – Bescheidenheit.* Man kann und sollte ein angemessenes Geschenk (gemaltes Bild, getöpferte Vase, Pralinen …) durchaus erwarten. Es geht um Aufmerksamkeit. Es geht darum, das große Geben-und-Nehmen-Rad weiter am Laufen zu halten. Es geht um Respekt vor dem, was andere für uns getan haben. Ich habe immer deutlich gemacht, dass es normal ist, seinen Eltern zu Weihnachten und zum Geburtstag etwas zu schenken. Jedenfalls dann, wenn man selbst auch gerne ein Geschenk hätte.

DIVEN IN THE HOUSE

Wenn man als Mutter so viel ins Kind investiert – Zeit, Emotion und Geld – und dann das Gefühl hat, dass das als so selbstverständlich hingenommen wird wie Sonne, Mond und Sterne, wächst der Frust. Das bedeutet nicht, dass Kinder einen Pflichtenkatalog abzuarbeiten hätten. Das bedeutet nur, dass man auch von seinen Kindern das erwarten kann, was man ja auch in anderen Beziehungen erwartet. Und: dass man die Kinder mit diesen Erwartungen vertraut macht. Auch weil die Hege und Pflege von Beziehungen im Leben sehr viele, sehr große Aufgaben übernimmt.

Wer jede Dienstleistung als selbstverständlich hinnimmt, der wird auch später nur mäßig beeindruckt sein, wenn man ihm einen Gefallen tut, und nur selten daran denken, den auch zu erwidern. Da ist man schnell raus, wenn man die ungeschriebenen Regularien des Zusammenlebens und, ja, auch des Arbeitens nicht kennt. Einfach, weil einem das Prinzip an sich schon fremd ist: Wenn du etwas bekommst, dann solltest du auch etwas zurückgeben. Und seien es nur ein paar anerkennende Worte, die zeigen: Ich habe bemerkt, was du für mich tust. Deshalb ist es nicht nur fair für alle Mütter da draußen (was an sich schon reichen würde), sondern klug, Kinder möglichst frühzeitig mit diesem Prinzip – einem der wichtigsten sozialen Schmiermittel – vertraut zu machen.

Nicht, dass man es direkt lassen kann mit all den Anstrengungen, aber ein ordentliches Downgrading kann helfen. Das beginnt damit, weniger verklärt auf das eigene Kind zu gucken. Und ihm ab und an die Chance zu geben, selbst Dinge zu regeln. Auch wenn man glaubt (und weiß), dass man es selbst besser könnte.

Dienstleistungen zu verknappen ist ein sehr hilfreiches Tool, auch um der einzelnen einen größeren Auftritt zu verschaffen. Wer sein Kind IMMER und ÜBERALL hinkutschiert, der vermittelt den Eindruck, endlos Zeit für all das zu haben. Wenn man nur im äußersten Notfall – Fahrrad kaputt / Streik im Öffentlichen Nahverkehr – oder weil man dem Kind ausnahmsweise mal eine Freude machen will, die Chauffeurin gibt, ist das gleich viel beeindruckender.

Nebenbei dokumentiert man damit: Auch meine Ressourcen sind kostbar und nicht endlos. Hilfreich auch, parallel dazu das Anspruchsdenken ein wenig herunterzufahren. Denn nein, *ein Kind muss nicht dauernd glücklich und entsprechend muss eine Mutter auch nicht dauernd als Glücksfee tätig sein.*

PRINZESSINNENVERFALLSDATUM

Glück gibt es nun mal in vielen Varianten. *Kinder beschützen zu wollen heißt nicht, ihnen jedes Ungemach aus dem Weg zu räumen.* Vor allem dann nicht, wenn man nicht will, dass ihnen jedwede Frustrationstoleranz abhandenkommt. Genau die braucht es für ein glückliches Leben. Und Widrigkeiten und Nervereien gehören nun mal dazu.

Wenn man nie gelernt hat, für sich selbst einstehen zu müssen, und auch an Mutti sieht, dass die das für sich niemals tut – nicht für ihre Bedürfnisse, nicht für die Endlichkeit ihrer Kapazitäten, nicht für ihre eigenen Interessen, nicht mal für ihren Frust und ihren Unmut –, dann wird es im weiteren Leben harte Überraschungen geben.

Was dann? Anrufen und Mami bitten, das mit dem Filialleiter zu klären? Nur weil man zwei- bis dreimal in der Woche zu spät kommt, ist das doch kein Grund einen solchen Anschiss zu kassieren?

Ninas Tochter etwa ist dem Prinzessinnenalter längst entwachsen. Trotzdem führt sie sich mit mittlerweile Mitte 30 noch immer wie ein Siebenjährige mit Krönchen und Tüllrock auf. Mama wird gerufen, wenn ein Umzug ansteht, jemand die Betreuung des Hasen übernehmen soll, damit die Prinzessin in den Urlaub fahren kann, oder eine neue Kücheneinrichtung gebraucht wird. Umgekehrt ist die ausgewachsene Prinzessin sehr spröde, um nicht zu sagen unverschämt.

Als ihre Mutter neulich von München bis nach Rotterdam gefahren ist, wo die Prinzessin residiert, nur um zu gucken, ob es der kränkelnden Tochter besser geht, war die nicht mal zu Hause. Sie hatte »vergessen« ihre Mutter darüber zu informieren, dass sie längst wieder wohlauf ist und nun zum Partymachen mit einer Freundin nach Amsterdam gereist war. Das fand Nina zwar auch nicht besonders nett, hatte aber natürlich dann doch Verständnis. »Luise hat so wenige Freundinnen. Eigentlich finde ich es toll, dass sie jetzt jemanden hat, mit dem sie mal etwas unternehmen kann.« Außerdem möge Luise Überraschungen nicht so besonders, das hätte ihre Mutter besser wissen müssen und sollen. »Luise legt sehr viel Wert auf ihre Unabhängigkeit. Sie ist schließlich erwachsen und abgenabelt, und da informiert man seine Mutter eben nicht über jeden Schritt, den man macht.« Dass dieser »Erwachsenen-Status« enorm flexibel gehandhabt wird – je nachdem, wie es Luise gerade in den Kram passt –, stört ihre Mutter nicht.

»Ich freue mich ja, wenn sie mich ab und an noch braucht. Da bin ich selbstverständlich für sie da.«

Umgekehrt gilt das allerdings nicht. Nina hatte gleich drei Mal Corona – und beim letzten Mal einen richtig schweren Verlauf –, da hatte Luise dann leider so gar keine Zeit, wenigstens mal öfter anzurufen. Sie hat sich im Gegenteil für Ninas Befinden kaum mehr interessiert als für die Bodenreform in Timbuktu. »Sie ist halt sehr beschäftigt«, versuchte Nina – schon ein wenig kleinlaut – noch ein paar Quadratmeter Land für ihre Tochter bei uns, ihren Freundinnen, zu gewinnen, die wir sie – selbstverständlich – ordentlich versorgt haben: mit Lebensmitteln, Selbstgekochtem, Unterhaltung.

»Sagen wir doch lieber, wie es ist: Deiner Tochter gehört mal ordentlich das grenzenlose Mutti-Verständnis gedrosselt«, sagte ich.

»So bin ich nicht! Und was, wenn sie mich dann noch weniger sehen will?«, kam die kleinlaute Replik.

Nina hat eine gehörige Portion Angst, dass ihre Tochter sie emotional noch knapper hält als ohnehin schon. Je mehr die Tochter die Diva gibt, umso mehr versucht Nina, durch Liebe und großzügige Geschenke bei Luise den Punkt zu erreichen, an dem die Tochter dann wirklich mal beeindruckt ist und sagt: »Toll, Mama, dass du dich so um mich kümmerst! Jetzt will ich aber auch mal wissen: Womit könnte ich dir denn eine Freude machen?«

Dass Nina das rasante Divenwachstum nur mit noch mehr Superdünger befeuert, ist ihr vermutlich insgeheim schon klar. Aber es ist wie bei einem Kinderkarussell, das sich immer schneller dreht. Bis man irgendwann den Absprung nicht mehr wagt, aus Angst, sich ernsthafte Verletzungen zuzuziehen. Natürlich birgt es gewisse Risiken, wenn man zwischendurch einmal sagt: »Stopp!« und »Geht's noch?« Das Kind könnte beleidigt sein und erst mal auf Abstand schalten. Das muss man aushalten, ausharren und Sitzfleisch beweisen können.

Aber auch mit Mitte 30 können Diven noch lernen, dass es ein

Prinzessinnenverfallsdatum gibt und man irgendwann zu alt ist, um auf Kleinkinderfahrschein durchs Leben zu reisen. Außerdem: Wie sehen die Alternativen aus, wenn man das Kinderzimmer lebenslang mittelfingerfrei hält? Will man als Mutter wirklich in dem Dauerfrust leben, dass der Nachwuchs sich nur für einen interessiert, wenn er oder sie etwas will? Dass die Kids alles als selbstverständlich hinnehmen? Dass sie sich sofort wegducken, wenn es ein wenig unbequem wird? Wenn sie umgekehrt auch mal gebraucht werden?

EMOTIONS-KLAVIATUR

Wir machen uns heute sehr viel mehr Gedanken ums Erziehen als früher. Das ist sicherlich im Kern eine gute Sache. Aber wir machen uns auch einen enormen Stress und Druck. Auch weil wir viel mehr psychologisieren und also nur noch weitere Unsicherheitsfaktoren dazugekommen sind. Wir wollen jetzt sogar den Gefühlshaushalt unserer Kinder vollkommen im Griff haben. Natürlich sind wir irritiert, wenn sich dort trotz allem Engagement, dem Kind einen festen Wohnsitz auf der Sonnenseite des Lebens zu verschaffen, Schatten zeigen. Aber nicht jede schlechte Laune ist direkt eine aufkommende Depression. *Nicht jedes Nein verursacht ein Trauma.* Ein bisschen mehr Laisser-faire könnte allen Beteiligten nicht schaden. Ein bisschen mehr Bauchgefühl ebenso. Es braucht nicht zig Bücher zur »bedürfnisorientierten Erziehung«, um zu wissen, dass Säuglinge andere Bedürfnisse haben als Kinder oder Jugendliche.

Außerdem: Bedürfnisse sind das eine, Wünsche das andere. Man sollte lernen das zu unterscheiden. *Wir sind nicht die Alles-Erlediger für unsere Kinder, auch nicht die allzeit verfügbare Wunschfee mit Zauberstab und Glitzerstaub* und sollten auch keinesfalls versuchen, das zu sein. Kinder brauchen die Erfahrung, Dinge selbst geschafft zu haben, Probleme allein in den Griff zu bekommen, und sie müssen auch lernen, Konflikte zu lösen und ihre Stimmungen selbst zu regulieren. Sie müssen traurig, auch frustriert und wütend sein dürfen – eben lernen, die ganze Emotions-Klaviatur zu bespielen –, um sie irgendwann selbst souverän beherrschen zu können.

Wir tun ihnen – und nebenbei auch uns – keinen Gefallen damit, das alles ausgleichen, verhindern, beschönigen, abmildern zu wollen. Manchmal habe ich im Umfeld den Eindruck, es besteht gar nicht der Wunsch, dass Kinder je selbstständig werden. Ganz im Gegenteil, es wird alles dafür getan, damit sie möglichst lange abhängig bleiben und Mutti weiterhin das Zentralgestirn geben darf. Da werden WG-Zimmer geputzt, Küchen eingerichtet, Care-Pakete verschickt, Beziehungsprobleme diskutiert, werden Uni-Arbeiten zu Co-Produktionen und wundern sich Mütter: »Seltsam, meine Tochter und ich können über alles reden. Aber von ihrem Sexleben hat sie mir bislang noch nichts erzählt.« Aber warum sollte sie? Soll die Tochter auch in Sachen Sexleben ihrer Eltern auf dem Laufenden gehalten werden? Die Tochter hat Freundinnen. Und nein, die Mutter gehört nicht dazu. Sie ist die Mutter. Ich verstehe oft die Ambition nicht, diese einmalige Rolle gegen eine auszutauschen, die lebenszeitlich mehr oder weniger oft neu besetzt wird. Wenn Frauen sagen »Meine Tochter und ich sind beste Freundinnen«, denke ich: Will ich gar nicht sein. Ich bin die Mutter, meine Tochter ist mein Kind. Eigentlich sehr einfach zu verstehen.

MUTTER-SCHUTZ

Ich habe den Satz: »Solange du deine Füße unter meinen Tisch stellst« gehasst, aber ich finde ein bisschen was daran inzwischen nicht mehr ganz falsch. *Wenn ich ein Studium mitfinanziere, dann darf ich sehr wohl auch mal fragen, wie es läuft und wie lange es dauern wird.*

Helga und Jochen erlebten nach vier Jahren und acht Semestern eine ausgesprochen unliebsame Überraschung. Ihr Sohn, der Jura studierte, hatte sich sehr lange über den Fortgang seines Studiums in Schweigen gehüllt. Als seine Eltern mal ganz vorsichtig nachfragten, wie es denn so laufe und ob ein Ende in Sicht sei, sagte er nur lapidar: »Ich habe damit aufgehört. Es war nicht so meins.« Das Geld fürs Studium (immerhin ein Tausender pro Monat) hat er munter fürs angenehme Leben ohne Arbeit verwendet. Er sei eben noch in der Orientierungsphase, erklären Helga und Jochen auf Nachfrage.

Auch Marie studiert schon sehr, sehr lange. Nicht etwa, weil sie sich das Geld dafür verdienen muss. Sie lebt noch bei ihren Eltern – im größten Zimmer des Hauses mit dem schönsten Bad. Sie wird selbstverständlich voll verköstigt – und genießt überhaupt den Komfort eines Full-Service-Apartments. Verena und Kurt beschönigen die sehr lange Studienzeit ihrer Tochter mit ihrem politischen Engagement im Studentenparlament ihrer Uni und den vielen Aktionen, die es da immer zu planen gibt. Ja, Marie ist politisch sehr engagiert. Unschwer auch an dem mit Autolack gesprühten Anarcho-Zeichen auf einem der beiden Spiegel in ihrem Badezimmer zu erkennen. Das wirkt zwar so absurd, als würde man zu Hummer und Schampus auf einer Luxusyacht die Gäste mit der Internationalen unterhalten. Aber auch das finden Verena und Kurt irgendwie gut. »Wir sind ja froh, dass sie so aktiv ist.« Ich hätte einen Teil dieses Aktionismus in einen schönen Job kanalisiert –, damit das Kind einen neuen Spiegel bezahlen kann.

Wenn eine 13-Jährige ihren gesamten Kram im Wohnzimmer verteilt, darf ich ihr durchaus sagen, dass sie ihren Scheiß bitte in ihrem Zimmer aufbewahrt. »Das ist auch mein Wohnzimmer!«, behaupten die dann gerne und vergessen ebenso gerne, dass man als Mutter im Normalfall gar kein eigenes Zimmer hat. Als ich vor drei Jahren umgezogen bin in ein kleines Reihenmittelhaus, haben meine erwachsenen Kinder (21 und 27) gefragt, ob sie da auch weiterhin jeder ein Zimmer haben. »Kleines Reihenmittelhaus, was glaubt ihr denn? Nein, aber es gibt ein hübsches kleines Gästezimmer, wenn ihr vorbeischaut. Da könnt ihr wunderbar auch zu zweit schlafen«, habe ich geantwortet. Für einen kurzen Moment sorgte das für sehr lange Gesichter. »Habe ich ein Zimmer in euren Wohnungen?«, habe ich nur zurückgefragt. Damit war das Thema sehr schnell erledigt. Sie sind nun mal ausgezogen. Da muss man nicht lebenslang Räumlichkeiten bereithalten, nur für alle Fälle.

Manchmal ist es gut, deutlich zu äußern, was man erwartet und was man nicht mit sich machen lässt. Man kann auch ausgesprochen freundlich sagen: »Ich werde dir keine neue Playstation bezahlen.« Oder: »Ein Achtjähriger braucht kein Handy.« Oder: »Das WLAN bleibt wie angekündigt bis morgen Früh aus.« Diese Sätze werden nicht auf Begeisterung stoßen. Aber das Gute: *Man muss sich als die Erziehungsberechtigte auch nicht für jede noch so kleine Entscheidung rechtfertigen und entschuldigen.* »Ich kann dich nicht vom Hockey abholen, weil wir Aufsichtsratssitzung haben und außerdem haben wir heute Abend Gäste, und ich muss noch einkaufen und das Essen vorbereiten. Und auch noch bei Oma vorbeifahren. Das verstehst du doch sicherlich!« All den Text könnte man sich sehr gut sparen und stattdessen einfach nur sagen: »Du nimmst den Bus.« Oder, wenn Ihnen das zu hart erscheint: »Nimm bitte den Bus, ich habe viel zu tun.« Oder auch: »Es ist taghell, es herrscht kein Unwetter, und der Bus ist beheizt. Die Verbindung ist wunderbar, der Bus geht alle fünfzehn Minuten und hält nicht weit vom Haus. Und ehrlich gesagt könnte man die zwei Kilometer auch laufen.«

Es braucht keinerlei großangelegte Erklärungen oder Entschuldigungen, selbst wenn man in der Zeit nur mal gemütlich auf dem Sofa ruhen möchte, ist das legitim. Wir setzen das Kind nicht barfuß in der Wildnis aus, und es gibt kein Recht auf unbezahlten Taxiservice. Ein Kind lernt, mit den öffentlichen Verkehrsmitteln umzugehen, und wer die selbst auch nutzt, weiß, das schult auf jeden Fall die wichtige Frustrationstoleranz. Manchmal geht es bei näherer Betrachtung auch weniger darum, was dem Kind zumutbar ist (wir alle ahnen, dass es kein Fall für Amnesty ist, wenn man das Kind auf den Bus verweist), sondern mehr darum, was andere von uns denken könnten. Die Außenwahrnehmung eben. »Die Susanne hockt daheim faul rum und macht sich die Nägel, und die arme Tochter muss mit U-Bahn und Bus nach Hause fahren …« Da steht alsbald die »Rabenmutter« übergroß im Raum. Und wenn schon! Fragen Sie sich also einfach mal, ob Sie all das auch machen würden, wenn es keiner sähe …

KINDER-STALKING

Keine der Maßnahmen grenzt an eine Verletzung der Menschenrechte. Vor allem, weil all das ja aus guter Absicht passiert. Wir machen das wohl kaum, um die Kinder zu ärgern, sondern vielmehr, weil wir es gut meinen. Weil wir etwas damit bezwecken. *Auch in der Kindererziehung gilt: sich mal was trauen. Vor allem: die eigenen Bedürfnisse nicht immer zurückstellen.*

Meine Eltern haben immer auch ihr Leben gelebt und nicht alles den »Bedürfnissen« ihrer drei Töchter untergeordnet. Wir sind quasi »mitgelaufen«. Was den großen Vorteil hatte, dass nicht alles unter dem Radar der Eltern passierte. Uns hat keiner gestalkt. Niemand war heiß darauf, die Eltern der anderen Spielkameraden kennenzulernen. Wir haben unsere Freizeitaktivitäten allein erledigt. Sind zum Turnen, Hockey oder Basketball gelaufen, mit dem Rad gefahren oder der Straßenbahn. Egal bei welchem Wetter. »Ihr wolltet doch Hockey spielen!«, hat meine Mutter immer nur gesagt. Ich kann mich auch nicht erinnern, dass sie je am Wochenende am Rande des Hockeyplatzes saß und meine kläglichen Versuche beklatscht hat. Fällt das unter seelische Grausamkeit? Heute diskutieren Eltern die Aufstellung der Mannschaft mit dem Trainer, beschweren sich, wenn Finn nicht von Anfang an spielt und sind omnipräsent. Greifen dauernd ein, regeln alles und verhindern, was doch eigentlich der Sinn einer solchen Freizeitbeschäftigung ist: selbstständiger zu werden. Sich einen eigenen Kosmos zu erobern. Mit Gleichaltrigen erwachsen zu werden.

GANZ SCHÖN LANGWEILIG

War uns langweilig, hat das meine Mutter nicht sofort in eine unbezahlte Animateurin verwandelt. Das war nicht ihr Problem. Oder besser gesagt: Sie hat es nicht zu ihrem gemacht. Pädagogisch war sie da immerhin einmal weit vorne dabei, denn aus der Hirnforschung weiß man heute, dass es Langeweile braucht, um Kreativität zu wecken. Langeweile ist der optimale Nährstoff. »Langeweile fördert nicht nur kreative Ideen, sondern auch emotionale Kompetenz und Reife. Gerade für die Entwicklung junger Menschen ist es wichtig, für eigene Probleme Lösungen zu finden und sich mit ihnen auseinanderzusetzen. Aus psychiatrischer Sicht macht dauernde Ablenkung von persönlichen Themen den Menschen nicht reifer, emotional kompetenter und mündiger. Zustände des selbstreferentiellen Denkens, zu denen auch die Langeweile gehört, sind also auch aus psychologischer Sicht wichtig.«[3]

»Geht raus spielen oder lest was. Ich habe Besuch, wie ihr seht«, hat meine Mutter gesagt, wenn wir uns über Langeweile beklagten. War »Tante« Christel oder wer auch immer zum Kaffeetrinken da, haben wir »Hallo« gesagt, uns gefreut, wenn die Besucherin uns ein paar Gummibärchen mitgebracht hat, und uns dann ohne weitere Aufforderung in unser Zimmer verzogen. Wir saßen nicht mit am Tisch und dominierten die Unterhaltung. »Tante« Christel war weder an unseren Schulgeschichten interessiert, noch hat sie das vorgetäuscht. Zumeist hatten wir Glück und bekamen ein Stückchen Kuchen ab. »Das ist meine Freundin, ihr wollt ja auch nicht, dass ich dabeihocke, wenn eure Freundin da ist!«, war die deutliche Ansage. Wir haben das verstanden. Und ich würde mir sehr wünschen, dass das auch heute manchmal jemand zu Kindern sagen würde. »Lasst uns mal in Ruhe. Das ist mein und nicht dein Besuch.« Schließlich setzen wir uns auch nicht dazu, wenn der Elfjährige zwei Freunde zum Zocken dahat.

Übrigens eine gute Idee, wenn Ihr Kind es anders nicht begreift. Einfach mal dazusetzen und warten, was passiert. Ich habe in den letzten Jahren viele Essenseinladungen erlebt, bei denen die Kinder wie selbstverständlich mit am Tisch saßen und so schnell zum Zentrum der Aufmerksamkeit und der Unterhaltung wurden. Zur Abendattraktion. Früher war man da eben schon im Bett, abends war Erwachsenenzeit, und das hat auch niemand infrage gestellt. Wir schon gar nicht. Manchmal durften wir vorab was vom Nachtisch probieren, ansonsten haben wir vorher gegessen und waren bettfertig.

SPRECHZEITEN

Auch Mütter brauchen mal Zeit für sich. Gespräche mit Menschen, die nicht mehr in die Schule gehen. Man freut sich auf Manfred und Cora, und dann sitzt da aber auch noch Jeremy, der Neunjährige der beiden. Er ist ein nettes Kind, und er spricht wirklich schon sehr gut Englisch, wovon wir uns ausgiebig überzeugen konnten, und malt ganz schön. Aber befreundet bin ich nicht mit Jeremy, sondern mit den Eltern (die ihn für den nächsten Picasso halten). Ehrlich gesagt, Kinder von anderen sind per se nicht wahnsinnig aufregend. Es gibt nette, sympathische und weniger nette, aber es sind nun mal Kinder. Es ist herrlich, auch mal kurzzeitig aus dem Kinder- und Mutti-Kosmos rauszukommen, über Erwachsenenkram zu reden und sich nicht genötigt zu fühlen, noch mehr von Jeremys Kunstwerken zu bestaunen oder den Ukraine-Krieg auszuklammern, weil das Jeremy Angst machen könnte.

Inzwischen hat sich die Lage entspannt, denn die meisten meiner Freund*innen haben keine kleinen Kinder mehr. Der Nachwuchs ist bei fast allen erfolgreich ausgewildert, aber jetzt kommen die Enkel. Ich verstehe, dass man verzückt ist, wenn sich Kinder erfolgreich vermehrt haben. Ich schaue mir gerne mal ein paar Fotos an. Aber nicht Videos über jeden noch so klitzekleinen Entwicklungsschritt. »Hier läuft er, hier wird er gewickelt, hier lacht er so süß, hier isst er eine Banane …!« Jeder Freundin, die mit der gleichen Detailversessenheit über ihren Job oder ihre Joggingrunden spricht, würde man schon mal sagen: zu viele Informationen. Geht es um Kinder, soll dagegen das Interesse endlos sein.

Wir sind mehr als unsere Kinder und Enkel. Wir haben eigene Bedürfnisse und Themen. Zum Glück. Leider muss man das manchmal auch recht deutlich zum Ausdruck bringen. »Er ist süß, richtig niedlich, aber nicht abendfüllend. Und er ist dein Enkel. Ich schaue mir gern mal ein Foto an, aber mehr würde mich allerdings interessieren, wie es dir geht. Was hast du Spannendes gelesen, wie war's im Theater und hattest du jetzt endlich Sex mit Kilian? Und was hältst du vom neuen Duo Wagenknecht/ Schwarzer?«

MUTTI-TOTAL-AUSFALL

Man darf die Zeit allein ohne den Nachwuchs genießen. Ganz ohne schlechtes Gewissen. Irgendwann und irgendwie muss man seine Batterien auch mal aufladen. *Niemand sollte sein Leben komplett dem der Kinder unterordnen.* »Aber ich habe doch keine Kinder bekommen, um sie ständig fremden Leuten zu übergeben! Sie sind ein Teil von mir, wer mich einlädt, sollte auch meine Kinder willkommen heißen. Wir sind eine Einheit!«, meint Carola, eine sehr engagierte Turbo-Mutter. Sie nimmt ihre Kinder überallhin mit. Nicht weil sie sich einen Babysitter nicht leisten kann, ganz im Gegenteil. Zusätzlich stehen die Eltern von Carola für jede Eventualität bereit und wären zu gerne engagierte Großeltern, nur ihre Tochter lässt sie nicht. Sie traut ihnen nicht zu, selbst für wenige Stunden die Kinder so zu betreuen, dass Carolas Vorgaben erfüllt wären. »Meine Aufgabe!«, findet Carola.

Carola fürchtet jede Form von Kontrollverlust. Aufgaben zu delegieren, Verantwortung zu übertragen und das auch noch entspannt zu genießen, ist für Carola unvorstellbar. Sie hält Mütter wie mich für selbstsüchtig, für einen Mutti-Total-Ausfall. Alles oder nichts, heißt es für Carola. Die Kinder sind ihre Lebensaufgabe. Sie sortiert gnadenlos alle aus, bei denen sie nicht willkommen ist. Willkommen bedeutet für sie »mit Anhang«. Sie hält es für unmöglich, wenn sie ausdrücklich »ohne Kinder« eingeladen wird und lehnt dieses »unverschämte« Ansinnen kategorisch ab. Aber gehen wir zu Kindergeburtstagen? Auf Klassenfahrt? Zum Handballtraining? Carola tut das, sie ist die erste Mutter, die die Hand hebt, wenn es um Begleitung auf Ausflügen geht, sie würde fast noch dafür bezahlen. Wenn ihre Tochter fällt, dann hat sie ein Pflaster zur Hand, und außerdem hat sie immer ein Auge darauf, was die Betreuung veranstaltet. (Meine Kinder haben mich geradezu angefleht, das bitte nicht zu tun, das sei sehr, sehr peinlich.) Carola steht bei jedem Training ihres Sohnes in der Halle, wäscht freiwillig Trikots und fährt den Kleinbus zu Auswärtsspielen – und würde mit Sicherheit voller Wonne eine Einladung zum Kindergeburtstag annehmen.

Oft genug bekommt sie die, denn auch da hat sich einiges verändert. Früher, als ich Kind war (ja, das ist lange her), hat man das Geschenk, ein Buch, ein Puzzle, Knete oder ähnliches genommen, ist hingelaufen, und später mit einem kleinen Papiertütchen mit Brausestangen oder Gummifröschen oder Colafläschchen (wenn es gut lief) nach Hause gegangen. Ohne Mama oder Papa.

Heute sind Kindergeburtstage nachgerade Happenings. Mit Sekt und liebevoll garnierten Häppchen für die Eltern. »Bleibt doch gerne oder kommt früher zum Abholen, und wir stoßen noch mal auf den Geburtstag an!« Da steht man dann mit Eltern, mit denen man nicht befreundet ist (und es auch nicht sein will), und macht Konversation, nur weil die Kinder zufällig befreundet sind.

Hat Sophie-Marlene dann irgendwann den ersten Freund, dauert es nur wenige Wochen, und die jeweiligen Eltern treffen sich. Fast so, als hätten die 15-Jährigen schon ihre Verlobung bekannt gegeben oder als sei man in Indien und müsse die Heiratsprämie aushandeln. Da wird alles – über Verhütung, bis hin zu kleinen Marotten – en detail durchgesprochen. Big Brother ist im Kinderzimmer heimisch geworden. Ich war mit meinem ersten Freund fünf Jahre zusammen, unsere Eltern haben sich nie kennengelernt. Wozu auch? Das vermeintliche Interesse ist immer auch eine Form der Kontrolle. »Ich muss doch wissen, was das für Leute sind, bei denen Emma Zeit verbringt!«, behauptet Kira, weil ihre 17-Jährige ab und an nachmittags oder auch abends bei Tom, ihrem Freund, ist. Als würden Toms Eltern in der Kürze der Zeit ungeahnten Einfluss auf Emma nehmen, Einfluss, den nicht mal ihre Eltern haben. Deshalb hat sie Dagmar und Jochen, die Tom-Eltern, mal zu einem kleinen Dinner eingeladen, und weil die sich revanchieren wollten (oder wahrscheinlich glaubten, sie müssten), wucherte der Einladungskreislauf munter vor sich hin.

Kira hält Dagmar für die langweiligste Person aller Zeiten und Jochen für einen Angebervollidioten, aber was tut man nicht alles fürs Kindswohl. Dummerweise kommt sie inzwischen kaum mehr aus der Nummer raus. Dagi und Jochen haben sich in Kiras Bekanntenkreis eingeschlichen. Inzwischen haben sich Emma und Tom getrennt, und jetzt sorgt sich Kira, ob sie die Eltern je wieder loswird. Zumal bald neuer Platz im Terminkalender gebraucht wird für Elternfrischfleisch. Emma hat sich gerade neu verliebt.

Kontrollsucht ist immer auch ein Zeichen von Unsicherheit und Misstrauen. »Alleine schafft ihr das nicht«, heißt das Signal, das die Kinder empfangen. Ist das sinnvoll? Zielführend? Machen wir sie damit nicht kleiner, als sie es sind? Brauchen unsere Kinder Mütter, die wie Drohnen über ihnen kreisen?

Hat man an all diesen »Events« wenig bis kein Interesse, gilt man als komisch und nicht Mutti-geeignet. Aber mal ehrlich: Das bisschen Zeit, das einem bleibt, verbringe ich gerne mit Menschen, die ich mag. Mit Freundinnen und Freunden. Warum sollte ich mit der eingebildeten Mutti von Karina einen ganzen langen Abend auf einem Kindergeburtstag stehen und gelangweilt Smalltalk machen? Mir von den Glanzleistungen ihrer Karina und ihrem Luxusurlaub auf den Malediven erzählen lassen, wenn ich in derselben Zeit mit meiner liebsten Freundin, die ich eh zu selten sehe, ein Weinchen trinken kann?!

Es ist irgendwie schon verrückt, wie sich die Verhältnisse umgekehrt haben. Heute suchen sich die Kinder ihre Freunde aus, und die Eltern sollen mit ihnen und ihren Anverwandten automatisch schon eine Seelenverwandtschaft verspüren. Früher haben sich erst die Erwachsenen angefreundet, um dann die jeweiligen Kinder zwangszuverbandeln.

Ich werde nie vergessen, wie ich es gehasst habe, wenn wir sonntags spazieren gegangen sind und meine Eltern gesagt haben: Das sind Tobias und Rudi, die Jungs von »Tante« Christel und »Onkel« Fritz, die sind in eurem Alter, spielt schön zusammen. Nur weil unsere Eltern Freunde waren, mussten wir dann zahlreiche Sonntage gemeinsam verbringen.

Tobias war gemein, starrte auf meine kaum vorhandenen Brüste, und Rudi, der kleine Bruder, roch irgendwie komisch. Dass wir das grauenvoll fanden, hat aber keinen interessiert. (Wahrscheinlich fanden die uns genauso blöd wie wir sie.) Meine Eltern wollten es so und basta. »Basta« war übrigens eines der Lieblingswörter meiner Mutter. Damit war jede Diskussion sehr schnell erledigt. Basta!

Vielleicht fragt man sich auch deshalb immer wieder: Bin ich zu egoistisch? Bin ich auch eine Basta-Mutti? Gibt man seinen persönlichen Freiraum mit der Geburt des ersten Kindes ab und darf ihn erst wieder haben, wenn die Kinder das Nest verlassen haben und auf eigenen Beinen stehen? Tritt man automatisch in die zweite Reihe, weil das Kind IMMER vorne steht?

Da ploppen Fragen auf wie: Bin ich keine gute Mutter, wenn ich eigene Bedürfnisse geltend mache? Geht es nur mir so, dass ich mich manchmal danach sehne, ohne die Kinder zu sein? Oder sind die Carolas dieser Erde auf dem Mutti-Holzweg? Muss man alles, was die Kinder im weitesten Sinne betrifft, ganz oben auf der Prioritätenliste haben? Oder ist ein gesunder Mütteregoismus nicht auch für die Kinder eine feine Sache? Ständig im Zentrum der Beobachtung zu stehen, stelle ich mir sehr anstrengend und unangenehm vor.

Heute gehen Kinder nachmittags zu einer Freundin und sind kaum zur Tür raus, schon schickt Mama die erste Whatsapp. Ich war mit 16 Jahren sechs Wochen per Inter-Rail unterwegs, habe zwei Postkarten geschrieben und einmal angerufen, als mir das Geld ausging. Mehr haben meine Eltern auch nicht wirklich erwartet. »Wenn was ist, werden wir schon was hören!«, haben sie gemeint. Das wäre mir ein bisschen zu wenig, aber ich versuche, es nicht zu übertreiben. Ich bekomme gerne eine Nachricht, wenn die Kinder gut irgendwo angekommen sind, aber ich gerate auch nicht in Panik, wenn ich mal ein paar Tage nichts höre. *Ich habe es immer geliebt, auch noch Susanne zu sein, und nicht nur die Mama von Charlotte und Robert.* Blöde Bemerkungen zu meinem vermeintlichen Egoismus habe ich weitgehend ignoriert.

Ich gehöre auch zu den Müttern, die nach dem Auszug der Kinder nicht schluchzend im Kinderzimmer standen. Ich finde es herrlich, meine Aufgabe weitgehend erledigt zu haben. Klar, bleibe ich auch die Mutter meiner erwachsenen Kinder, aber ich schmiere ihnen keine Brote mehr und habe das wunderbare Gefühl, das Gröbste gut hinter mich gebracht zu haben. Und ja: Ich liebe meine Kinder.

RAUS AUS DEM MUTTI-DILEMMA

Es gilt, den Kindern ruhig mal etwas zuzumuten. Und damit auch gleichzeitig: zuzutrauen. *Wenn eine Jugendliche in der Lage ist, sich aus dem Netz alle Informationen zum Thema »Face contouring« zu holen, dann kann sie das auch zum Geschichtsreferatsthema: »Was war die Ursache für den Ersten Weltkrieg?«* Sie haben es allerdings kaum erwähnt, was da als Aufgabe ansteht, da googeln wir schon den 1. Weltkrieg und erstellen ein Konzept, weil das für Lotta mit Sicherheit viel zu komplex ist. Die bemerkt schnell und hocherfreut die Beflissenheit ihrer Mutter (diese Intelligenz ist den meisten Kindern gegeben) und weiß, dass sie somit aus dem Schneider ist.

Warum nicht erst mal den Nachwuchs machen lassen? Den Kindern die Chance geben, ihre Aufgaben selbst zu erledigen. »Das hätte sie nie mehr geschafft mit dem Referat, das musste ja am nächsten Tag fertig sein!«, verteidigt eine routinierte Referatsschreiber-Mutti ihr Vorgehen. Fast so, als würden Lehrer*innen am Vorabend der Abgabe aus Gehässigkeit gegen 22.00 Uhr anrufen und sagen: »So, Justus, bis morgen in der dritten Stunde will ich ein fünfseitiges Referat über die Bausteine der DNA, go for it. Die Zeit läuft.« Im Zweifelsfall wusste Lotta schon sehr viel länger vom anstehenden Referat und hatte keine Lust oder hat es erfolgreich verdrängt oder vergessen.

Lottas Mutter findet das natürlich verständlich. »Das kennen wir doch alle von früher, ich war auch so eine Last-Minute-Tante!«, versucht sie sich an einer Erklärung. (Allein die Vorstellung, wenn das um sich greift: Der Statiker, dem Mutti die Masterarbeit geschrieben hat …) Ja, auch ich kenne das mit der Prokrastiniererei – nicht nur von früher –, aber im Gegensatz zu Lotta hatte ich keine Mutti, die das dann in einer Nachtschicht für mich erledigt hat. Meine Mutter hat nachts geschlafen und hätte mir einen Vogel gezeigt. Ich musste dann leider improvisieren oder eingestehen, dass ich nicht fertig geworden bin. Das war ausgesprochen unangenehm, aber manchmal muss man auch was an die Wand fahren, um es zu kapieren. Meine Mutter hätte mir auch niemals eine Entschuldigung geschrieben, weil ich für einen Vokabeltest nicht gelernt hatte.»Deine Verantwortung – dein Problem. Du hättest ja lernen können.« Lottas Mutter wüsste sicherlich jede Menge Gründe, warum Lotta leider nicht lernen konnte (Omas Geburtstag, schlechtes Wetter, ein Friseurtermin, eine TikTok-Challenge, irgendwas ist halt immer). Lotta wird nie erfahren, dass Handeln – und Nichthandeln – Konsequenzen hat. Jedenfalls so lange nicht, wie ihre Mutter sie vor dieser so wichtigen Erfahrung bewahren kann.

INVESTITIONEN INS KIND

Hilfe anzubieten, Tipps zu geben oder sich das Referat anzuhören, alles absolut in Ordnung. Aber die Hauptarbeit sollte beim Kind liegen.»Wenn ich es erledige, wird es einfach besser, das ist reiner Pragmatismus!«, findet Sarah, eine Freundin. Das will ich hoffen, schließlich ist Sarah 47 und promovierte Physikerin. Aber wie soll ihr Sohn je lernen, etwas selbstständig zu schaffen? Man ist nicht kalt und herzlos, wenn man »dein Job« sagt, sondern man nimmt Kinder in die Verantwortung und niemand erwartet von Achtjährigen »Spektrum der Wissenschaft«-taugliche Abhandlungen.

Lehrer*innen wissen, was ihre Schüler leisten können.»Ich lese manchmal Aufsätze, die angeblich von Fünftklässlern stammen sollen, und weiß spätestens nach drei Sätzen, dass all das niemals auf Korbinians Mist gewachsen ist. Er kennt kaum mehr als fünf Verben und sein Favorit ist »tun«. Wenn dann da steht: »Er barg den Verletzten«, weiß ich Bescheid. Dann fühle ich mich hintergangen, ehrlich gesagt sogar verarscht. Korbinian hätte wahrscheinlich geschrieben: Ich tu den Verletzten hochheben«, erzählt mir Michi, eine Gesamtschullehrerin. »Wenn man Eltern darauf anspricht, reagieren sie fast wie ihre Kinder. Sie streiten es ab und werden oftmals noch unverschämt, so, als wäre ich nicht in der Lage, ihr Kind richtig einzuschätzen.«

Lassen sich Eltern von ihren Kindern vorführen und ausnutzen? Manchmal hat man den Eindruck, sie wollen es selbst so. Nach dem Motto: Je mehr ich reinstecke ins Kind, umso mehr kommt hinten raus. Wenn ich also a mache, kommt automatisch b dabei rum. Und dann c und d und der ganze Rest – eine fantastische Erfolgsleiter. Leider geht diese Rechnung nicht unbedingt auf. Ein kleines Pony wird auch mit viel teurem Kraftfutter und emsigem Training kein Rennpferd. *Die Gleichung: Je mehr ich für mein Kind tue, umso mehr wird es später leisten können, ist Quatsch. Alles fürs Kind zu tun ist kontraproduktiv. Auch wenn es in erster Linie gut gemeint ist.*

Was in den kleinen Gehirnen allerdings hängenbleibt, ist die Botschaft: »Mutti wird's schon richten. Chill mal. Musst dich nicht anstrengen. Da hast du Personal für.«

Ob man mit dieser Maßgabe dauerhaft geschmeidig durchs Leben kommt und in seinem Alltag bestehen kann, halte ich für fraglich. Irgendwann sollte man so eigenständig sein, dass man sich abnabeln kann. Für die Lottas und Korbinians dieser Welt wird das eine echte Herausforderung! Wer nie gelernt hat zu scheitern, wer nie mal gemaßregelt wurde, wer sich nie selbst entschuldigen musste, wer nie verlieren musste, auf den wartet ein großes bitteres Aha-Erlebnis. Frust zu erleben ist nicht schön, keine Frage, aber es gehört zum Leben, und der Vorteil ist, man bildet im Laufe der Zeit eine Art Frustschutzhornhaut, besser bekannt als Frustrationstoleranz.

Wenn man als junge*r Erwachsene*r das erste Mal selbst für etwas geradestehen muss, kann das eine unangenehme Überraschung sein. Vögel stoßen ihren Nachwuchs irgendwann radikal aus dem Nest, dann muss er selbst fliegen und, genau, das passiert irgendwann natürlich auch selbst den hartnäckigsten menschlichen Nesthockern. Da ist dann in der Firma keine Mutti mehr, die dem blöden Abteilungsleiter, der an allem schuld ist, erklärt, warum Sebastian die Präsentation nicht pünktlich abgeben konnte. Den Meister in der Kfz-Werkstatt interessiert es nicht besonders, dass Leni morgens vor 9.00 einfach schwer aus dem Bett kommt, weil sie eher Modell Eule als Lerche und das eben eine biologische Tatsache ist. Und er hat zumeist auch kein Interesse daran, darüber mal ausführlich mit Lenis Mutti zu sprechen.

Ich kenne Mütter, die noch im Berufsleben ihrer Kinder versuchen, Einfluss zu nehmen. Sie schreiben Bewerbungen und organisieren die Umzüge ihrer Kinder. Sie schleppen dem Muckibuden-gestählten Sohn Regale in den dritten Stock und sind noch dankbar dafür, so Anteil am Leben ihres Sprösslings haben zu dürfen. Wer Freunde zum Feiern hat, hat auch Freunde zum Umziehen! Wer studiert und alleine lebt, muss sich eben auch selbst den Wecker stellen. Damit wir uns nicht missverstehen, natürlich kann man den Kindern helfen. Sie unterstützen. Sowohl beim Regalaufbau als auch beim ersten Bewerbungsanschreiben. Wenn man gefragt wird. Wenn es sich um Tipps handelt und nicht um die Übernahme der Verantwortung für all diese Lebensaufgaben.

Auch die »Kleinen« müssen es ja lernen. Helfen ist etwas anderes als Erledigen. Wer erwachsen sein, selbst Entscheidungen treffen will, ohne Muttis Kommentar, muss auch leider den unangenehmen Kram selbst erledigen.

Meine Tochter hat mal gesagt: Erwachsensein sei schon anstrengend, mit der Steuer und der Versicherung, dem Geputze und all den Erwachsenenpflichten. »Willkommen in meiner Welt«, habe ich nur gesagt. Ich hasse es selbst, meine Steuer zu machen, und Putzen ist auch nicht auf der Top-Ten-Liste meiner Hobbys. Ich kann sie also sehr gut verstehen. Aber leider auch nicht davon befreien. Denn am Ende hätten wir sonst lauter junge Erwachsene, die nicht erwachsen werden wollen –, weil es niemand von ihnen erwartet oder verlangt und man ihnen all das abnimmt, was zur Arbeitsplatzbeschreibung von Erwachsensein gehört. Und man hätte lauter Frauen, die lebenslang an der Mutti-Front schuften, um ihren mittlerweile sehr alten Kindern ein paar Lebenstatsachen zu ersparen (und um sich nicht schuldig zu fühlen, wenn das – natürlich – nicht klappt). Eine beängstigende Vorstellung – und nicht nur, weil es schließlich um unsere zukünftigen Rentenzahler geht. Es ist bizarr – sich 40- oder 50-Jährige vorzustellen, die sich immer noch wegducken, wenn das Leben »too much« wird. Die emotional sofort am Limit sind, wenn etwas nicht glattläuft, wenn der Alltag tut, was er eben oft tut – entsetzlich nerven und einem einiges zumuten.

Im Grunde dient der vermeintliche Mutter-Egoismus einem sehr guten Zweck: Er macht Kinder selbstständiger, sorgt dafür, dass sie Eigenverantwortung lernen und wissen, wo ihre und vor allen die Grenzen der anderen sind. Win-win also. Ich bin sehr gerne und mit Herzblut die Ansprechpartnerin, und wenn ich gefragt werde, auch die Ratgeberin meiner Kinder, eine Mutter von erwachsenen Kindern eben. Wir helfen uns inzwischen gegenseitig. Ich bleibe trotzdem die Mutter und bin nicht zur Freundin mutiert. Zum Glück haben sie Freunde. Sie sind selbstständig, und ich bin stolz darauf. Verdammt stolz. Mutti eben.

Wenn Leistung der Treibstoff
sein soll, der einen – ganz egal,
ob Mann oder Frau –
nach oben bringt:
Wieso funktioniert er nur
bei Männern?

WIR ÜBERSCHÄTZTEN

»Verdammt, jetzt kommen sie drauf.
Ich hab vom Schreiben keine Ahnung.«
Maya Angelou

SELBST-VERDÄCHTIGUNGEN

Angelika schüttelt den Kopf. Nein, diese kleine Feier, die wir – ihre Freundinnen – für sie organisiert haben, sei ja nun wirklich ein wenig übertrieben. Sie sagt, sie habe einfach nur Glück gehabt. Dann folgt eine komplizierte Geschichte, die irgendwie erklären soll, warum sie schon ein Jahr, nachdem sie ihren Beauty-Salon eröffnet hat, ihr erstes Umsatz-Plus auf dem Konto hat. Weshalb sie in den einschlägigen Beauty-Guides als »Geheimtipp« gilt und man Wochen vorher einen Termin vereinbaren muss, wenn man nicht gerade mit ihr so eng befreundet ist wie wir. Natürlich hat das überhaupt nichts mit ihr und ihrem begnadeten Händchen für das perfekte Make-up und das spezielle Hautbedürfnis zu tun. Sondern ist bloß das Ergebnis günstiger Sterne, zufälliger Begegnungen mit netten Banksachbearbeitern und enorm wohlwollenden Gästen, die tapfer das »solide Anwendungs-Mittelmaß« runterschlucken, das Angelika glaubt, ihnen zu servieren.

Tja: Herzlich willkommen bei den Überschätzten. Bei Frauen, die den hochverdienten Applaus abwehren, als wollten sie sagen: »Also ne, das stimmt ja gar nicht. Lass das lieber mal. Ich bin ja gar nicht so toll. Ich bin nur irgendwie in diese Sache – also ›Erfolg‹ kann man das ja nicht wirklich nennen, das wäre echt vermessen – hineingeraten, von der jetzt alle fälschlicherweise glauben, ich hätte sie in irgendeiner Form angestrebt oder gar mit meiner Leistung, meinem Engagement, meinem Können verdient. Ich sage das lieber gleich –, weil ihr es ja doch herausfinden werdet. Früher oder später.« Es sind Frauen, die sich ständig selbst der Hochstapelei verdächtigen, die IMMER Sätze sagen wie: »Ach, das ist mir eigentlich gar nicht gut gelungen!«, wenn sie sterneverdächtige Mahlzeiten auftischen. Oder: »Das Kleid?! Das habe ich im Ausverkauf geschossen. Ist eigentlich gar nicht meine Farbe«, wenn man ihnen ein Kompliment macht für ihren fantastischen Style. Die ständig abwiegeln, untertreiben, den Kopf einziehen, die verlegen werden, wenn man ihnen für ihre Großtaten einfach mal anerkennend auf die Schulter klopfen will.

ALLES ZUFALL

Nicht nur bei Angelika gehen ja Selbstwahrnehmung und Außenwirkung gern mal getrennte Wege. Oder wie es Benjamin Franklin, Naturwissenschaftler, Erfinder und Gründervater der USA, einmal formulierte: Drei Dinge in dieser Welt seien extrem hart – Stahl, Diamanten und sich selbst zu erkennen.

Vor allem Frauen schätzen ihr Können in der Regel geringer ein als Männer.[1] Selbst da, wo sie eine Menge Lorbeeren ernten, denken sie insgeheim noch, dass sie die nicht verdient haben und es sich bestimmt um einen Irrtum handelt. Dass der sicher irgendwann auffliegen wird und dann alle erfahren, dass sie einer Betrügerin aufgesessen sind. Was megapeinlich wäre. Eine Wahrnehmungsverzerrung, bei der man – obwohl man sehr gut tut, was man tut – insgeheim davon überzeugt ist, die anderen nur zu blenden. Ganz egal, wie positiv das Feedback ist. Immer ist man davon überzeugt, die anderen seien eben nur auf einen sehr gut gemachten Fake hereingefallen. Und je größer der vermeintliche Erfolg, umso größer eben auch der Betrug, und umso größer die Angst, er könne auffliegen. Dazu kommt die Sorge, dass man die exzellenten Leistungen nicht mehr wird wiederholen oder gar steigern können, da man ja schon beim ersten Mal bloß Glück hatte oder der Zufall einem in die Hände spielte. Man glaubt sich ja selbst nicht, was man da abgeliefert hat, und geht natürlich davon aus, dass die anderen es auch bald merken werden. So wie Jodie Foster, die einmal in einem Interview sagte, sie sei felsenfest davon überzeugt gewesen, dass man einen peinlichen Fehler begangen habe, als man ihr den Oscar überreichte. Laut einer Umfrage kennen bis zu 70 Prozent der Befragten zumindest zeitweise diese Gedanken und Gefühle. Sie leiden unter dem, was man Hochstapler- oder auch Impostor-Syndrom nennt. »The mean girl at the party«, das uns fragt: »Wer hat dich denn eingeladen? Du hast hier echt nichts zu suchen.«

ZU GUT, UM WAHR ZU SEIN …

In die Welt gebracht wurde das Impostor-Syndrom in den 1970er-Jahren – natürlich – von zwei Frauen: den amerikanischen Psychologinnen Pauline Rose Clance und Suzanne Imes. Beide hatten schon in ihrer Kindheit Erfahrungen mit den Selbstzweifeln gemacht – mit der ewigen Sorge, trotz bester Noten und exzellenter Abschlüsse längst nicht so gut zu sein, wie alle Welt annahm. Dass die anderen sich täuschten und also denken müssten, wissentlich getäuscht worden zu sein – von zwei Frauen, die ihnen nur vorgemacht hatten, klüger zu sein, als sie es tatsächlich sind. Später fanden beide Frauen auch bei ihren Studentinnen ähnliche Symptome und verbrachten schließlich fünf Jahre damit, mehr als 150 sehr erfolgreiche, bestens ausgebildete Frauen zu interviewen.

Dabei entdeckten sie, dass diesen Frauen – trotz ihrer fantastischen Abschlüsse und der Anerkennung, die ihnen zuteilwurde – die Einschätzung für ihren wirklichen Status fehlte. Sie empfanden sich als eine einzige große Täuschung, stellten ihre Intelligenz infrage und hielten ihre Leistungen für von allen anderen überschätzt. Ständig lebten sie in Sorge, dass jemand ihr »schmutziges Geheimnis« entdecken könne.

Diese ernüchternden Ergebnisse veröffentlichten die beiden

Psychologinnen in einem Artikel mit dem Titel: »The Impostor Phenomenon in High Achieving Women: Dynamics and Therapeutic Intervention«. Sie schrieben darin, dass Frauen in ihrer Stichprobe besonders anfällig für eine »innere Erfahrung intellektueller Falschheit« seien und in ständiger Angst lebten, dass »eine bedeutende Person entdecken wird, dass sie tatsächlich Betrügerinnen sind«. Seitdem hat das Kind einen Namen und ein Gefühl ein Geschlecht.

Natürlich kennen auch Männer diese Angst. Zumal sie vor allem dort zu entstehen scheint, wo man glaubt, den angestammten Platz verlassen zu haben. Wenn man über seine Herkunft hinausgewachsen und insgeheim überzeugt ist, sich die Mitgliedschaft in diesem neuen, exklusiven Club, dem man jetzt offiziell angehört, erschlichen zu haben. Als hätte man dem Türsteher bloß einen Hundert-Euro-Schein zugesteckt, anstatt ihn mit Bildung, guten Abschlüssen, Klugheit dazu zu bringen, einem die Tür zu öffnen. So wie Kurt, der auf einem Bauernhof aufgewachsen ist und jetzt als Germanistik-Professor lehrt. Er sagt, manchmal habe er das Gefühl, ihn umwehe immer noch der leise Duft von Gülle. »Und dass jetzt alle merken, dass ich gar nicht dorthin gehöre, wo ich jetzt bin.«

Selbst Robbie Williams – »größter männlicher Popstar Europas«[2] – leidet unter dem Impostor-Syndrom. Ja, der Mann, der »No Regrets« zu einem Welthit gemacht hat, dachte lange, dass es natürlich etwas zu bereuen gibt – nämlich sich für einen Star gehalten zu haben. Dass eines Tages jemand in seine Garderobe kommen und sagen würde: »Tut mir echt leid, Mr. Williams, aber Sie können gar nicht singen – Sie sind auch kein Entertainer, Sie sind immer noch bloß das Kind zweier Kneipenbesitzer aus Stoke-on-Trent.«

BRÜLLAFFE

Je weiter man vorankommt, umso größer wird natürlich der Abstand zwischen der Position, zu der man es gebracht hat – und dem, wohin man insgeheim zu gehören glaubt. So gesehen sind besonders Frauen prädestiniert für das Impostor-Syndrom. *Wir verlassen bereits in dem Moment den für uns vorgesehenen Platz, in dem wir noch etwas anderes wollen als Kleidergröße 36, einen satten und zufriedenen Mann und Kinder.* Schon denken wir, EIGENT-LICH ist das, was wir erreicht haben, etwas, das uns nicht gebührt.

Das sitzt tief. Wie tief, habe ich erfahren, als ich – eine Bäckerstochter und die erste in dieser sehr großen Familie, die studiert hat – meine Diplomarbeit im Fachbereich Erziehungswissenschaften abgegeben hatte: mit dem sehr sicheren Gefühl, sie würde mit Pauken und Trompeten durchfallen und ich mit ihr. Ein Gefühl, das Gewissheit wurde, nachdem sich der Professor, der sie lesen sollte, auch nach fast zwei Monaten nicht gemeldet hatte. Schließlich fasste ich mir ein Herz und rief ihn an. Ich dachte, ich will es von ihm hören und mir dann überlegen, ob ich nicht doch in die Bäckerei meines Vaters einsteige. Ich nannte meinen Namen und den Anlass meines Anrufs. Er schnauzte mich wütend durchs Telefon an, dass er es nun mal ziemlich dicke habe mit der studentischen Ungeduld. Was ich überhaupt wolle – ich hätte eine eins. Und dann legte er auf, noch während ich verdattert »Danke« sagte. Eine Minute später war ich fest davon überzeugt, mich ganz sicher verhört zu haben. Ich dachte, nun sei eh alles egal, die Professoren-Laune sowieso im Keller und rief noch einmal an. Der Professor gab nun den Brüllaffen. Er schrie ins Telefon: »Eine EINS, Sie HABEN EINE EINS! Und sollten Sie noch mal anrufen, kann ich Ihnen gleich sagen, das wirft kein gutes Licht auf Ihre mündliche Prüfung!« Da glaubte ich es endlich.

BETRUGSPOLIZEI

Alle Frauen um mich herum kennen das Phänomen in all seinen Nuancen: Praktisch jede, die ihre Leistungen, ihre Qualifikationen, ihre Erfolge kleinredet. Die sagt »Ach, das ist doch nicht der Rede wert« oder »Das können andere viel besser als ich!« Oder: »Da ist echt noch viel Luft nach oben.« Dann jene mit den allerbesten Voraussetzungen, die Begabten, die mit den exzellenten Abschlüssen, die trotz aller Nachweise ihren Qualifikationen und Talenten nicht trauten und lieber einen Beruf weit unter ihren Möglichkeiten wählten. In der Hoffnung, so auch unterm Radar der »Betrugspolizei« zu bleiben. Oder Frauen wie Barbara, die gerade die vierte Ausbildung absolviert: Nachdem sie schon mal Cutterin, Erzieherin, Sozialarbeiterin war, will sie nun Heilpraktikerin werden. Sie wechselt immer dann, wenn sie mit ihrer aktuellen Ausbildung fertig ist, bereits ein wenig Berufserfahrung gesammelt hat und zum ersten Mal zu hören bekommt, dass sie super macht, was sie tut und es nun also vorwärtsgehen könnte. »Ich habe dann immer das Gefühl, an einem Punkt zu sein, wo ich mein Umfeld maximal verarsche. Alle glauben, die ist richtig, nur ich weiß: Ich bin längst nicht so weit. Deshalb fange ich lieber noch mal etwas von vorne an. In der Hoffnung, damit vielleicht endlich in irgendwas richtig und wahrhaftig gut zu sein.« Das wünscht sich auch Silke, eine Kollegin. Sie ist eine exzellente Autorin. Trotzdem denkt sie jedes Mal, wenn sie wieder einen Text abgibt: »Jetzt ist es so weit. Jetzt kommt es endlich raus. Jetzt wird der Verlag entdecken, wie schlecht ich in Wirklichkeit bin.« Sie sagt, im Prinzip wüsste sie ja, dass das vermutlich nicht passiert. »Aber mittlerweile habe ich eine Art Deal mit dem Schicksal – ich denke, wenn ich nur einmal sagen würde: ›Ja, das ist mir bestens gelungen!‹, kommt jemand und sagt: ›Das war's jetzt für Sie. Am besten, Sie suchen sich schon mal einen Aushilfsjob. Als Autorin sind Sie nämlich nicht zu gebrauchen.‹«

JEDE VERSAGT ANDERS

Die Fachärztin für Allgemeinmedizin und Psychosomatik mit Schwerpunkt Verhaltenstherapie Michaela Muthig, die das Problem aus eigenem Erleben kennt, hat ein Buch zum Thema geschrieben und kümmert sich als Coach um Betroffene. Sie hat beim Hochstapeln fünf verschiedene Typen ausgemacht:[3] Da wären einmal die Perfektionistinnen. »Sie glauben, dass sie nur kompetent sind, wenn ihre Leistung fehlerfrei ist.« Das ist ohnehin nicht zu schaffen, also trägt man ständig ein heimliches Defizit mit sich herum. Dann die Superheldinnen, die denken, man müsse in allen Lebensbereichen gleich großartig sein: »Gut, ich bin befördert worden – aber wenn die wüssten, was ich für eine furchtbare Mutter bin, dass ich meinen Kindern nicht bei den Hausaufgaben helfe und ihnen dauernd Geld für die Tiefkühltheke im Supermarkt gegenüber gebe, anstatt selbst etwas für sie zu kochen.« Außerdem: Die Einzelkämpferinnen. »Die denken, dass man sich echten Erfolg ganz allein erarbeiten muss – ohne Unterstützung eines Teams, ohne Verbesserungsvorschläge eines Mentors.« Sie vermeiden es möglichst, um Hilfe zu bitten, und laden sich damit viel zu viel Arbeit auf. »Die vierte Gruppe sind Menschen, die von anderen als Fachleute auf ihrem Gebiet betrachtet werden.« Auch das führt dazu, sich wie ein Betrüger vorzukommen. Gerade wenn man sehr viel zu einem Thema weiß, weiß man eben auch, dass man längst nicht alles wissen kann. Und schließlich der fünfte Typus: Die, die glauben, wahres Talent wäre einem einfach gegeben, und deshalb beruhe »echter« Erfolg auf einer natürlichen Begabung und nicht etwa »bloß« auf Fleiß, auf Vorbereitung, Engagement. Also »fühlen sie sich wie Betrüger, weil sie fälschlicherweise annehmen, jemand anderes würde das mühelos hinkriegen. Und sie selbst seien eben leider inkompetent.« Bei so reicher Impostor-Auswahl kann man sich gar nicht entscheiden. Ich würde sagen: Ich nehme ein wenig von allen Varianten.

VERGLEICHSARENA

Fast beneidet man Menschen wie Donald Trump. Ihr Leben ist auf etwas aufgebaut, das man Dunning-Kruger-Effekt nennt. Meint: dass man sich da am wohlwollendsten betrachtet, wo man am wenigsten Ahnung hat. Um die eigene Unfähigkeit zu erkennen, braucht man ja genau das Wissen und Können, an dem es fehlt und das man sich auch keinesfalls aneignen möchte. So vermeidet man den Abgleich mit echter Könnerschaft. Das bewahrt vor Zweifeln und ernüchternder Selbsterkenntnis.

Sehr viel praktischer ist es, sich einfach mal gleich in die Oberliga der kommenden Stars zu denken. Um dann vor laufender Kamera und einem Millionenpublikum bitter dafür zu bezahlen. Mit Kommentaren wie:»Da ist die Frage: Wo hört der Gesang auf und wo fängt die Straftat an.« Oder »Bei mir kommen solche Geräusche aus anderen Öffnungen.« Oder »Vielleicht kannst du versuchen mit der Stimme den Leuten die Beine zu enthaaren.« Sie stammen – klar – von DSDS-Juror Dieter Bohlen, der damit berühmt-berüchtigt wurde, andere fertigzumachen. Dabei ist er selbst lebender Nachweis für den Dunning-Kruger-Effekt. Singen kann er nämlich genauso wenig wie die Kandidaten, die er in seiner Sendung beleidigt.

Ähnliches lässt sich auch über Donald Trump sagen. Der hält sich schon deshalb für einmalig genial, gutaussehend, erfolgreich, weil man mit so einer Haltung erst gar nicht in die Vergleichsarena zu steigen braucht. Zu welch – im wahrsten Sinn des Wortes – schwindelerregende Höhen sich die trumpsche Selbstverleugnung so aufschwingt, erzählt der Sportjournalist Rick Reilly in seinem Buch über den Ex-Präsidenten »Der Mann, der nicht verlieren kann«. Darin ist zu lesen, wie »Trumps Dreistigkeit beim – man kann das leider nicht anders nennen – Bescheißen« alles, was man selbst bei ihm für möglich hielt, sprengt.[4] Demnach brüstete sich Trump unter anderem sogar als Sieger von Clubmeisterschaften, an denen er gar nicht teilgenommen hatte.

Ja, das ist erbärmlich. Einerseits. Andererseits haben es die genannten Herren doch mit der Paarung aus absoluter Selbstüberschätzung bei gleichzeitiger Ignoranz all der ihrer Großartigkeit widersprechenden Fakten enorm weit gebracht. Und es ist ja nicht so, dass der Dunning-Kruger-Effekt ein rein männliches Phänomen wäre. Bei DSDS etwa haben sich auch Frauen zum Horst machen lassen müssen. Aber bislang hat es keine Frau so weit damit gebracht, wie die Trumps und Bohlens dieser Welt.

IN ALLER BESCHEIDENHEIT

Klar, so wie die beiden will keine von uns sein. Aber an ihnen zeigt sich, wie Mann aus weniger als nichts Reichtum, Bedeutung und ein Übermaß an Selbstzufriedenheit schöpfen kann. Wie viel mehr könnten wir also aus dem machen, was wir tatsächlich vorzuweisen haben? Aber nicht mal mehr Erfolg sorgt dafür, dass wir überzeugt sind, ihn verdient zu haben. Im Sinne von: Also, wenn ich so viel Anerkennung bekomme, dann muss ich wohl sehr gut sein. Lob und Beifall verstärken im Gegenteil nur die Sorge, dass der noch größere Erfolg einen noch größeren Betrug darstellt, der zu noch mehr Enttäuschung führen könnte. Gibt es also kein Entrinnen? Doch! Pauline Rose Clance stellte fest, dass selbst wenn sich eine Frau heimlich für eine Hochstaplerin hielt, sie durchaus bereit war, den Erfolg anderer Frauen für gerechtfertigt zu halten. Über diesen Umweg könne es also gelingen, sich auch von den eigenen Möglichkeiten ein realistischeres Bild zu machen, so die Psychologin. Womit wir bei der Sache mit den Vorbildern wären. Meint: *Je mehr Frauen an die Spitzen der Arbeitswelt kommen, umso mehr wären andere Frauen bereit, das auch für sich als möglich und selbstverständlich anzunehmen.*
Wie das funktioniert, zeigt sich etwa bei dem Scully-Effekt. Dana Scully ist die weibliche Hauptrolle in der Serie *Akte X – die unheimlichen Fälle des FBI*. Eine Agentin des FBI, die sich ge-

meinsam mit ihrem Kollegen Fox Mulder um mysteriöse Fälle kümmert, in denen es vermeintlich um Außerirdische und andere Mysterien geht. Während Mulder stets bereit ist, das Unmögliche zu glauben, geht die skeptische Scully, Physikerin und Medizinerin, den Phänomenen im Labor auf den Grund. Schon gleich nach Serienstart erhielt Scully-Darstellerin Gillian Anderson zahlreiche Briefe von Frauen, die erzählten, wie sie sich dank Scully in technische und naturwissenschaftliche Berufe gewagt haben. Bis Ende der 1990er-Jahre stieg schließlich der Anteil an weiblichen Studenten in naturwissenschaftlichen und technischen Fächern in den USA stark an.[5] 2018 wurde das Phänomen dann auch wissenschaftlich untersucht. Das Geena Davis Institute on Gender in Media befragte zusammen mit einer Kommunikationsagentur und dem Akte-X-Sender FOX insgesamt 2000 Frauen zwischen 25 und 39 Jahren zur Bedeutung der Figur Dana Scully. Demnach entschieden sich Frauen, die regelmäßig Akte X schauten, häufiger dazu, eine Karriere im naturwissenschaftlichen und technischen Bereich einzuschlagen, als Frauen, die Akte X nicht oder selten gesehen hatten. Und zwei Drittel der befragten Frauen in MINT-Berufen – das sind Berufe wie Fluggerätemechaniker*in, Kfz-Mechatroniker*in oder Fachkraft für Metalltechnik – bezeichneten Scully als Vorbild.[6]

MITGEMEINT

Man fühlt sich gleich nicht mehr so fehl am Platz, wenn man sieht, dass schon andere da waren und da sind. Deshalb ist auch das Gendern ein Gegenmittel wider das Impostor-Syndrom. Es sorgt für Sichtbarkeit. Es zeigt, wie viele erfolgreiche Architektinnen, Schreinerinnen, Professorinnen es schon gibt. Es vermittelt Mädchen mit beruflichen Ambitionen jenseits von MTA, Friseurin, Verkäuferin, dass sie gar nicht so allein sind und »falsch« liegen, wenn sie noch etwas anderes werden wollen.

Ein wichtiges Signal. Und damit weit mehr als bloß die »Verhunzung« unserer Sprache.

Studien belegen: Wenn Berufe in einer geschlechtergerechten Sprache dargestellt werden (Nennung der männlichen und weiblichen Form, zum Beispiel »Ingenieurinnen und Ingenieure« statt nur »Ingenieure«), schätzen Kinder typisch männliche Berufe als erreichbarer ein und trauen sich selbst eher zu, sie zu ergreifen.[7] Fragt man außerdem Versuchspersonen etwa nach berühmten Schriftstellern oder Musikern, nennen sie deutlich mehr Männer, als wenn nach »Schriftstellerinnen und Schriftstellern« und »Musikerinnen und Musikern« gefragt wird. Das Interessante: Das funktioniert selbst bei Berufen, die traditionell eher weiblich besetzt sind. Sagt man etwa »Kosmetiker« oder »Tänzer« – denken Menschen im Experiment eher an Männer. Was gegen das Gendern immer ins Feld geführt wird – dass sich mit der grundsätzlich männlichen Form alle gemeint fühlen können – stimmt also nicht. Wir stellen uns bei der männlichen Form eben auch immer vor, dass Männer hinter der Bezeichnung stecken – und damit setzt sich in den Köpfen fest, dass bestimmte Berufsbilder Frauen eher nicht so selbstverständlich offenstehen. Erstaunlich also, wie viel enorm erbosten und erbitterten Widerstand diese so plausible Veränderung – die Nennung der weiblichen Form – hierzulande hervorruft.[8] Und noch einmal mehr das Sternchen – das auch für die gedacht ist, die sich weder dem weiblichen noch dem männlichen Geschlecht zuordnen.

Keine große Sache, das Gendern. Außer für diejenigen, die daraus erst eine so große Sache machen. »Habt ihr keine anderen Probleme?!«, fragte mich mein Nachbar kürzlich, als ein großer Beitrag zum Thema in der Tageszeitung unseres Vertrauens stand. Ich antwortete: »Ehrlich gesagt scheinst du keine anderen Probleme zu haben. Ich jedenfalls habe das Thema nicht angesprochen.« Wenn ich Podcasts höre, in denen gegendert wird – also eine kurze Pause dort gemacht wird, wo das Sternchen steht –, denke ich erst »Ah, hier wird gegendert«, und dann hört es sich einfach so weg. Im

Grunde ist ja auch die männliche Form »gegendert«, eben einfach nur »männlich« – wie *Spiegel*-Kolumnistin Margarete Stokowski schreibt.[9] Und wer findet, dass man grundsätzlich die Finger lassen sollte von der deutschen Sprache, wird vermutlich doch froh sein, dass sich seit dem Mittelhochdeutsch – also seit »Ich zôch mir einen valken mêre danne ein jârder …«, der ältesten Sprachstufe des Deutschen – zum Glück das eine oder andere getan hat.

Ich kann mich außerdem nicht daran erinnern, dass es auch nur einen annähernd großen Shitstorm gab, als der Duden jüngst bekannt gab, 3000 neue Worte in den deutschen Sprachschatz aufgenommen zu haben. Solche wie Social Distancing, aufploppen, Brexiteer, Craftbeer, Enkeltag, Faktenfinder, Flugscham, haten, Lifehack, Uploadfilter. Nicht mal von Dieter Nuhr oder Friedrich Merz. Man könnte erklärte Gendern-Gegner wie sie mit der Alternative locken – einfach in den nächsten 1000 Jahren die weibliche Form als dominierende zu übernehmen und die Männer so lange auch mal bloß »mitzumeinen«. Aber das wollen sie dann auch immer nicht.

Deshalb: Überall dort, wo weiblicher Erfolg sichtbar ist und sichtbar gemacht wird, wird es für alle Frauen sehr viel leichter, ihren eigenen anzustreben, stolz darauf zu sein und ihn angemessen vor sich und anderen zu präsentieren: »Ja, an diesem Punkt können wir die Scharade beenden. Es stimmt, ich bin die Beste. Ich kann, was ich tue, und zwar nicht deshalb, weil irgendeine Glücksgöttin das so entschieden hat, sondern weil ich hart dafür gearbeitet, mich richtig ins Zeug gelegt habe und das außerdem voll mein Ding ist.«

CHRISTIAN-ÜBERDOSIS

Eine weitere Methode, dem Impostor-Syndrom den Mittelfinger zu zeigen: regelmäßig aufzuschreiben, wie man eine Anerkennung kontert. Nur, damit man schwarz auf weiß hat, wie seltsam Sätze wie »Das war bloß Zufall!« aus dem Munde einer Top-Beauty-Expertin wirken. Wenn man über das, wofür man gelobt wurde und wofür man sehr lange, sehr hart gearbeitet hat, nicht mal sagen kann: »Ja, das habe ich super gemacht!«

Gut, es gibt mildernde Umstände. Jeder und jede, die einen Beitrag zu unserer persönlichen Erfolgs-Relativitäts-Theorie leistet. So wie die Mitschüler damals, als ich mit Marie – einer Freundin bei einem ansonsten reinen Jungs-Fußballspiel – die Vorlagen für das Siegertor abgeliefert hatte:»Gar nicht übel, für ein Mädchen!« hieß es. Dabei waren wir besser als die meisten Jungs! Das ist lange her – aber es hat nichts daran geändert, dass nicht nur wir, sondern auch andere uns dauernd fragen: Gehören wir hier überhaupt hin? Auf den Fußballplatz? In die Chefetage?

Allein die leidige Diskussion über die Frauenquote in den Vorstandsetagen zeigt, wie wir auch im dritten Jahrtausend immer noch nicht sicher sind, ob eine Frau überhaupt jemals so qualifiziert sein kann wie ein Mann. Mit der Unverdrossenheit von Shopping-Kanälen wird in der Diskussion immer wieder gepredigt, wie blöd es wäre, Frauen nur deshalb auf so wichtige Posten zu setzen, damit die Quote stimmt. Wenn es dafür qualifizierte Frauen gäbe, müssten sie ja – so die Logik – längst im Vorstand sein. Da auf diesem Weg nach oben selbstverständlich ausschließlich die Leistung zähle. Gut, man könnte argumentieren, dass Frauen längst vermehrt die besseren Abschlüsse an den Gymnasien und Universitäten vorlegen – da also anderes den Karriereweg ausbremst als eine schlechte Performance. Es könnte zum Beispiel am Vornamen liegen. Laut der gemeinnützigen AllBright Stiftung hat man mit dem Vornamen »Christian« mindestens so gute Chancen wie als Frau. Denn gerade stehen an der Spitze von neun der 160 größten börsennotierten Konzerne Männer namens Christian. Ebenfalls neun Unternehmen, die im DAX, MDAX oder SDAX gelistet sind, werden demnach von Frauen geleitet. Dass es überhaupt Frauen an der Spitze gibt, verdankt sich den DAX-Konzernen, also Unternehmen, für die es bereits eine verbindliche Frauenquote gibt. Dabei sind divers-durchmischte Teams erfolgreicher – besonders in Krisen, wie Studien zeigen. Aber offenbar ist den Entscheidern wichtiger, unter sich zu sein, als das zu tun, was für das Unternehmen das Beste wäre.

Das *Handelsblatt* attestiert einigen Unternehmen nicht nur eine »Diversity-Lethargie«, sondern vermutet auch Trickserei. »So hat der Kölner Außenwerber Ströer beispielsweise vor Kurzem seinen Vorstand von vier auf drei Mitglieder verkleinert – mit dem Nebeneffekt, dass das MDAX-Unternehmen trotz drei Männern und null Frauen im Vorstand nun die Vorgaben des Quotengesetzes Füpog II erfüllt. Denn: Die Regelung greift erst ab einer Vorstandsgröße von mehr als drei Mitgliedern.«[10] Gut, man könnte fragen: Was geht mich das an? Für eine steile Karriere bin ich eh zu alt. Oder: Ist mir sowieso zu stressig. Aber es drückt sich in solchen Zahlen auch immer eine Haltung gegenüber Frauen, ihren Fähigkeiten aus, was wiederum Strahlkraft hat auf die Möglichkeiten, die wir haben, angemessen bezahlt zu werden. Auf die Anerkennung, die unserer Arbeit gebührt, und auf die Verantwortung, die wir in unseren Berufen tragen – und zwar nicht zu knapp.

SCHEITERN FÜR FORTGESCHRITTENE

Man könnte alternativ ja damit kontern, dass wir umgekehrt gern mal sehen würden, wie so ein Top-Manager sich als Krankenschwester schlägt oder als Sozialarbeiterin oder als Chefsekretärin oder an einer Aldi-Kasse. Also in anderen Hochleistungs-Bereichen. Man könnte erwähnen, dass so ein Spitzenkraft-Dasein nun wirklich nicht so schwer sein kann, wie immer behauptet wird. Die Milliardenverluste, die mancher Vorstand zu verbuchen hat, das Herunterwirtschaften großer Konzerne wie der Bahn – ohne jede Konsequenz – da würden wir doch sagen: »Das schaffe ich auch! Locker. Selbst halbtags und mit drei Kindern!«

Gerade hat der Schweizer *Tages-Anzeiger* errechnet, dass die

Top-Manager der Credit Suisse seit 2013 rund 32 Milliarden Schweizer Franken an Boni kassierten, während die Bank im selben Zeitraum 3,2 Milliarden Franken Verlust gemacht hat. Für die vergangenen zehn Jahre steht fünf Mal ein Verlust in der Bilanz.[11] Gern wird auch auf unsere ehemalige Verteidigungsministerin Christine Lambrecht verwiesen. Auf ihren mangelnden Sachverstand, das fehlende Fingerspitzengefühl, ihre verunglückte Kommunikation. Als Indiz für den Verfall, der drohe, setzt man einfach nur wegen der Quote eine Frau auf einen hochkarätigen Posten. Sie sei nicht vom Fach, hieß es schon gleich zu Anfang. Dabei war mit Peter Struck bereits ein Mann auf dem Posten gewesen, der nicht mal Wehrdienst geleistet hatte. Der Hubschrauberflug mit ihrem Sohn wurde Christine Lambrecht angekreidet – dabei hätte sie von der Viertelmilliarde Steuergelder, die etwa Andi Scheuer während seiner Ägide aus Dusseligkeit in den Sand gesetzt hat, auch gleich ein paar eigene kaufen können. Überhaupt hätten wir – rein rechnerisch – ein paar richtig austrainierte Vollidiotinnen im Amt durchaus gut. So als Ausgleich. Wäre ja nur fair, wenn nicht mehr nur Männer die Gelegenheit hätten, sich als Totalausfall zu entpuppen.

MARKT DER EITELKEITEN

Immer wieder muss der Staat schwankende Konzerne retten – die sicher nicht von Frauen in Schieflage gebracht wurden. Aber gut: An Frauen werden eben immer noch andere Maßstäbe angelegt. Selbst von Frauen.

Da behaupten gerade privilegierte Frauen, die eigene Karriere ja auch durch Fleiß und Arbeitseinsatz vorangetrieben zu haben. Vergessen aber, dass die Steilvorlage dafür auf teuren Privatschulen und -universitäten erworben wurde, die durch das elterliche Vermögen finanziert wurden. Natürlich haben sie auch Zugang zu den Netzwerken der Eliten und zu deren solventen Söhnen –

dem 1-a-Heiratsmaterial. Wo sich aufgrund von Status und familiärem Background ohnehin alle Türen öffnen, braucht man tatsächlich keine Quote. Trotzdem kann man aber sehr gut behaupten und sich selbst einreden, dass allein Fleiß einem den Erfolg, das fantastische Einkommen und die rasante Karriere ermöglichten. Schon, um sich nicht eingestehen zu müssen, dass man das aus eigener Kraft – und mit nichts als der viel beschworenen harten Arbeit – so nicht erreicht hätte.

Das ist erstaunlich dumm von Frauen, die es schon aufgrund der ihnen gewährten Bildung eigentlich besser wissen sollten. Aber vielleicht nicht besser wissen wollen. Könnte ja ein wenig eng werden an den Spitzen der Gesellschaft, wenn alle mitspielen dürften, und die Sonderstellung, die man genießt, wäre auch dahin. So ohne Unten ist das Oben ja längst nicht mehr so viel wert.

Es ist zynisch, zu behaupten, dass alle dieselben Chancen haben, und wenn Frauen nicht an den Spitzen zu finden sind, sie diese Chancen ausgeschlagen haben. Und das vor dem Hintergrund einer exquisiten, rundum durchgepamperten Biografie zu verargumentieren, ist schon gewagt. Wären außerdem allein Fleiß und Leistungsbereitschaft die ausschlaggebenden Kriterien, müssten ja auch Krankenschwestern und Kassiererinnen, alleinerziehende, berufstätige Mütter längst dort sein, wo angeblich all jene hingehören, die sich einfach nur richtig angestrengt haben: in Penthouse-Wohnungen, auf den Malediven, ins Ehebett von Christian Lindner.

TROSTPREISE WILLKOMMEN

»Frauenquoten schaffen Quotenfrauen, was Frauen nicht hilft, Männern auf Augenhöhe zu begegnen«, so ein weiteres Argument. Aber ehrlich: *Wenn die Quote ein Trostpreis sein soll –, dann sehr gern her damit.* Männer, die Frauen respektieren, begegnen ihnen ohnehin auf Augenhöhe. Und die anderen hätten nicht mal Angela Merkel auf Augenhöhe taxiert, weil sie im Grundsatz schon finden, dass Frauen nicht dorthin gehören, wo sie selbst gerade sind. Außer es gilt, den Machern in der Chefetage einen Kaffee und ein paar Kekse zu servieren.

Wenn Leistung der Treibstoff sein soll, der einen – ganz egal, ob Mann oder Frau – nach oben bringt, wieso funktioniert er nur bei Männern? Als Quotenfrau zu gelten soll belastend auf Frauen wirken?! Mindestens ebenso belastend ist es, wenn man – trotz aller Anstrengungen – immer unter dem bleibt, was sich »gläserne Decke« nennt. Die unsichtbare Barriere, mit der immer noch viel zu viele Frauen im Laufe des Berufslebens ausgebremst werden. Weil sie Frauen sind.

Das belegt auch eine Studie von Sozial- und Wirtschaftswissenschaftlern der Universitäten von Chicago und New York. Dafür wurden Transsexuelle über ihre Arbeitserfahrungen vor und nach ihrer Geschlechtsumwandlung befragt. Das Ergebnis: Männer, die zu Frauen wurden, wurden als weniger kompetent eingeschätzt, mussten härter arbeiten, um ernst genommen zu werden. Zudem wurden sie häufiger entlassen und büßten durchschnittlich ein Drittel ihres Verdienstes ein. Umgekehrt gewannen Transsexuelle, die zu Männern wurden, an Einfluss und Autorität. In der Regel konnten sie ihren Job behalten und verdienten sogar etwas mehr als zuvor. Ähnliche Versuche gibt es immer wieder mal, und alle belegen: Der kleine – biologische – Unterschied zwischen Männern und Frauen hat nach wie vor riesige Folgen auf unser Aus- und Fortkommen. Bevor wir also erst zu Christians werden müssen –, dann doch lieber eine Quote. Zumal die überwiegend meisten von uns richtig gern Frauen sind.

VERSORGUNGS-LÜCKEN

Letztlich sorgt das Impostor-Syndrom dafür, dass wir uns viel zu oft unter Wert verkaufen. Wer seinen Qualifikationen selbst nicht traut, der wagt auch nicht, für angemessene Bezahlung einzutreten. Mittlerweile ist zwar gesetzlich geregelt, dass Frauen bei gleicher Arbeit auch gleich entlohnt werden müssen. Aber laut einer Studie erzielen hochqualifizierte Frauen bis zum Geburtsjahr 1974 durchschnittlich nur so viel Einkommen wie geringqualifizierte Männer. Und dann gibt es ja auch noch den Gender Lifetime Earnings Gap. Meint das Lebenserwerbsarbeitseinkommen. Da zeigt sich, dass Kinder immer noch zu deutlichen finanziellen Lücken bei den Müttern führen. Während es für Männer kaum eine Rolle spielt, ob sie Väter sind oder nicht. In Zahlen: »Heute erzielen Mitte 30-jährige Frauen in Westdeutschland ein erwartetes durchschnittliches Lebenserwerbseinkommen von rund 830 000 Euro (in Preisen von 2015), während gleichaltrige Männer mit durchschnittlich rund 1,5 Millionen Euro rechnen können. In Ostdeutschland fallen die erwarteten Lebenserwerbseinkommen insgesamt geringer aus. Frauen kommen hier auf rund 660 000 Euro, Männer auf knapp 1,1 Millionen Euro. Die Lücke in den Lebenserwerbseinkommen, der sogenannte *Gender Lifetime Earnings Gap,* beträgt damit für die jüngsten Jahrgänge 45 Prozent in West- und 40 Prozent in Ostdeutschland.«[12]

Da braucht man kein Mathegenie zu sein, um sich die trostlosen Rentenaussichten auszurechnen. Klar, alle Mütter zu Vollzeitjobs zu verdonnern, ist auch keine Lösung. Aber mehr Väter an die Wickelfront zu bringen, könnte durchaus zu mehr Gerechtigkeit führen. Dazu braucht es Absprachen – möglichst noch bevor das Kind überhaupt angesetzt ist.

VÄTER IM EINSATZ

Wie wertvoll Absprachen sind, das sagt auch der Autor und zweifache Vater Tobias Moorstedt[13] in einem Interview, das ich mit ihm für die *Frankfurter Allgemeine Sonntagszeitung* führte. Dort betont er, wie wichtig es sei, dass die Beziehungspartner schon vor der Geburt darüber sprechen, wie es dann nach der Geburt so mit der Arbeitsteilung laufen soll. Wer am besten was tut. Er sagt, das passiere viel zu selten. »Gleichzeitig ist es wichtig, dass Männer realisieren, dass es durchaus in ihrem eigenen Interesse ist, wenn sie sich mehr in der Familie engagieren. Es gibt viele Studien, die zeigen, dass die eigene Lebenszufriedenheit bei Vätern steigt, die mehr als zwei Monate Elternzeit nehmen, aber auch die Zufriedenheit mit der Beziehung. Und wie sich das Ganze auf das Verhältnis zu den Kindern auswirkt, weiß man noch kaum, weil wir noch so wenige Daten haben. Väter müssen sich fragen: Wollen sie einfach weitermachen wie die Jahrzehnte zuvor – mit allen Konsequenzen –, oder wollen sie nicht etwas Neues machen?«[14]

Im Idealfall müssen sie sich das auch von ihren Frauen fragen lassen. Wir kennen mindestens drei Frauen im Umfeld, die zu ihren Männern sagten: »Wenn du Kinder möchtest: sehr gern. Aber dann bleibst du daheim bei ihnen. Nicht ich.« Eine von ihnen ist Nana, eine Architektin. »Als Niko und ich über Nachwuchs nachdachten, hatte ich ein Gespräch mit meiner Schwiegermutter. Sie fragte mich, wie wir das dann machen würden – wer beim Kind bleibt und so. Ich antwortete: ›Natürlich bleibt der zu Hause, der weniger verdient.‹ Das leuchtete ihr, die immer Hausfrau und Mutter war, sofort ein. Sie wollte dann noch wissen, ob ich ein oder zwei Jahre Elternzeit nehmen würde. Und ich sagte: ›Äh, ich glaube, da haben wir uns falsch verstanden. Nicht dein Sohn verdient mehr, sondern ich. Und zwar deutlich.‹« Tatsächlich hat Nana den höher dotierten Job. Vor allem: Sie ist fest angestellt. Während Niko sich als freischaffender Grafiker durchschlägt, immer mal tage- oder wochenweise projektbezogen in Agenturen arbeitet. Noch bevor die beiden Eltern von Töchterchen Rosa wurden, war also klar, dass vor allem Niko sich kümmern würde. Der erinnert sich: »Mein Plan war, Rosa vormittags ein wenig zu bespaßen – den Haushalt mit links zu erledigen und dann nachmittags meine Jobs zu machen.« Schnell stellte sich heraus, dass er sich über- und den Aufwand der Kinderbetreuung deutlich unterschätzt hatte. »Klassischer Anfängerfehler!«, lacht er. Anders jedoch als die vermutlich meisten Mütter in seiner Situation sorgte er für Entspannung. »Ich mietete mich in einer Bürogemeinschaft ein, und Nana und ich engagierten eine Betreuung für halbe Tage.« Es funktionierte so gut, dass die beiden drei Jahre später noch einmal einen Janis nachlegten.

BLOSS KEIN GLÜCK

Am Ende ist es doch so: Die meisten von uns müssen arbeiten, um ihren Lebensunterhalt zu finanzieren, die Ausbildung der Kinder und eine leidlich passable Altersvorsorge. Wir alle haben dafür eine Ausbildung absolviert, legen uns ins Zeug, sind fleißig. Ob wir nun an der Kasse sitzen, am PC, am Steuer einer S-Bahn oder eines Flugzeugs, ob wir vor einer Bauzeichnung oder vor einer Klasse stehen, eine Krankenstation leiten oder ein Nagelstudio – wir machen einen verdammt guten Job. Wir täuschen niemanden mit unserem Können. Eine Vagina ist ja kein Hinderungsgrund für exzellente Arbeit, sie mindert nicht unseren Anspruch auf Anerkennung und Bestätigung. Und natürlich auch nicht auf faire Bezahlung. Das sollten wir unseren Töchtern und Söhnen vermitteln und auch, dass Frauen alles werden können. Dafür müssen sie zuerst an ihren Müttern erfahren, wieviel Strahlkraft es auf das ganze Leben hat, wenn man seine Arbeit gut macht. Wenn man stolz darauf ist und unabhängig. Eigenes Geld verdient, sich was zutraut und Bedingungen stellen kann – mit einer Entschiedenheit, die man nur besitzt, wenn man weiß, was man draufhat. Nicht in aller Stille und wie das Mauerblümchen, das bescheiden wartet, bis der Chef es wachküsst –, sondern mit all der Selbstgewissheit, dass wir sehr viel sehr gut können.

»Warum laufe ich herum und sage, es ist NICHT mein Verdienst?«, fragte sich selbst Shonda Rhimes, eine der erfolgreichsten Drehbuchautorinnen der USA. Und: »Was zum Teufel soll der ›Ich habe Glück gehabt‹-Satz?« Ihre Antwort: »Ich habe nicht einfach nur Glück gehabt.« Denn Glück würde ja bedeuten, dass sie nichts dazu beigetragen habe. »Glück besagt, dass mir etwas geschenkt wurde. Glück besagt, dass ich etwas bekommen hätte, das ich nicht verdient habe, für das ich nicht hart gearbeitet habe.« Und sie schließt mit dem Wunsch: »Liebe Leser, mögen Sie niemals Glück haben.«[15]

MITTELFINGER FÜR ALLE

Allein für unsere Berufslaufbahn brauchen wir jeden Mittelfinger, den wir auftreiben können. Wir brauchen einen, um dem Mann daheim zu verdeutlichen, dass Elternzeit ebenso für Männer gedacht ist und dass ein gemeinsames Kind auch gemeinsames Kümmern bedeutet. Und zwar noch bevor Ei und Sperma sich begegnet sind und die Frau noch so hormonell verstrahlt ist, dass sie eigentlich lebenslang nur noch eines will – das Kind in ihren Armen wiegen, während der Mann mit »Ich denke, ich mache ein paar Überstunden, jetzt, wo wir mehr Geld brauchen« nicht weniger, sondern oft sogar noch mehr arbeitet. Nicht umsonst gelten die »Aushandlungen« in den Partnerschaften als ein Hauptgrund für die enorm hohe Teilzeitquote von Frauen in Deutschland.[16]

Einen weiteren Mittelfinger brauchen wir für die innere Stimme, die uns zuflüstert, dass das da draußen eben nun mal eine Männerwelt ist und also auch nur die Männer die Bedingungen der Arbeitswelt ändern können – in Richtung flexiblerer Arbeitszeitmodelle, besserer Kinderbetreuung, besserer Bezahlung. Nein, auch das ist unser Job, den wir mit aller Entschiedenheit vorantreiben sollten.

Und dann wäre außerdem noch dringend ein Mittelfinger nötig, für die Versuchung, sich die Härten der Arbeitswelt überwiegend meistens ersparen zu wollen, wenn man sie so gut wie möglich meidet. »Mein Horst hat mich vor der Arbeit gerettet!«, sagte Christa, eine Freundin meiner Mutter stets mit Stolz und auch etwas Mitleid für die anderen Frauen um sie herum, die nicht so viel »Glück« hatten. Horst starb allerdings recht früh. Er hinterließ ein wenig Rente, aber auch einen Menschen, der nichts kann, sich nichts zutraut und noch mit den kleinsten alltagspraktischen Dingen – wie etwa einer Banküberweisung – überfordert ist. Die beiden Söhne, für deren Intensivbetreuung Horst seine Christa unter anderem auch »vor der Arbeit gerettet« hatte, leben weit entfernt in anderen Städten und zeigen wenig Interesse, ihrer Mutter den Horst-Verlust auszugleichen. Das soll keine Drohung sein, sondern eine Aufforderung, zu Ende zu denken, was man anfängt, wenn man sich einen Beruf aussucht. Wenn man plant, Eltern zu werden, und auch, wenn man gerade ein Tief im Job hat und dann ein Bild von Frauen im Kopf hat, die sich das alles nicht antun, sondern gerade gemütlich daheim ihre zweite Tasse Kaffee trinken, bevor sie zum Yoga-Kurs aufbrechen.

Dann braucht es einen weiteren Mittelfinger für all diejenigen, die da behaupten, Frauen müssten sich für höhere Aufgaben erst noch qualifizieren. Gemeint ist eigentlich: »Gute Güte, wenn erst mal mehr Frauen in der Chefetage sind, könnten sie möglicherweise feststellen, dass das ganze Lenken und Denken ja überhaupt kein Hexenwerk ist. Dass es praktisch jede auch kann. Und wie sollen wir dann noch all die Lorbeeren und die millionenschweren Boni rechtfertigen, die wir uns sonst einfach so selbst gönnen können?!« Wenn dann also schon mal diese Mittelfinger verbraucht sind, ist schließlich der nächste Mittelfinger dran: der, der unserem inneren Hochstapler zeigt, wohin der sich aber mal pronto trollen soll. Das sind vielleicht viel zu viele Aufgaben für so einen einzelnen zarten Mittelfinger – deshalb hier noch ein wenig Support:

1. Eine Datei anlegen mit dem Titel: Warum ich großartig bin! Hausaufgabe: Jeden Tag mindestens drei Dinge aufschreiben, die man gut gemacht hat. Da gehört von »enorm, enorm leckerer Käsekuchen« bis »Präsentation mit Bravour abgeliefert«

(und: Scheiß auf den Kommafehler auf Seite drei) alles rein, worauf man stolz sein kann. Ebenso: Komplimente, Lob – jedwede Form der Anerkennung von außen.

2. Andere Frauen unterstützen. Ihnen immer gleich sagen, was sie Tolles geleistet haben. Welche Leistung man bewundert.

3. Sich überhaupt mehr mit erfolgreichen Frauen beschäftigen und ihnen applaudieren. Sie zeigen uns allen, was möglich ist. Wenn nicht mehr für uns, dann aber sicher für unsere Töchter. Und wir signalisieren ihnen damit, dass sie dort, wo sie sind, ganz richtig sind.

4. Einfach »Danke« sagen, wenn wir ein Kompliment bekommen. Sonst nichts. Oder höchstens noch ein »Ich weiß! Das habe ich richtig gut gemacht!«

5. Ruhig erzählen, wenn man »das alles«, Beruf, Mutterschaft, Beziehung usw. natürlich nur mit Unterstützung schafft: mit der Oma der Kinder, mit einer Zugehfrau, mit einem Au-pair, dem Lieferservice, dem Restaurant um die Ecke. Schon damit dieses leidige Gerücht endlich aus der Welt ist, dass man nur richtig gut ist, wenn man in allen Lebensfeldern alles ganz allein total perfekt macht. Oder wie es Shonda Rhimes beschreibt: »Ich habe viele Bücher gelesen, die von berufstätigen Frauen handelten oder geschrieben wurden, und ich stellte dabei verblüfft fest, dass anscheinend keine von ihnen über Haushaltshilfen sprechen möchte. Was meiner Meinung nach nicht sonderlich hilfreich für die Frauen ist, die keine solche Unterstützung haben.«[17]

6. Unbedingt jeden Support anfragen, den man bekommen kann.

7. Nicht erst warten, bis wirklich alles total und zweifelsfrei perfekt ist, bevor wir uns damit präsentieren. Orientieren wir uns einfach an der Methode Mann: »Fake it till you make it.« – »Täusche es vor, bis du es wirklich geschafft hast.«

8. Dabei ganz fest an Trump und Bohlen denken. Allerdings am besten nicht vor dem Einschlafen.

Wir sind irgendwie alle
wie ein Messie, nur dass wir
keine alten Pizzakartons horten,
sondern Beziehungen,
bei denen längst das Fleisch von den
Knochen abgenagt ist.

TÜRSCHLIESSPANIK

»Dear Daughter, for you to grow,
you should allow some doors to close.«
Gift Gugu Mona

GROSCHENFALL

Es war eine vorwiegend unglückliche Beziehung. Von drei Jahren war nur das erste gut. Die restlichen zwei war ich hauptsächlich damit beschäftigt, mir einzureden, Richard habe ganz sicher und sehr tief in seinem Inneren große Gefühle für mich. Wenn Freundinnen sagten, er sei ein herzloser Egomane, antwortete ich, dass sie ihn eben nicht verstehen würden. Ich hielt es für eine, für *unsere* Geheimsprache, die nur ich dechiffrieren konnte, wenn er unaufmerksam, desinteressiert war, seine Termine nicht mit mir absprach und keine Pläne mit mir machte. Er konnte mir zum Beispiel morgens noch nicht sagen, ob er abends Zeit für mich haben würde. »Ich denke, der sieht dich nur, wenn sich wirklich gar nichts Besseres bietet«, meinte eine Freundin dazu uncharmant, als sie sah, wie ich einmal wieder von ihm in die Warteschleife geschickt wurde. Ich gab zurück, Richard sei eben ein großer Freigeist, das müsse man respektieren. Überhaupt solle man nicht zu stark in die Bedürfnisse eines anderen eingreifen, wenn man sich liebe. »Aber du lässt es doch auch zu, dass er in deine Bedürfnisse eingreift, indem er dich am ausgestreckten Arm emotional verhungern lässt!«, war die ernüchternde Antwort.

Ich hatte trotzdem für alles eine Entschuldigung. Ich sagte, er halte eben nichts von diesem spießigen »Pärchending«, wenn er auf Partys immer sofort verschwunden war. Er sprach dann lange mit anderen Frauen, tanzte mit ihnen, brachte ihnen Getränke, sodass Außenstehende niemals auf die Idee gekommen wären, dass wir zusammengehörten. Mehr als einmal kam er irgendwann nach Stunden zurück und erzählte, wie viele Frauen sich mit ihm verabreden oder ihn gleich mit nach Hause nehmen wollten. Ich sollte es aus erster Hand wissen, dass ich nicht sauer sein dürfe, sondern vielmehr dankbar sein müsse, wenn ein so begehrter Mann mit mir nach Hause ging. Man könnte auch sagen: Ich stand wirklich sehr, sehr lange auf der Leitung, bis ein Groschen fiel so groß wie der »Big Maple Leaf« – diese 100 Kilogramm schwere Goldmünze, die einmal aus dem Berliner Bode-Museum geklaut wurde.

EMPATHIE-ALLERGIKER

Ausgelöst wurde der Groschensturz von Lippenstiftspuren auf seinem Kissen, die nicht von mir stammten. Da hatte auch ich es endlich begriffen: Seine Kälte war nicht etwa ein Synonym für Ergriffenheit, Begehren, Zugewandtheit. Sie war einfach Kälte. Und nun hatte er mir offenbar nicht nur das Lieben, sondern auch noch das Schlussmachen überlassen. Den Gefallen tat ich ihm schließlich. Leider blieb es nicht der letzte. Als er mich ein halbes Jahr später fragte, ob wir nicht mal wieder zum Essen gehen wollten, sagte ich nicht: »Und wovon träumst du nachts?« Ich sagte zu. Es war ein netter Abend. Am Ende wollte er mit zu mir kommen, »der guten alten Zeiten wegen«! Ich wusste, dass er eine neue Freundin hatte, und verzichtete. »Was für ein Arschloch!«, sagte eine Freundin, als ich es ihr erzählte. Und sie stellte die berechtigte Frage, weshalb ich mich überhaupt mit so einem »Empathie-Allergiker« treffe. Ja, warum eigentlich? Weshalb habe ich außerdem einen Tag später seine Facebook-Freundschaftsanfrage angenommen? Wieso lasse ich zu, dass jemand – der mir so schlecht bekommen ist wie ein zwei Wochen altes Bismarckheringsbrötchen – immer noch einen Fuß in meinem Leben hat?

Weil ich – wie viele Frauen – einfach keine Türen zuschlagen mag. Bei mir müssen sie immer noch einen Spalt offen bleiben. Gerade so viel, dass noch Hoffnung durchschlüpfen kann. Darauf, dass derjenige, mit dem ich noch eine emotionale Rechnung offenhabe, sie irgendwann begleichen und noch ganz viel Reue, Bedauern und endlos viele Entschuldigungen drauflegen wird. Auf Gefühls-Lastenausgleich, auf Rehabilitation. Auf diesen Moment, in dem ein Mann schmerzhaft merkt, was er an mir verloren hat, und mit einem riesigen Strauß vorbeikommt, um sich vor mir in den Staub zu werfen. Um zu erklären, wie wahnsinnig leid es ihm tut. Dass er nie wieder so eine hinreißende Frau wie mich getroffen hat und ihm erst jetzt klar geworden sei, wie schrecklich verletzend er gewesen ist. Er soll das gekränkte Ego aufrichten, die Verluste an Selbstachtung ausgleichen, die schlimm blutende Wunde schließen, die er mir ins Herz und auch ein wenig ins Ego gerissen hat.

DER ELEFANT IM FLUR

Doch die Chancen auf so ein Szenario stehen ungefähr so gut wie auf einen Sechser im Lotto, und da liegen sie bei eins zu 140 Millionen. Das entspricht der Wahrscheinlichkeit, mit verbundenen Augen ein einziges grünes Haar auf dem Kopf von 1200 Menschen zu finden (Ja, das hat mal ein Wissenschaftler ausgerechnet). *Es ist ein Naturgesetz, dass die Menschen, die einen die meiste Energie und die meisten Nerven gekostet haben, einem am wenigsten davon zurückgeben.* Deshalb werden gerade die Männer, die uns unglücklich machen, erst dann mit dem Erste-Hilfe-Kasten für zerknitterte Seelen angerannt kommen, wenn die Hölle zufriert. Wäre es anders, wären sie nicht die, die sie sind. Eigentlich logisch. Wenn man es aufschreibt. Wenn man es liest.

Gelebt wird jedoch etwas anderes. Da verhalten sich viele Frauen so wie ich: Wir sind jederzeit ansprechbar und verführbar, wieder anzuknüpfen. An Beziehungen zu Menschen, die uns nicht gutgetan haben, die weitaus mehr nahmen, als sie zu geben bereit waren, die sich rundum so gar nicht für Freundschaften oder gar Liebesbeziehungen qualifizieren wollten. Sie dürfen trotzdem darauf bauen, dass ihr Handeln nie die Folgen hat, die es eigentlich verdient. Und das Bittere dabei: Damit bestätigen wir ihnen noch, dass das alles gar nicht so schlimm war. Nicht schlimm genug jedenfalls, das Band zu kappen.

So ist bei uns Frauen eigentlich immer Tag der offenen Tür. Wir sind allzeit bereit, einen Menschen wieder reinzulassen – in unser Herz, unser Leben – und den rosa Elefanten zu ignorieren, der in unserem Flur steht, das Banner, das uns vor Augen hängt: »Der oder die hat sich richtig mies dir gegenüber verhalten. Wie können sie das Unglück, das sie angerichtet haben, verstehen, wenn du ihnen nicht endlich final die Tür vor der Nase zuknallst?«

Auch bei Anne steht der Elefant schon eine ganze Weile herum. Unbeachtet. Sonst würde sie sich nicht wieder mit Daniela treffen. Obwohl Anne diese Freundschaft eigentlich vor geraumer Zeit in den Dämmerschlaf geschickt hatte. Der Grund: Daniela hatte ihr damals nicht Bescheid gesagt, als ein Halbtagsjob in ihrer Redaktion frei wurde. Ein Job, der perfekt gepasst und den Anne dringend gebraucht hätte. Nach einer Scheidung wäre ein regelmäßiges Einkommen für sie als freie Autorin und alleinerziehende Mutter eines Dreijährigen mit Ende 30 eine enorme Erleichterung gewesen. Zumal mit der Aussicht auf Aufstockung der Arbeitszeit.

MITGEFÜHL FÜR DEN EIGENBEDARF

Daniela hatte aber mal wieder nicht auf dem Zettel, dass andere auch Probleme haben. Richtige, echte Probleme. Nicht die Mikrowehwehchen, die Daniela gern zu Vollkatastrophen aufbläst, um damit ihr Umfeld in Atem zu halten. Als Anne von der Chance erfuhr, war die schon an eine andere vergeben. Sie war bedient und sagte das Daniela auch. Die war sich keiner Schuld bewusst und erst mal beleidigt. Bis sie ein paar Monate später bei Anne anrief, generös die Parole »Schwamm drüber!« ausrief, ein Treffen wollte – und also die ja ohnehin nur leicht angelehnte Tür bei Anne wieder weit aufstieß. Seitdem treffen sich die beiden einmal im Monat.

»Bluten meine Ohren?«, fragt Anne manchmal, wenn sie von einer Verabredung mit ihrer alten Schulfreundin kommt. Daniela trägt schließlich nicht umsonst den Spitznamen »Fidel« – weil sie wie der kubanische Präsident locker drei Stunden am Stück einfach durchreden kann. Rekordverdächtig ist außerdem, wie wenig sich Daniela dabei für andere interessiert. Gäbe es einen Preis für maximale Ignoranz den Befindlichkeiten anderer Leute gegenüber, Daniela hätte ihre eigene Hall of Fame. (Gleich neben der von Richard.) »Ich wollte ihr von der Krebsdiagnose meiner Mutter erzählen. Und was tut sie? Sie nimmt sofort die Gelegenheit wahr, mir ihr eigenes Leid zu klagen. Ihr Chef hat ihr den Sonderurlaub nicht gewährt, den sie gebraucht hätte, um mit ihrem Freund ein verlängertes Wochenende in Paris zu verbringen. Jetzt lässt sie sich halt krankschreiben. Sie meint, das habe der Chef nicht anders verdient.« Selbst mit zwei amputierten Armen und einem Wohnungsbrand hätte Anne vermutlich keine Chance auf Mitgefühl. Weil bei Daniela schon alles für den Eigenbedarf draufgeht.

Natürlich fragen wir Anne, warum sie sich das immer wieder antut. Wir reden darüber, dass irgendwann irgendjemand Daniela mal sagen sollte, was genau es einem so schwer macht, mit ihr befreundet zu sein. Und auch, dass wir uns wie die Co-Abhängigen eines Alkoholikers verhalten. Wir beschönigen, relativieren, vermeiden und befeuern damit Danielas Verhalten. Aber letztlich will keine die Auftragskillerin von Danielas Illusion sein, eine rundum fantastische Freundin abzugeben. Und klar, wer will Anne da mangelnde Konsequenz vorwerfen? Jede von uns hat auf die ein oder andere Weise eine »Daniela« in ihrem Leben.

DIE DANIELAS IN UNSEREM LEBEN

Maike etwa, die regelmäßig von Kurt, einem Kollegen, heimgesucht wird. Die Kneipengänge mit ihm hat sie zwar nach und nach eingestellt. Aber nun kommt Kurt regelmäßig in ihr Büro geschlendert und hält sie mit seinen Befindlichkeiten stundenlang von der Arbeit ab. »Und wenn er dann seinen Frust über ungerechte Chefs, miese Bezahlung, die Probleme mit dem Rücken abgeladen hat, geht er wieder, ohne auch nur einmal die Frage zu stellen: ›Wie geht's dir eigentlich?‹«

Oder Ulrike. Ihre Mutter hatte vor ihrem Tod noch das Testament geändert, sodass Ulrikes Bruder – bis auf den Pflichtteil, den jedes Kind hat – alles erbte. Er hätte seiner Schwester mit dem Wissen, dass ihre Mutter ihn schon immer bevorzugte, etwas abgeben können. Das wäre fair gewesen. Hat er aber nicht. Trotzdem sagt sie nicht Nein, wenn er mal wieder in der Stadt ist und auf einen Kaffee vorbeikommen will. Sie tut vielmehr so, als sei alles in bester Ordnung, und gibt ihm damit eben auch genau das Gefühl, dass er nichts falsch gemacht hat.

Kurz: Wir sind irgendwie alle wie ein Messie, nur dass wir keine alten Pizzakartons horten, sondern Beziehungen, bei denen längst das Fleisch von den Knochen abgenagt ist. Von denen wir qualifiziert sagen können, die tun uns nicht gut. Die bereichern unser Leben nicht. Weil wir es wirklich – oft bis zur Selbstverleugnung und Selbstverachtung – versucht haben. Manche von uns sogar unter Lebensgefahr. Dass Frauen selbst dann nicht sofort gehen, wenn sie von ihrem Mann geschlagen oder auch psychisch drangsaliert werden, ist ja unter anderem auch diesem unstillbaren Verlangen geschuldet, Wiedergutmachung ausgerechnet von jenen zu erfahren, die den Schaden angerichtet haben. *Sieben Anläufe braucht eine Frau durchschnittlich, bevor sie einen gewalttätigen Mann verlässt. Auch das zeigt, wie unglaublich schwer es uns fällt, eine Tür hinter uns zuzuschlagen.*

KLAMMERREFLEXE

Warum tun wir das? Wieso steigen wir nicht von dem offensichtlich toten Pferd, lassen die frustrierende Beziehung hinter uns? Einmal ist uns das Festhalten angeboren. Säuglinge haben in den ersten Lebensmonaten den sogenannten Moro-Reflex (siehe hier: https://www.eltern.de/baby/babyentwicklung/moro-reflex--die-ueberlebenswichtige-schreckreaktion-13476716.html – »Bei Säugetieren, die ihr Junges in der ersten Zeit am Körper tragen, dient er dazu, dass die Kleinen sich am Fell festhalten und nicht herunterfallen. Deshalb wird in der Evolutionsbiologie vermutet, dass auch menschliche Säuglinge ursprünglich sogenannte *Traglinge* waren …«.) Gedacht vermutlich, damit sie sich in Gefahr instinktiv an der Mutter festklammern und nicht herunterfallen. Nach dem dritten oder vierten Lebensmonat verliert sich der Reflex zwar. Aber auch danach trennen wir uns nicht gern. Das sagt auch die Psychologie. *Selbst wenn es uns eigentlich schadet, mögen wir nicht loslassen. Haben ist immer besser als Nichthaben. Egal, wie groß die Verluste gerade beim Festhalten sind.*

Da sind wir ganz wie unsere Artverwandten: die Affen. Man fängt sie in den ländlichen Gebieten Indiens, indem man ihnen eine Kiste hinstellt mit einem Loch so groß, dass gerade mal ihre Pfote hindurchpasst. Darin: Reis. Der Affe greift danach und kann seine nun volle Pfote nicht mehr herausziehen. Er will aber um keinen Preis den Reis aufgeben und wird so leichte Beute von Fallenstellern.

Ähnlich verhalten wir uns. Wir wollen keine Beziehung verlieren. Auch, weil wir damit die Wunschträume verlieren würden, die einmal damit verknüpft waren. Wir müssen uns das vermutlich so vorstellen wie mit Klamotten, aus denen wir herausgewachsen sind. Wir heben sie auf, weil wir denken, irgendwann – wenn ich eine Diät gemacht habe und der Speck weg ist – werden sie wieder passen. Würden wir sie entsorgen, wäre ja nicht nur die Jeans in Kindergröße weg. Wir müssten uns auch eingestehen, dass die Gazellen-Zeiten final vorbei sind. Und mit ihnen vielleicht nicht nur eine körperliche Leichtigkeit.

Daneben spielen sicher noch andere Gründe mit, wenn wir einfach nicht verstehen wollen, dass das Pferd tot ist, auf dem wir sitzen. Dazu gehört die Unsicherheit. Wir trauen unseren eigenen Gefühlen und Grenzen nicht. Wir haben Angst, dass das Pferd vielleicht gar nicht tot ist und wir es zu früh aufgegeben haben. Wir denken, dass wir vielleicht die falsche Perspektive haben und dass, aus dem richtigen Blickwinkel betrachtet, das Pferd eigentlich noch am Leben ist. Dass man es mal mit neuem Stroh oder einem anderen Futter versuchen könnte oder einfach mal den Stall renovieren müsste, damit das Pferd wieder zu Kräften kommt. Wir überlegen: Jetzt haben wir schon so viel in das tote Pferd investiert. Und würde die Verlustrechnung nicht noch größer, wenn wir es einfach liegen lassen, ohne ihm die Gelegenheit zu geben, sich zu revanchieren? Würden wir dem Pferd außerdem vielleicht nicht sehr unrecht tun, wenn wir es für tot hielten? Was sagt das Pferd selbst dazu? Sollten wir es nicht fragen und seine Antwort abwarten, bevor wir es für tot erklären? Vielleicht hilft ein Tote-Pferd-Ratgeber? Ein Totes-Pferd-Coaching? Vielleicht will es nur mal ausruhen und kommt später wieder auf die Beine?

STEINE IM SCHUH

Andererseits: Wie wäre es, wenn man einfach beschließen würde, dass das Pferd tot ist? Aus dem einzigen, dem besten Grund von allen: weil es sich für uns so anfühlt. Und wieso sich dann noch so ein kaltes Pferd warmhalten? Warum nicht einfach einen Abschluss finden, mit der beruhigenden Gewissheit, sich mit dem Zustand dieses Pferdes niemals mehr beschäftigen zu müssen? Wäre das nicht ein enorm befreiendes Gefühl? Als würde man sich einen Stein aus dem Schuh popeln, der einen schon die ganze Wegstrecke genervt hat?

Warum etwas aufheben, für das man ohnehin keine Verwendung mehr hat? Warum nicht jemandem geben, worum er praktisch bettelt? Weshalb ihm oder ihr nicht spiegeln, wie und was er ist? Indem wir Konsequenzen ziehen? Wie soll er oder sie sonst für eine vielleicht bessere Zukunft mit anderen lernen? Erfahren, in welchen Dimensionen sich sein oder ihr schlechtes, kränkendes, verletzendes Verhalten bewegt, wenn die Tür doch immer noch einen Spalt offenbleibt? *Eigentlich tun wir doch nicht nur uns, sondern auch dem oder der anderen einen Mega-Gefallen – wenn wir die Brücke abbrechen: Wir rücken auch für ihn oder sie die Verhältnisse wieder gerade. Wir zeigen: So was kommt von so was – und dass Kränkungen, Verletzungen, Egomanie eben kein Kinderkram sind.*

FLUGZWERGE

Eine, die vormacht, wie es auch anders geht, ist die FDP-Politikerin Marie-Agnes Strack-Zimmermann. Sie macht schon lange kein Hehl daraus, wie sehr sie den CDU-Politiker Friedrich Merz verachtet. Qualifiziert verachtet. Bei ihrer Büttenrede im Fasching 2022, anlässlich der Verleihung des Ordens wider den tierischen Ernst in Aachen, schlug sie die Tür zu ihm so final zu, dass man nicht mal mehr das kleinste Friedensangebot darunter durchschieben könnte. Klar, es war eine Karnevalsrede – und nicht nur Herr Merz bekam sein Fett ab. Strack-Zimmermann knöpfte sich auch Söder vor. Aber Merz – nun ja – der wurde sozusagen unangespitzt in den Boden gerammt:

»Von Bayern schnell ins Sauerland
    zum Flugzwerg aus dem Mittelstand.
    Den wollte zweimal keiner haben,
    weil er nur schwerlich zu ertragen.
Noch so ein alter weißer Mann,
    der glaubt, dass er es besser kann.

Die Sitten, supponiert er voller Trauer,
sind nicht mehr wie bei Adenauer.
Nach außen bürgerlicher Schein,
im Herzen aber voll gemein.
Wer vor Krieg geflohen ist,
verhöhnt er als Sozialtourist.
Heißt ein Junge Ali und nicht Sascha,
beschimpft er ihn als Grundschul-Pascha.
Und alle Klimaaktivisten
sind für ihn nur noch Terroristen.
Doch treibt's ein Nazi-Prinz zu wild,
dann wird der Flugzwerg plötzlich mild.
Beherzt er auf die Schwachen drischt,
weil er so gern im Trüben fischt.
Gerade die, die christlich selbst sich wähnen,
sollten sich für ihn was schämen.«[1]

Friedrich Merz, der im Publikum saß, hörte sich das alles mit versteinerter Miene an, während der Parteigenosse neben ihm sich offenbar köstlich amüsierte. Merz, der sonst kein Stück zimperlich ist, zumal, wenn es darum geht, Schwächere herunterzumachen, entdeckte plötzlich die Mimose in sich. (Merz nannte unter anderem die Flüchtlinge aus der Ukraine – vorwiegend ja Frauen und Kinder – »Sozialtouristen«. Ukrainer würden zwischen der Ukraine und Deutschland hin- und herpendeln, um Sozialleistungen zu kassieren – behauptete Merz. Recherchen von *Monitor* zeigten: Verbreitet wurde das Gerücht von pro-russischen und rechtsextremen Kanälen.)[2] Nach der Rede von Marie-Agnes Strack-Zimmermann forderten dann andere eine Entschuldigung. Darunter der CDU-Generalsekretär Mario Czaja. Die Äußerungen der FDP-Politikerin seien »unter der Gürtellinie« gewesen. Sie kommentierte das in einem Podcast so: Sie wisse nicht, »wo Herr Czaja seine Gürtellinie hat – wahrscheinlich unterm Hals«[3].

BEZIEHUNGSUNFALLWAGEN

Machen wir an dieser Stelle einmal eine kurze Pause. Die habe ich auch gebraucht, als ich den Auftritt von Strack-Zimmermann im Fernsehen sah. Ich fand es radikal, ich fand es toll. Ich dachte aber auch: »Oh je, die traut sich was!« Und merkte, wie da immer auch ein Gefühl im Spiel ist, dass die Strafe für eine, die sich so weit vorwagt, auf dem Fuße folgen wird.

Weil es uns nicht erlaubt ist, weil wir es uns selbst nicht erlauben. Weil Männer – so die Annahme – an einer entschiedenen Frau ungefähr so viel Interesse haben wie an einer Prostatauntersuchung. *Frauen sollten höchstens »keck« oder »frech« sein. Dabei immer noch wie Knete: weich, formbar, nachgiebig.* Die Vertragswerkstatt, die den Beziehungsunfallwagen zuverlässig mit ganz viel Verständnis wieder auf die Spur zu bringen hat. Das Friedenscorps, das jedwede Krisengebiete in watteweiche Kuschelzonen verwandelt.

Wenn eine da nicht mitmacht. Wenn sie offenbar gar nicht plant, dem Gegenüber in diesem Leben noch einmal eine Hand zu reichen. Wenn es ihr wumpe ist, wie wichtig, bedeutend, mächtig dieser Mann ist oder vielleicht irgendwann noch einmal wird, warten wir schon immer ein wenig darauf, dass sich das sicher rächt. Dass es Blitz und Donner auf die regnen wird, die unerlaubt die Liebkind-Truppe verlassen hat. Aber ehrlich: Was soll eigentlich passieren? Außer, dass es besser wird, so wie bei der Autorin Simone Buchholz, die auch das gemacht hat, was Strack-Zimmermann tut: Türen mit Schmackes zuknallen. Abschließen. Schlüssel wegwerfen.

Simone Buchholz arbeitete bei einem Hochglanzmagazin, wo sie irgendwann erfuhr, dass ihre Textchefkollegen das Doppelte von dem verdienten, was sie bekam – »obwohl ich einen Großteil des Hefts durchschrubbte, während die beiden sich jeweils zwei Wochen lang mit einer Geschichte aufhielten«. Sie bat den »Oberchef« um ein Gespräch. »Der Oberchef war doppelt so groß wie ich. Ich verlangte trotzdem mehr Geld. ›Weil ich es wert bin‹, sagte ich. Er bot mir 25 Euro mehr am Tag, meine männlichen Kollegen bekamen 250 Euro mehr. »Die haben einfach mehr Erfahrung«, sagte er. Ich sagte, da könnte er mir ja auch jeden Tag einen Apfel auf den Tisch legen und packte meine Sachen.«

Sie arbeitete danach nie wieder fest angestellt, sondern wurde erfolgreiche Krimi-Autorin.

Heute gibt es zwar ein Gesetz, das gleiche Bezahlung bei gleicher Arbeit garantiert und mit dem eine Frau ihre Ansprüche auch vor Gericht geltend machen kann. Aber der Punkt ist ja hier ein anderer: **Es lohnt sich, die Türschließpanik zu überwinden. Ausnahmslos. Es ist ein wichtiger Wendepunkt. Es befreit und macht das Leben leichter.**

Erst mit einem ordentlichen Abschluss lässt sich wirklich ein neues Kapitel aufschlagen. Ohne die Trübungsfaktoren, die man die ganze Zeit mitgeschleppt hat. Ich kann das nur bestätigen. Gerade wieder habe ich final eine geschlossen: die zu einem einstmals wirklich engen und sehr geliebten Freund. Seit Jahren haben wir uns nur noch sporadisch sehen können. Seine Frau kann mich nämlich nicht leiden. Es ist nichts Persönliches. Sie mag es grundsätzlich nicht, wenn ihr Mann ihren Hoheitsbereich verlässt, wenn er seine Zeit mit anderen verbringt. Und sie ist rasend eifersüchtig. Darauf habe ich nun mehr als zwanzig Jahre lang Rücksicht genommen. Und auf Michaels Feigheit, mit der er dem Krach aus dem Weg ging, den er riskieren würde, hätte er sich einmal richtig für unsere Freundschaft eingesetzt. Michael und ich telefonierten also gelegentlich in seiner Mittagspause. Wir trafen uns sehr selten und dann unter so konspirativen Bedingungen, als hätten wir, was seine Frau ohnehin argwöhnte: eine Affäre. Heimlich. Immer sagte er: »Du weißt ja, wie sie ist!« Jetzt habe ich ihm eine Nachricht geschrieben: »Ich bin immer für dich da. Aber es ist arg genug, dass du dich von deiner Frau so gängeln lässt. Ich muss das nicht auch noch tun. Melde dich gern, wenn du deiner Frau klargemacht hast, dass ich dich keinesfalls ins Bett zerren werde.«

Daraufhin habe ich nichts mehr von ihm gehört. Das ist traurig. Aber es zeigt mir auch: Ich hätte das viel früher tun sollen. Jetzt, wo die Tür geschlossen ist, brauche ich mich auch nicht mehr mit dem »Dahinter« zu beschäftigen.

In der Psychologie nennt man das den »Doorway Effect«. Meint: Wenn wir erst mal durch die Tür gegangen sind, verpackt unser Gehirn die Erinnerungen und legt sie beiseite. Man vermutet ein evolutionäres Erbe als Ursache. Der Höhlenmensch sollte den Kopf frei haben, wenn er rausging, um ohne Altlasten Neuland zu betreten. Am Ende ist es, wie die südafrikanische Philosophin und Songwriterin Gift Gugu Mona schreibt: »Dear Superwoman / When some doors close, it is not time to lose hope / It is time to look beyond the horizon and think of better doors on the other side.«[4] (»Liebe Superwoman / Wenn sich einige Türen schließen, ist es nicht an der Zeit, die Hoffnung zu verlieren / Es ist an der Zeit, über den Horizont hinauszuschauen und an bessere Türen auf der anderen Seite zu denken.«) Und wo ich gerade dabei bin: Mit Richard habe ich mich natürlich auch entfreundet.

Als Frau fühlt man sich
für das Wohlbefinden aller Menschen
und von einer Menge Hunde,
Katzen und Kleintiere
auf diesem Planeten zuständig.

FIFTY SHADES OF NEIN

»Love yourself enough to be able to say yes or no.«

Susan Gregg

NETT GEFRAGT

Ich habe tonnenschwere Umzugskartons, Waschmaschinen, Matratzen und Kühlschränke von Leuten geschleppt, die ich nicht mal kannte (und die dafür niemals wenigstens eine Pizza springen ließen). Ich habe mehrmals Geld verliehen, das ich nie zurückbekam, und einmal einen ganzen Tag auf einer Frankfurter Fußgängerzone fremde Menschen angesprochen, ob sie nicht ein Stück vom Kekskuchen meiner damaligen Chefin kaufen mochten. Für einen guten Zweck. Dennoch wäre ich lieber woanders gewesen. Der Kuchen war so trocken, dass er eigentlich mit einem Warnhinweis hätte ausgegeben werden müssen: »Vorsicht, kann zu Staubexplosionen in ihrem Mund führen!«

Jahrelang hatte ich ein unfasslich scheußliches und sehr großes Bild in meiner Wohnung hängen, das es nur deshalb dorthin geschafft hatte, weil ich die, die es mir geschenkt hatte, nicht vor den Kopf stoßen mochte. Ich habe Urlaube an Orten verbracht, die bei mir niemals auch nur unter die ersten hundert Plätze akzeptabler Ferienziele gekommen wären, hätte nicht jemand anderes das unbedingt gewollt. Zum Beispiel der Hobby-Surfer, mit dem ich vier Jahre liiert war und mit dem ich die zugigsten Strände der Welt bereiste.

Klar habe ich auch nicht Nein gesagt, wenn mich ein ziemlich lausiger Liebhaber fragte, ob es denn für mich auch »schön« gewesen sei. Zwei Monate lang lief ich mit einer Rudi-Völler-Matte herum, weil ich es nicht geschafft hatte, dem so davon begeisterten Friseur die Dauerwelle abzuschlagen. Und natürlich habe ich unendlich viele Texte für lau oder fast lau geschrieben. Weil ich so nett gefragt wurde. Und ich deshalb keinesfalls unnett antworten wollte:»Nein. Denn wissen Sie, Schreiben ist mein Beruf. Ich lebe davon. Oder versuche es jedenfalls. Auch, wenn Sie es mir damit gerade schwer machen wollen. Aber würden Sie auch einen Heizungsklempner oder den Stromversorger fragen, ob er für Sie nicht mal eben eine Gratisleistung raushauen kann?«

Ganz zu schweigen von endlosen Abenden an der Seite von Männern, die mir nicht eine einzige Frage stellten und mit denen ich praktisch Interviews führte, anstatt Nein zu sagen zu diesem tiefen inneren Drang, selbst dann noch Interesse zu zeigen, wenn das Gegenüber ostentativ nicht mal einen Funken davon für mich aufbringen mochte. Natürlich habe ich auch in 95 Prozent aller Fälle, in denen mir mehr leckere Nahrung angeboten wurde, Ja zu noch einem Stück Kuchen und einer weiteren Portion Bratkartoffeln gesagt. Obwohl ich längst satt war und es manchmal längst nicht gut genug geschmeckt hat, um weitere 2000 Kalorien auf meine Hüften zu laden.

Auf den ersten Blick mag das ziemlich sympathisch wirken. Und *natürlich wäre diese Welt ein deutlich schönerer Ort, wenn wir alle zueinander öfter einmal Ja sagen würden. Aber das funktioniert eben nur, wenn es die überwiegend meisten tun und nicht nur geschätzt die eine Hälfte.* Und dann ist außerdem die Frage: Tut man es wirklich, weil man es gern tut, möchte man tatsächlich, wozu man gerade Ja gesagt hat – oder traut man sich das Nein bloß nicht zu? Ist es also eigentlich nicht nett, sondern lediglich feige?

BITTE AUSSPUCKEN

Natürlich habe ich mich zwischendurch immer mal wieder gefragt, woher sie kommt, diese»Nein-Schwäche«. Was am Nein so schwer ist (außer nach Sätzen wie:»Es macht Ihnen doch sicher nichts aus, noch einen weiteren Auftrag zu übernehmen?«), dass es einem einfach nicht über die Lippen kommen mag. Obwohl wir es schon so lange in unserem Wortschatz haben. Länger als viele andere Worte. Nein gehört schließlich zu den ältesten Wörtern im Deutschen. Etymologisch, so erläutert es das Grimm'sche Wörterbuch, ziehen sich im »Nein« (Althochdeutsch: »nein«, Altsächsisch: »nên«) zwei Worte zusammen: der Negationspartikel »ni« und der unbestimmte Artikel »ein«. Nein bedeutet demnach, nicht eins zu sein, also nicht übereinzustimmen in einer Absicht, einer Meinung, einem Wunsch. Nein signalisiert, dass eine Person etwas nicht will oder gutheißt, was jemand anders will. Ganz einfach.

Kürzer und prägnanter lässt sich Ablehnung nicht formulieren. Aber ich und die allermeisten mir bekannten Frauen stellen sich dabei an, als sollten sie sich gleich hier auf der Straße ausziehen. Als würde ihnen ganz tief im Rachen etwas sehr, sehr Schweres festhängen, das man einfach nicht hinausbekommt. Als würde man lieber daran ersticken, als es auszuspucken: »Nein. Auf keinen Fall!«

Gut, wir sind Menschen, wir sind Teamplayer. Kooperativ zu sein, uns gegenseitig zu unterstützen, also Ja zu sagen, wenn jemand Hilfe brauchte, das ganze Geben und Nehmen, brachte uns den entscheidenden Überlebensvorteil. Besonders den Frauen. Wenn die sich nicht gegenseitig unterstützten – also dauernd Ja sagten zum Beraten, Entlasten, Leihen, Einspringen – wäre ihr Leben über Jahrtausende noch trostloser gewesen.

Umgekehrt hätte ein Nein zum Versorger und Beschützer, zu seinen Bedürfnissen, zur Hausarbeit, zum ehelichen Sex, zur Betreuung des gemeinsamen Nachwuchses mindestens existenzgefährdend und manchmal auch lebensbedrohend sein können. Zudem gilt und galt es ja als typisch »weiblich«, dauernd »Klar!« und »Gar kein Problem!« zu sagen, wenn man eigentlich denkt: »Och nö, da habe ich echt überhaupt keine Lust zu!« Oder: »Wie soll ich das bloß noch alles schaffen!« Oder: »Wenn ich das jetzt noch machen soll, bleibt ja alles andere liegen.«

Deshalb sagt man – gerade als Frau – nicht so einfach Nein. Man fühlt sich vielmehr für das Wohlbefinden aller Menschen und von einer Menge Hunde, Katzen und Kleintiere auf diesem Planeten zuständig, und das wird – zumindest aus deren Perspektive – von einem Nein nun nicht gerade auf Rundlauf gebracht. Studien – wie etwa die von Katharine Ridgway O'Brian, Psychologin an der Rice University – bestätigen, dass nach wie vor von Frauen eher als von Männern erwartet wird, dass sie Anfragen zustimmen.[1]

Wir erwarten es von uns selbst, dass wir zu allem Ja sagen. Auch zur Verkäuferin und einem Dreihundert-Euro-Kleid. Zumal nach einem zehnminütigen Monolog darüber, wie sehr genau dieses Teil sich nach uns verzehrt hat und wie es uns mindestens fünf Kilo leichter und zehn Jahre jünger macht.

Ein bisschen angespannt sind deshalb auch alle am Tisch, wenn Caroline dem Kellner auf seine Frage, ob es denn geschmeckt hat, laut und deutlich »Nein!« sagt – und nicht etwa das, was wir drei Freundinnen um sie herum sagen, wenn die Mahlzeit so furchtbar war, dass wir sie nicht mal aufessen konnten: »Doch, ganz gut!« Oder: »Es war einfach zu viel.«

Atemlose Stille herrschte auch, als Caroline in unserer Freundinnenrunde erzählte, dass sie ihrem Mann die Pflege SEINER Mutter abgesagt hat. »Er hat mich angeschaut, als hätte er gerade entdeckt, dass ich einen Penis habe«, amüsiert sie sich. Lustig fand sie aber eigentlich nicht, wie ihr Umfeld reagierte. Caroline – die halbtags in einem Verlag arbeitet – musste sich nicht nur vom Gatten einiges anhören. Auch manche Frau in ihrem Umfeld fand die Entscheidung »hart« und »irgendwie lieblos«. »Ich mag Inge«, sagt Caroline. »Und ich bin durchaus damit einverstanden, dass sie in die Einliegerwohnung in unserem Haus zieht. Aber nicht damit, dass ich ab mittags die Gesellschafterin für sie geben soll. Dafür ist Tom zuständig. Ich habe selbst eine Mutter. Und mir gefällt schon im Ansatz nicht, dass von mir erwartet wird, mit Freuden meine Freizeit der Altenbetreuung zu widmen, bloß weil ich eine Frau bin.« Und dann sei es außerdem so: »*Jedes Nein schafft Raum für ein Ja.* Ja, zum Beispiel für mein Engagement bei der Frankfurter Tafel, Ja für meinen Sport und auch Ja zu unserem Freundinnen-Treffen.« So weit muss man erst mal kommen. Also zu einem entschiedenen Nein. Am besten nicht allein.

DER NO-CLUB

Gemeinsam neint man besser. Das dachten sich die vier amerikanischen Wissenschaftlerinnen Linda Babcock, Brenda Peyser, Lise Vesterlund und Laurie Weingart. Sie gründeten einen »No-Club«[2], verpartnerten die gute Idee des Ja – sich kooperativ zu zeigen – mit den Vorteilen des Nein: vom Beifahrersitz des Lebens doch noch ans Steuer zu kommen. Sie alle fühlten sich in ihren Jobs von den endlosen To-do-Listen erdrückt und frustriert von der Erfahrung, immer mehr zu tun zu haben und dennoch in Sachen Karriere hinter den männlichen Kollegen zurückzubleiben. Sie wollten sich gegenseitig dabei unterstützen, die »undankbaren« Anfragen abzulehnen, die streng genommen Karrierebremsen waren, weil sie sie von ihrer eigenen Arbeit abhielten. Solche wie die Weihnachtsparty zu planen, sich um den Praktikanten zu kümmern, das Geburtstagsgeschenk für die Kollegin zu organisieren, anderen bei der Arbeit zu helfen, Sitzungsprotokolle zu verfassen. Alles wahnsinnig nette Gesten. Jede für sich keine große Sache. Aber wie es so schön heißt: *»Auch eine Tonne Federn wiegt eine Tonne.«*

Denn erstaunlicherweise – das stellten die vier Gründungsmitglieder des No-Club fest – bleibt das Meiste davon an den Frauen hängen. Ein Ungleichgewicht, das dazu führt, dass wir Frauen zwar sehr viel arbeiten, aber viele der Tätigkeiten nichts mit dem eigentlichen Beruf zu tun haben und oft weit unter dem liegen, wofür wir einmal die Ausbildung gemacht haben.

Was das am Ende signalisiert? Dass die Arbeitszeit von Frauen längst nicht so wertvoll ist wie die von Männern. Die werden mit

Anträgen auf solchen Tätigkeiten erst gar nicht belastet. Eben weil sie und wir glauben, sie hätten Wichtigeres zu tun. Der Zweck des No-Clubs sollte nun sein, sich diese »non-promotable tasks« oder auch »unliebsamen Tätigkeiten«, kurz: NPTs, – bewusst zu machen und »Nos« zu sammeln. Sich darüber auszutauschen, wann man es sagte, warum und wofür dieses »No« jeweils stand. Kurz: den Nein-Muskel zu trainieren.

SACKGASSEN-ARBEIT

Die vier Frauen stellten dabei fest, dass ein No sehr unterschiedliche Bedeutungen haben kann. Es kann sagen: »Dafür ist mir meine Zeit zu kostbar.« Oder es kann Teil einer Verhandlung sein, um zu einem Ja zu kommen. Etwa zu einem höheren Gehalt. Es kann deutlich machen, wie viel ohnehin schon auf der To-do-Liste steht, und ausdrücken, dass »wo alle schmutzen, auch alle putzen« und nicht nur die eine Person im Raum mit einer Nein-Schwäche. Es kann aber auch einfach bedeuten, dass wir keine Lust zu dem haben, was uns da angetragen, vorgeschlagen wird. Was ebenso legitim ist wie jeder andere Grund. Ein Nein als völlig ausreichendes Argument.

Die Frauen protokollierten außerdem die Gegenwehr. Also das, worauf man sich gefasst machen sollte, wenn man die Ja-Truppe verlässt. Und sie gaben sich Tipps für Antworten auf Sätze wie: *»Das haben Sie doch sonst immer gemacht!«* – *»Eben. Deshalb ist jetzt auch mal jemand anderes dran.«*

Die Frauen bemerkten allerdings auch, dass wenn sie »No« sagten, die wenig einträgliche Tätigkeit nicht etwa von Männern übernommen wurde, sondern überwiegend meistens an andere Frauen ging. »Das machte uns klar, dass wir das Problem nicht ganz für uns allein lösen konnten.«

Nicht, dass wir uns falsch verstehen. Natürlich ist es prima fürs Arbeitsklima und für das Klima in allen Beziehungen, sich auch

um das Atmosphärische zu kümmern. Aber *die überwiegend meis-*
ten von uns sind schließlich nicht als Animateurin oder Supervisorin
oder Sozialarbeiterin angestellt und werden auch nicht dafür be-
zahlt, das mal eben noch im Nebenjob zu erledigen. »Sackgassen-Ar-
beit« nennen das die vier Wissenschaftlerinnen. Weil es Arbeiten
sind, die einen nirgendwohin bringen.

In ihrem Buch »The No Club: Putting a Stop to Women's
Dead-End Work«[3] zählen sie dazu etliche Beispiele auf. Darunter
eines, das sicher vielen von uns sehr bekannt vorkommt. Es zeigt,
wie Frauen – egal, wie hochqualifiziert sie sind – immer auch als
Hilfskräfte betrachtet werden. Als solche, die für die niederen Arbeiten geschaffen wurden. So wie bei der Gründungskonferenz
eines Berufsverbandes, die in dem Buch geschildert wird: »Bei der
Eröffnungsveranstaltung erzählten zwei Männer von ihrer Vision
und ihrer Motivation bei der Gestaltung der Konferenz. Nach
selbstgefälligen Kommentaren und Applaus für ihre Bemühungen
baten sie ein weiteres Fakultätsmitglied – eine Frau – auf die Bühne, die ebenfalls in diesem Fachbereich eine herausragende Rolle
spielte und die die dritte Mitbegründerin der Konferenz war. Die
Männer sagten: »Und hier ist Nicole, die eigentlich die ganze Arbeit geleistet hat, um die Konferenz zusammenzustellen, und sie
wird Ihnen nun den Tagesablauf erklären.« So schnell wird man
von der Strippenzieherin zur Handlangerin – bloß, weil man nett
sein wollte und nicht Nein sagen konnte.

MÄNNER-SCHONWASCHGANG

Die Nein-Forscherinnen fanden bei ihren Studien heraus, dass
Frauen überproportional häufig um solche Sackgassen-Arbeiten
gebeten wurden. Vermutlich auch in dem Wissen, dass Männer
diese eher entschieden ablehnen. Was zu dem für uns unangenehmen Effekt führt, dass wir eben auch häufiger Nein sagen müssten, um unsere Zeit und unsere Energie nicht zu vergeuden. Dann

denken wir wohl auch irgendwann selbst, was uns unterstellt wird: dass Frauen eben besser in Tätigkeiten sind, die leider wenig Prestige und Anerkennung bringen. (Was – so reden wir uns das schön – ja vor allem ein Problem von denen ist, die Prestige und Anerkennung an völlig falsche Maßstäbe koppeln.) Dass die gute Stimmung, für die wir mit dem ganzen Jasagen glauben zu sorgen, allen – und damit ja auch uns – zugutekommt. Wie man es sich eben vor sich selbst entschuldigt, wenn man einmal wieder Ja gesagt hat, zu etwas, das ein klares Nein verdient.

Frauen halten den Ja-Laden auch noch anderweitig am Laufen: Indem wir selbst eher andere Frauen um Unterstützung anfragen und damit einmal wieder den Männer-Schonwaschgang anwerfen. Marion erzählt etwa, wie ihre Mutter – seit drei Jahren verwitwet – stets sie anruft, wenn sie Hilfe braucht. »Obwohl mein Bruder Thorsten viel näher wohnt als ich.« Marion hat außerdem als Disponentin im Taxibetrieb ihres Mannes einen sehr zeitraubenden Job, während Thorsten – Teilzeit-Lehrkraft – eher mal abkömmlich und also der viel bessere Ansprechpartner für Hilfsdienste wäre. Zumal, wenn es – wie vor kurzem – darum geht, etwas Schweres zu transportieren. »Meine Mutter wollte unbedingt eine Kommode aus dem Wohnzimmer in den ersten Stock in ihr Schlafzimmer tragen. Ich war gerade in einer wichtigen Besprechung mit dem Steuerberater, als ihre Nachricht kam. Ich schrieb ihr rasch, warum sie nicht meinen Bruder frage. Sie antwortete: ›Ach, du weißt doch, der hat immer so viel zu tun. Den will ich nicht stören. Aber wenn es dir nicht passt, dann mache ich es eben allein!‹« Marion sah ihre Mutter schon mit schweren Knochenbrüchen, begraben unter ihrer Kommode, am Fuße der Treppe liegen und sagte also einmal wieder: »Ja.«

»Das Verrückte daran ist ja, dass ich meiner Mutter damit jedes Mal bestätige, dass ich abkömmlicher bin als mein Bruder, der wie jeden Sommernachmittag vermutlich gerade auch wieder in seiner Hängematte im Garten lag, als ich mit meiner Mutter den tonnenschweren Koloss in den ersten Stock hievte.«

Jede Frau kennt das. Ich kenne das. Ich hatte mal einen Riesenkrach mit einer Ressortleiterin. Das Stadtmagazin, für das ich damals arbeitete, wurde jeden Monat in die Redaktion geliefert. Die Ressortleiterin, eine Kollegin und ich schleppten dann die verschnürten Pakete vom Erdgeschoss, wo sie der Fahrer abgelegt hatte, ins Souterrain, wo sich die Redaktion befand.

»Wo sind eigentlich die Kollegen?!«, moserte ich.

»Wenn du dir hierfür zu fein bist, dann lass es doch einfach!«, meckerte die Ressortleiterin zurück.

Ich sagte, das sei doch gar nicht der Punkt. Der würde doch eher bei der Frage liegen, warum ausgerechnet die Frauen diese Arbeit erledigten, während die Männer offenbar fanden, dass sie Besseres zu tun hatten.

Aber obwohl ich das Problem kenne, frage auch ich eher meine Nachbarin, ob sie unsere beiden Katzen Missy und Schlingel versorgt, wenn wir einmal wieder ein paar Tage verreist sind. Eigentlich weiß ich, dass die mit zwei Kindern und einem Halbtagsjob genug um die Ohren hat. Aber irgendwie merke ich, dass die Hürde, ihren Mann zu fragen, sehr viel höher ist. Und bislang hat sie immer Ja gesagt.

Womit wir wieder bei der Frage wären: Warum tun wir das – zumal in dem Wissen, dass wir uns damit sehr viel mehr zumuten, als uns guttut?

ÜBERFORDERUNG INBEGRIFFEN

Ja, wir haben ein ziemlich angespanntes Verhältnis zum Nein. Für uns steckt es voller Gefahren und Risiken. Es kann einen unsympathisch machen. Man kann damit Menschen vor den Kopf stoßen, die eigentlich anderes von uns gewohnt sind. Möglicherweise wird man ja auch für die eigenen Anliegen nie mehr ein Ja hören, wenn man dauernd Nein sagt. Das ist alles richtig. Nämlich dann, wenn man immer nur Ja sagt. Es macht tatsächlich sehr einsam und manchmal sogar depressiv, total gestresst zu sein, uns zeitlich, emotional, kräftemäßig zu überfordern. Unter dem zu leiden, was man neudeutsch »mental load« nennt. Also unter einer Überlastung, »die durch das Organisieren von Alltagsaufgaben entsteht, die gemeinhin als nicht der Rede wert erachtet werden und somit weitgehend unsichtbar sind«[4].

Man stößt Menschen selbstverständlich vor den Kopf, wenn man ihnen die eigenen Bedürfnisse vorenthält. Und das tut man, wenn man die der anderen stets durchwinkt – auf Kosten der eigenen. Es frustriert, so viel mit Arbeiten beschäftigt zu sein, die niemand sieht, die niemand würdigt und die meist nur diejenigen weiterbringen, die sie einem angetragen haben.

Es häuft einen inneren Groll an. Zumal das ständige Jasagen sich selbst entwertet. *Wer auf Dauerschleife gefällig ist, dem wird nicht etwa auch in Dauerschleife applaudiert.* Es wird vielmehr unterstellt, dass so eine Person von Natur aus freundlich ist – und sich also der Aufwand entsprechend in Grenzen hält. Ganz anders als bei jenen, die sich nur sehr gelegentlich mal zu Nettigkeiten herablassen – und daher einen für sie sehr einträglichen Kontrast schaffen: »Gestern hat Thorsten meine Mutter zum Arzt gefahren. Eher aus Versehen. Gefragt hatte sie nämlich mich. Aber Thorsten kam zufällig vorbei, um sich ihren Kärcher auszuleihen, und hat dann ausnahmsweise auch mal etwas zur Mutti-Betreuung beigetragen«, erzählt Marion. Und sie erwähnt, wie ergriffen ihre Mutter war. »Hätte sie bei der Vergabe des Nobelpreises ein Wörtchen mitzureden, wäre Thorsten sicher der heißeste Kandidat – noch vor Edward Snowden oder Greta Thunberg.«

DIE JA-INFLATION

Wie wird man sie also los, diese lästige und belastende Jasagerei? Für den Anfang mit einer Liste all der Jas, die wir über den Tag so aussprechen, ohne wirklich Zeit und Lust für das zu haben, was wir da abnicken. Alle Tätigkeiten, die wir nur übernehmen, weil wir gefällig sein wollen, weil wir jemand nicht brüskieren mögen, weil es erst mal einfacher zu sein scheint, sie zu übernehmen, um dann mal auszurechnen, wie viel Zeit dafür drauf geht. Danach lassen sich viel besser und leichter eine Auswahl und ein paar Entscheidungen treffen. Vielleicht könnten sie so aussehen: kein Ja mehr für das Protokoll der Elternversammlung. Kein Ja mehr zur Buchung der Freundinnenreise – nach fünf Jahren kann das locker auch mal eine andere übernehmen. Kein Ja mehr zu dem »Kannst du mal eben das Auto in die Werkstatt bringen«, »den Anzug aus der Reinigung holen«, »das Geburtstagsgeschenk für meine Mutter besorgen«, »die Geburtstagsliste in der Firma pflegen«, »die Kinder zum Sport fahren …«.

Es geht nicht darum, jedwedes Entgegenkommen abzustellen. Es geht darum, der Ja-Inflation Einhalt zu gebieten. Uns vor den Zugriffen der Zeit- und Energieräuber zu schützen und auch: Qualifizierte Entscheidungen für das eine oder gegen das andere zu treffen.

Nur aus Angst vor dem Nein etwas zu tun und zu unterlassen, anstatt eigene Bedürfnisse anzumelden, fällt sicher nicht in diese Kategorie. Bevor man sich vor der Wucht dieser vier Buchstaben einschüchtern lässt – *auch ein Nein lässt sich hübsch verpacken.* Etwa mit: »Ich werde darüber nachdenken!« Oder: »Im Moment passt es gerade nicht so gut!« Oder: »Ich würde wirklich gerne, aber ich kann nicht.« Oder: »Das ist so nett, dass Sie dabei an mich gedacht haben. Allerdings bin ich gerade anderweitig sehr beschäftigt und könnte die Aufgabe nicht zu Ihrer Zufriedenheit erfüllen.« Oder: »Sie hören morgen von mir!« Oder: »Das ist nicht das Richtige für mich.« Oder einfach: »Nein.«

»Sieh es doch mal so«, sagt Claudia, als Psychotherapeutin schon von Berufs wegen Profi für alle Hürden, die man sich so im Leben aufbaut. »Es ist ja nicht so, dass ich die Nachricht von einem Krebs im Endstadium überbringen muss. Ich lehne bloß etwas ab, das mir nicht gefällt, für das ich keine Zeit habe, das mich nicht interessiert, das mich von etwas anderem abhält, das ich sehr viel lieber tue. Dazu zählt auch, einfach auf dem Sofa zu liegen. *Es braucht keine Erklärung. Keine Entschuldigung. Ein Nein ist schon ein vollständiger Satz.*« Jedes Nein stärke dabei den Selbstbestimmungs-Elan. Wir ziehen Grenzen.

EINE FRAGE DES RESPEKTS

Es ist doch so: *Wer alles durchwinkt, dem latscht bald jeder durch den Vorgarten.* Und Obacht – bloß nicht so viel erklären oder sich gar noch entschuldigen. Das schwächt die Aussage und signalisiert: »Eigentlich gibt es da noch Verhandlungsspielraum. Eigentlich ist ein Jein gemeint und also noch gerade so viel Platz in der Argumentationskette, dass am Ende doch noch eine Gefälligkeit reinpasst.«

Das gilt so ähnlich auch für das Teilzeit-Nein. Also zu sagen: »Okay, ich mach's. Aber ich habe nur drei Stunden Zeit und nicht die vier, die die Aufgabe braucht.« Das ist dann richtig blöd. Weil auf der Gegenseite ankommt: »Sie hat Ja gesagt, um dann nicht mal ordentlich zu erledigen, was doch versprochen wurde.«

Wir haben außerdem eine Verpflichtung dem Nein gegenüber. Auch weil es ein so langer und heftiger Kampf war, bis es verstanden wurde. Es ist ja noch gar nicht so lange her, dass Männer dem Nein einer Frau so viel Interpretationsspielraum einräumen konnten, dass man darin hätte einen Airbus parken können. Als es längt nicht genügte, einfach Nein gesagt zu haben, wenn ein Mann zudringlich wurde. Wenn eine Frau »nur« Nein gesagt, sich aber nicht körperlich gegen eine Vergewaltigung gewehrt hatte, wurde dem Täter zugestanden, dass ja eine Ablehnung nicht so richtig ersichtlich war. Weil es tatsächlich zu enormen Missverständnissen kommen kann, wenn eine Frau sagt, was sie nicht will. Oder wie es Caroline Kebekus in einem ihrer Bühnenprogramme dem »Triebtäter in Teilzeit« soufflierte: »Ach so, sie will ja wirklich nicht. Kann ja keiner wissen. Als sie das Pfefferspray rausgeholt hat, da dachte ich noch ›Ey cool, sie will sich noch ein bisschen frisch machen.‹«[5]

Erst 2016 wurde in Deutschland gesetzlich verankert, dass NEIN auch unmissverständlich NEIN meint. Dass es nicht mehr darauf ankommt, ob der Täter dem Opfer mit Gewalt gedroht hat oder ob Gewalt angewendet wurde. Und vor allem, dass es keine Rolle spielt, ob sich die betroffene Person gegen den Übergriff körperlich gewehrt hat. Entscheidend ist jetzt, dass die sexuelle Handlung nicht gewollt war und dass das für den Täter auch erkennbar war, wenn etwa die Frau mit dem Sex nicht einverstanden war. Selbst, wenn sie mit in ein Hotelzimmer oder zu dem Mann nach Hause gegangen ist oder sonst etwas in der Richtung getan hat, von dem der Mann später behauptet, es habe da deutliche Zeichen gegeben, dass sie es auch wolle. *Sogar, wenn man schon nackt im Bett liegt, ist noch Zeit für ein Nein, das unbedingt respektiert gehört.*

OFFENE HOSE

Soweit zur Theorie. Mit welchen Reaktionen man in der Praxis rechnen darf, das schrieb die Twitteruserin @MsOeming unter »Dinge, die Männer zu mir gesagt haben, wenn ich Nein zu Sex gesagt habe …« Sie hörte Sätze wie: »Deine Augen sagen aber was anderes«, »Uuh, wie sie auf hard to get macht«, »Ich liebe es, wenn ich eine Frau erobern muss«, »Du hältst dich wohl für was Besseres. So heiß bist du auch nicht«, »Lass ihn mich nur mal kurz reinstecken«, »Bist du nicht rasiert? Das nehm ich in Kauf«, »Dann blas mir wenigstens einen«.

Gut, das zeigt, dass @MsOeming eine wirklich exzellente Entscheidung traf, mit diesen Männern keinen Sex zu haben (bei denen man sich wirklich fragt, was sich die Evolution dabei gedacht hat, die mit Fortpflanzungsorganen auszustatten). Aber auch, wie lang die Weile sein wird, bis es wirklich noch im letzten Männerkopf angekommen ist: »Nein meint Nein.«

Was das bedeutet, hörte ich vor einer Weile in einem Radiobeitrag. Eine Mutter erzählte, wie sie die massive Belästigung ihrer 14-jährigen Tochter auf dem Weg von der Schule nach Hause in einer U-Bahn zur Anzeige bringen wollte. Mutter und Tochter hatten dem zuständigen Beamten geschildert, wie das Mädchen betatscht worden war. Wie zur Entschuldigung erklärte die Mutter, ihre Tochter habe keinesfalls etwas »Provokantes«, sondern einfach Jeans und Shirt getragen. »Das ist völlig egal. Und selbst wenn Ihre Tochter nackt in der U-Bahn gesessen hätte, ist das keine Einladung, sie zu betatschen.«

DEN ENGEL RAUSSCHMEISSEN

Das kleine Wörtchen Nein ist eine ziemlich große Sache. Und zwar nicht erst, seit die Kampagne »Nein meint Nein« dafür sorgte, dass man sich als Frau nicht erst halb und manchmal auch ganz totschlagen lassen muss, um den Nachweis einer Vergewaltigung zu führen. Es hat sehr lange gebraucht, bis Frauen Nein sagen konnten zum Heiraten, zu Männern, zur Mutterschaft, dazu, daheim zu bleiben, ebenso wie zu bestimmten Jobs, zu Bevormundung, Gängelei, zum Angetatscht- und zum Niedergemacht-Werden und auch zu ehelichem Sex. Noch in der Jugend unserer Mütter oder Großmütter gab es nicht nur eine Pflicht zum Sex, sondern sogar eine, noch die mieseste Performance zu beklatschen, als wäre Gott Eros höchstselbst am Werk. So wie es der Bundesgerichtshof 1966 formulierte: »Die Frau genügt ihren ehelichen Pflichten nicht schon damit, dass sie die Beiwohnung teilnahmslos geschehen lässt. Wenn es ihr infolge ihrer Veranlagung oder aus anderen Gründen (…) versagt bleibt, im ehelichen Verkehr Befriedigung zu finden, so fordert die Ehe von ihr doch eine Gewährung in ehelicher Zuneigung und Opferbereitschaft und verbietet es, Gleichgültigkeit oder Widerwillen zur Schau zu tragen.«[6]

Der Weg zum Nein war lang und voller Opfer. Und noch immer ist das Ziel nicht erreicht. In ihrer Eröffnungsrede zum Internationalen Literaturfestival Berlin im Jahr 2021 riet die Autorin Leïla Slimani Frauen deshalb noch einmal eindringlich: »Meine Damen, heute Abend möchte ich Sie ermutigen, einen Mord zu begehen. Sie brauchen dazu keine ausgefeilten Waffen. Nehmen Sie, was immer Sie in die Hände bekommen, Ihre Handtasche, einen Stift mit einer scharfen Spitze, einen Regenschirm oder ein paar Steine, die Sie vom Boden aufgelesen haben. Ein Buch tut es auch. Man sagt, dass Frauen, die lesen, gefährlich sind. Es ist an der Zeit, das zu beweisen.« Sie forderte dazu auf, das innere Schneewittchen zu erdrosseln, den »Engel des Hauses« rauszuschmeißen. Ein Frauenideal, das Virginia Woolf einmal so beschrieb: »Wenn es Huhn gab, nahm sie das Bein; wenn es einen zugigen Platz gab, saß sie dort – kurz, sie war so beschaffen, dass sie nie einen eigenen Wunsch oder Willen hegte, sondern lieber stets den Wunsch oder Willen der anderen bediente.«[7] Wer dauernd Ja sagt zu den Bedürfnissen der anderen, den ausgesprochenen und den gedachten, sagt ständig Nein zu den eigenen. Der lebt irgendwann – frei nach Mona Chollet – schon zu Lebzeiten auf einem »Friedhof der Wünsche, Illusionen, unerfüllten Träume«.

SUPERKRAFT

Wir sollten das Nein als einen Generalschlüssel zu den Schatzkammern von Selbstentfaltung, Selbstachtung, Souveränität und Erfüllung ehren. Es ist eine Superkraft, mit der wir unsere Grenzen schützen. Wie gut oder wie schlecht es das tut, liegt an uns. Meine Erfahrung ist: *Je weniger wir ein Nein anderen gegenüber in all die Bedenken-Watte packen, die unser Kopf produziert, umso bes-*

ser funktioniert es. Umso leichter geht es einem von den Lippen, umso entspannter und überzeugender kommt es an.

Im Prinzip ist es wie ein Pflaster abzuziehen: Da arbeiten wir uns ja auch nicht einen schmerzhaften Millimeter nach dem anderen vor, um das Leid noch zu verlängern. Das reißen wir auch mit einem Schwung ab, damit die Sache ratzfatz erledigt ist. Je mehr wir dagegen die an sich klare Botschaft mit lauter Relativierungen und Bitten um Verständnis aufweichen, umso mehr schwächen wir das Nein und unsere Position. Ellenlange Monologe darüber, warum etwas nun gerade nicht geht, signalisieren ja nur, dass wir uns unseres Neins selbst nicht sicher sind. Zumal wenigstens eine Botschaft dabei deutlich ist: Hier will jemand die Vorteile des Nein mit dem Benefit des Ja vermendeln. Er will etwas vermeintlich Böses tun und trotzdem gut dastehen.

So wie damals, als man das verspätete Eintreffen im Unterricht weitschweifig erklärte, damit schon mal eines klar ist – Schuld haben immer die anderen: der unpünktliche Bus, der defekte Wecker, die vergessliche Mutter. »Ich fand das damals schon unwürdig«, erzählt Lisa. »Ist doch so: Ich habe einfach gern länger im Bett gelegen. Deshalb habe ich ›Entschuldigung‹ gesagt und mich hingesetzt. Die Lehrer wussten doch eh, was da abging, dass wir einfach zu viel und zu lange gefeiert hatten.«

Natürlich freut sich keiner ein Loch in den Bauch, wenn ihm etwas abgesagt oder abgeschlagen wird. Da sind wir alle noch Achtjährige, denen gerade verkündet wurde, dass der Zoo-Besuch ausfällt. Aber es versetzt einen umgekehrt auch nicht in Ekstase, schon wieder alle Trikots der Jugendmannschaft des örtlichen Fußballvereins zu waschen, bloß, weil der Mann dort Mitglied ist. Sollte der ein Nein nicht gleich beim ersten Mal verstehen oder höchstens als ein vielleicht: unbedingt nachlegen. Wir wollen keinesfalls zurück in die Zeiten, in denen andere uns erklärten, dass Frauen das mit dem Ja und dem Nein schon gern mal verwechseln – und Männer diesbezüglich doch viel besser orientiert wären, zumal wenn es darum geht, was Frauen WIRKLICH wollen.

Auch dazu ein entschiedenes Nein – und das gern garniert mit einem herzlichen: *»Ich habe weder die Zeit noch die Buntstifte, um dir das jetzt zu erklären.«*

MENTALE SCHUTZBUNKER

»Kein Problem!, behauptet Sarah. Sie könne zu jedem und jederzeit Nein sagen. Tatsächlich hat sie es geschafft, nicht mal mehr gefragt zu werden, braucht eine von uns Hilfe. Sollte es doch einmal zum Äußersten – also einer Bitte um Unterstützung – kommen, erhält man zur Antwort: »Also ich kann Doris wirklich nicht neue Bücher ins Krankenhaus bringen. Ich habe echt zu viel zu tun.« Oder: »No way für den Umzug am Samstag. Ihr wisst doch, ich habe Rücken!« Auf den Einwand, dass man für die Zubereitung eines Kartoffelsalats für die Helfer*innen nun wirklich nicht viel Rücken braucht, kontert sie nonchalant: »Ihr wollt nicht wirklich etwas essen, das ich gekocht habe.« Tatsächlich bleibt bei ihr die Küche immer kalt. Sie lädt also auch nie zum Essen ein. Dafür müsste sie ihre Komfortzone verlassen. Sich dem »Gastgeberinnen-Stress« aussetzen. Einfach mal etwas anders machen als die letzten vierzig Jahre. Auch dazu sagt sie entschieden Nein. Ebenso zu Tinder – obwohl sie sich sehr einen Partner wünscht. Oder zu Sport – obwohl sie die ewigen drei bis fünf Kilo »Überhang« schon seit Jahren beklagt. Oder zur Oper oder ins Theater – weil sie da noch nie war. Sie sonnt sich in dem Gefühl, fast schon eine Nein-Streberin zu sein. Dabei würde es ihr vielleicht doch guttun, auch mal Ja zu sagen – zu den Möglichkeiten, die das Leben nur dann bietet, wenn man einmal seinen mentalen Schutzbunker verlässt.

Sarah verhält sich wie dieser japanische Soldat Hiroo Onoda, der 29 Jahre lang im philippinischen Dschungel untergetaucht war, bevor er erfuhr, dass der Krieg zu Ende war und er 29 Jahre damit verbracht hatte, sich vor einem Leben in Freiheit zu verstecken. *Deshalb ist auch viel Schönes am Ja, wenn man es zu Dingen sagt, die jenseits unserer Alltags-Spurrinnen liegen, die uns die Räuberleiter machen könnten für eine neue Perspektive auf uns selbst, auf unsere Möglichkeiten.*

HER MIT DEM NEUEN LEBEN!

Die amerikanische Drehbuchautorin Shonda Rhimes hat ein ganzes Jahr lang nur Ja gesagt und einen Bestseller daraus gemacht: »Das Ja-Experiment – wie ein kleines Wort dein Leben ändern kann«.[8] Ihre Motivation: Sie hatte für einige der erfolgreichsten Serien geschrieben – solche wie »Grey's Anatomy« oder »Scandal« –, sie tat, was sie liebte, und hatte damit eine beeindruckende Karriere vorgelegt. Dennoch fehlte es ihr an Selbstvertrauen. Bis sie sich vornahm, alles, wirklich alles mitzunehmen, was ihr an Herausforderungen über den Weg lief:

Ja zu allem, das mir Angst einjagt.
 Ja zu allem, das mich aus meiner Komfortzone scheucht.
 Ja zu allem, das sich verrückt anfühlt.
 Ja zu allem, das sich untypisch für mich anfühlt.
 Ja zu allem, das sich albern anfühlt.
Ja zu meinem Körper.[9]

Am Ende ihres Experiments haben sich ihr Leben und ihre Figur grundlegend geändert. Sie ist nicht nur 45 Kilo leichter, sondern hat auch viele Hemmnisse hinter sich gelassen. »Dazu brauchte es nicht mehr als das richtige ›Ja‹. Und Salat.«[10] Außerdem die Erkenntnis: »Ohne Ja zum Nein wäre das alles nicht möglich gewesen.« Shonda Rhimes erzählt, wie sie – als sie immer erfolgreicher wurde – plötzlich ständig um Gefälligkeiten gebeten wurde. Auch um sehr große, wie die Summe, die eine Freundin von ihr haben wollte. Shonda Rhimes merkte, wie sie sich gleich nicht wohlfühlte mit dieser Bitte. »Ich komme aus dem Mittleren Westen. Ich werde handgreiflich, wenn Sie versuchen, mich von edlen Käsesorten zu überzeugen – industriell erzeugter Käse hat doch noch niemandem geschadet. Und was macht es schon, wenn das billige Toilettenpapier kratzt? Das Kratzen ist ein Zeichen dafür, dass man sauber ist.« Trotzdem muss sie sich erst drei Varianten notieren, einen Gefallen abzuschlagen. Als die Freundin anruft, um im Prinzip nur das Ja zu ihrem Wunsch zu hören, ist Shonda Rhimes so aufgeregt, dass sie diese Post-its tatsächlich als Spick-Papier braucht, um ihrer Freundin zu erklären: »… wegen der Sache mit dem Geld, das wird nicht möglich sein.« Es passiert, was sie befürchtet hatte: Die Freundin ist megasauer. Aber »während ich zuhöre – und ich sitze tatsächlich da und höre ihr zu –, spüre ich, wie mich ein enormes Gefühl der Erleichterung durchflutet.« Sie denkt: »Gut, jetzt weiß ich Bescheid. Meine schlimmsten Befürchtungen treten ein … Na und? Es ist gar nicht so furchtbar.« Dadurch, dass sie Nein sagte, dass sie sagte, was sie wirklich empfand, hätte auch ihre Freundin ihr wahres Ich offenbart. »Sie nutzte mich nur aus. Sie verabscheute mich. Ich war für sie nur ein Geldautomat.«

Am Ende ist das vielleicht ein weiterer Grund, weshalb wir so ungern Nein sagen. Aus Angst, dass man möglicherweise gar nicht uns, sondern bloß unsere Bereitschaft schätzt, allzeit einzuspringen. Vielleicht halten wir es insgeheim für möglich, dass sich bei einem Nein plötzlich ein riesiger Vorhang öffnet und wir dann plötzlich ganz allein und nackt auf der Bühne stehen, während das Publikum unten enttäuscht den Saal verlässt: unsere Freundinnen, die Familie, die Kolleginnen. Andererseits: Ein entschiedenes Nein kann sich anfühlen, als hätten wir gerade unsere Zivilkleidung abgeworfen und unseren Superwoman-Dress angezogen. Als hätten wir gerade dem Superfiesling klargemacht: *»Du bist beleidigt? Okay – nimm dir einen Stuhl und warte, bis mir das was ausmacht!«* Ich wette um eine Pizza mit allem, dass es den Versuch wert ist.

Schließlich gilt auch in Beziehungen
das physikalische Phänomen,
dass Reibung Wärme erzeugt.

WENN FRAUEN ZU SEHR (DIE HARMONIE) LIEBEN

»Macht ist dir nicht gegeben.
Du musst sie dir nehmen.«

Beyoncé

DAS DAMOKLESSCHWERT

Manchmal wirkt unsere Freundin Silvia fast schon ergriffen, wenn sie über ihren Mann Thomas spricht. Man könnte glauben, sie habe den Superschnapp des Jahrhunderts gemacht. Genau davon ist Silvia auch überzeugt. Tief drinnen denkt sie, ein Mann wie Thomas stehe ihr gar nicht zu. Dass er in einer völlig anderen Liga spiele als sie. Schon deshalb ist sie von tiefer Dankbarkeit erfüllt und will nur ja nichts verkehrt machen. Er könne sonst bemerken, was sie längst weiß, und sich stante pede vom Acker machen. Das gilt es zu verhindern, und deshalb legt sich Silvia unglaublich ins Zeug. Sie umsorgt ihren Thomas, als wäre er ein frühgeborenes, noch lebensuntüchtiges Vögelchen. Sie kocht, backt, wäscht und sorgt dafür, dass sie für ihn im Rahmen ihrer – wie sie glaubt »bescheidenen« – Möglichkeiten attraktiv bleibt. Nie mehr werde sie, falls Thomas sie irgendwann verlässt, einen Mann wie ihn finden. Das sei ausgeschlossen. So ein wahnsinniges Glück habe man nur einmal im Leben. Manchmal fühle sie sich, als habe sie getrickst. »Ich weiß gar nicht, was er an mir findet, es kann eigentlich nur Mitleid sein. Sonst hätte er mich längst verlassen!«

Uns ist diese Diskrepanz bisher nicht aufgefallen. Man könnte glauben, dass Silvia ihren Thomas ganz frisch an ihrer Seite hat und ihn noch durch die berühmte Rosa-Anfangsbrille sieht. Offenbar hat sie es nie geschafft, diese Brille abzunehmen, und lädt sich sogar ständig noch eine Dosis Rosa nach. Inzwischen scheint die rosa Brille nahezu blickdicht zu sein. Offenbar kann Silvia nämlich nicht erkennen, wie Thomas sie behandelt. Mit welcher Selbstverständlichkeit er sich bedienen lässt. Thomas mutiert mehr und mehr zum Vollzeitpascha, und Silvia wird von Jahr zu Jahr ängstlicher und damit immer noch beflissener.

Die beiden führen eine Beziehung, die man selbst mit sehr wohlwollendem Blick nicht als ausgewogen bezeichnen kann. Silvias Leben richtet sich zu 100 Prozent nach den Bedürfnissen ihres Dauerverlobten. Die zwei sind seit elf Jahren zusammen und seit fünf Jahren verlobt. »Thommy braucht Zeit für diese schwerwiegende Entscheidung!«, entschuldigt Silvia die Langzeitverlobung.

Ich bezweifle, dass ihr das Jawort die dringend nötige Entspannung bringen wird. (Wenn es denn je erfolgt!) Sie wird vermutlich immer das Damoklesschwert einer Scheidung über sich spüren. Es winken immerzu irgendwelche Drohszenarien am Horizont, die Silvia schon sieht, obwohl sie Thommy niemals ausgesprochen hat. Deshalb würde Silvia keinesfalls insistieren. Nichts verändern oder sonst wie ihren »Thommy« mit Eigensinn und deutlichen Ansagen irritieren. Nicht, dass er ihr noch abhandenkommt, bevor sie mit ihm vor den Traualtar treten konnte.

DIE STEINGARTENFRAU

Silvia hingegen ist längst in die Vollen gegangen. Hat ganz deutlich »Ja« gesagt zu ihrem Thommy. Zumindest finanziell. Ihr Elternhaus, in dem er mit ihr sehr komfortabel lebt (140 qm Wohnfläche und ein 500 qm großer Garten) gehört zwar nominell noch ihr allein – schon weil es sehr viel Steuern kosten würde, ihm die Hälfte zu überschreiben (wie sie es gern hätte). Doch er residiert schon darin, als wäre es ganz seins. Er hat das allerschönste und größte Zimmer als sein Arbeitszimmer auserkoren, schließlich gehe sie ja ins Büro, da reiche es für das bisschen Getippe daheim ja vollkommen, wenn sie das kleinste Zimmer bekomme. Er hingegen brauche einen wirklichen Rückzugsraum.

Außerdem hat er beschlossen, dass der Vorgarten komplett gepflastert und zugekiest wird. Das sei sehr viel »praktischer und pflegeleichter«. Zwei Eigenschaften, die Thomas wichtig sind. Deshalb bemüht sich Silvia auch darum. Sie ist eine Art »Steingartenfrau«. Verlangt so gut wie keine Aufmerksamkeit und Pflege. Dass im Vorgarten mehrere üppige Rhododendronbüsche daran glauben mussten, die schon ihre Mutter gepflanzt hatte, hat Silvia wehgetan. Aber lieber keine Büsche als keinen Thommy. Da weiß Silvia schon genau, wo ihre Prioritäten liegen.

Widerspruch leistet sie fast nicht. Noch weniger als zu Beginn ihrer Beziehung. Höchstens mal ein zaghaft-liebevolles »Glaubst du wirklich?« Thomas weiß das vortrefflich zu nutzen. Das Leben der beiden läuft so, wie es Thomas für richtig hält. Silvia hat ihr Tennisspielen aufgegeben, weil Thommy es für affig hält. Aber nicht nur deswegen, er widmet sich mit voller Leidenschaft seinen Triathlon-Ambitionen und braucht Silvia zur Trainingsunterstützung. Sie fährt ihn zum Schwimmbad (damit er zurücklaufen kann und schon mal sein Jogging-Plansoll erfüllt hat), bringt Wechselklamotten an verabredete Orte und hat schon sehr viel Zeit im Nieselregen wartend an irgendeinem Waldweg verbracht. Alles im Dienste des aufstrebenden Supersportlers.

Natürlich ist mittlerweile auch der häusliche Ernährungsplan an die ambitionierten Pläne von Thommy angepasst. Das sei wohl mehr als selbstverständlich. Ihr Haus ist inzwischen nicht nur nikotin-, sondern auch alkoholfrei. Wenn Thomas darbt, haben alle anderen mitzudarben.

Wieso hat sich Silvia komplett aufgegeben? Ordnet sich mit all ihren Wünschen und Befindlichkeiten unter? Trinkt ihre Weinschorle nur noch heimlich, wenn Thommy mal wieder stundenlang unterwegs ist, um seinem Hobby zu frönen?

Silvia hat schon zu Beginn der Beziehung deutlich gemacht, wie dankbar sie für Thommy ist. Wie bereit dazu, alles in die Beziehung zu investieren. Was im Umkehrschluss für ihn bedeutete, dass er sich entspannt zurücklehnen konnte. Er bekam und bekommt ja alles ohne jede Anstrengung. Brauchte sich nie zu sorgen, dass er Silvia vielleicht verlieren könnte. Als sei sie in einen Boxring gestiegen und hätte direkt das Handtuch geworfen. Noch bevor der Ringrichter die erste Runde einläuten konnte. Die Choreografie stand von vornherein fest. Thommy musste um nichts kämpfen, nichts einklagen. Silvia ergab sich ihm ohne Not direkt und ließ ihre eigenen Bedürfnisse und Wünsche ziehen. Heute weiß er, dass sie nichts mehr fürchtet, als dass er sie verlässt. *Keine gute Verhandlungsgrundlage, wenn in einer Beziehung einer glaubt, sich des anderen total sicher sein zu können, während den anderen größte Verlustängste plagen.* Silvias Selbstbewusstsein jedenfalls ist inzwischen nicht mal mehr im Keller, sondern irgendwo tief im Erdreich. Je mehr sie ihr Leben an Thommy ausrichtet, umso unbedeutender erscheint ihr ihr eigenes. Damit schrumpft ihr bisschen Ego sukzessive weiter. Sie merkt ja, wie er glaubt, sich mit ihr keine Mühe geben zu müssen – wie er sie auf Zuneigungs-Dauerdiät setzt. Mit dem Ergebnis, dass sie nur noch hungriger wird, nur noch dankbarer ist, für jeden kleinen Aufmerksamkeitsbrocken, den er ihr hinwirft. Dass auch er eine ganze Menge zu verlieren hat, sieht sie nicht. Ebenso wenig, um wie viel größer ihr Spielraum ist, als sie befürchtet. Klar, Thommy würde sich möglicherweise wundern, wenn sie auf einmal aufmucken würde. Aber er ist klug genug zu wissen, wie viel er an ihr hat. Ihr Plus sieht Silvia aber nicht. Auch das überstrahlt der Scheinwerfer, den sie ausschließlich auf Thommy gerichtet hält.

SILVIAVARIATIONEN

Oft genug erlebt man Frauen wie Silvia. Es gibt sie in allen Schattierungen. Amelie ist auch eine davon. Sie will Harmonie. »Forderungen nerven, bringen Unruhe, es macht mein Leben einfacher, wenn ich Hinrich einfach machen lasse. Lieber verzichte ich mal und habe es hübsch harmonisch!« Sie weiß durchaus, dass diese Harmonie ihren Preis hat. Dass sie dafür immer nur die zweite Geige spielt. Und Hinrich eigentlich nie erfährt, was seine Frau wirklich will, dass sie überhaupt etwas will. Und ob es nicht etwas ganz anderes ist als das, was er möchte. Aber Auseinandersetzungen mag sie nicht. Da gibt sie lieber klein bei, und Hinrich bekommt seinen Willen. Immer.

»Das ist Pragmatismus!«, pflegt sie zu sagen. Deshalb gibt es an Weihnachten »Würstchen mit Kartoffelsalat«, und es geht in den Ferien in die Berge, obwohl Amelie weder das eine noch das andere mag. »Er will halt nicht ans Meer, was soll's. Mir ist es nicht so wichtig!«, erklärt sie uns. »Na ja, und Kartoffelsalat mit Würstchen ist Tradition in seiner Familie.« Dass es in ihrer Familie – vor Hinrich – Braten mit Rotkraut und Klößen gab, ist zweitrangig. »Ich mach doch kein Fass auf wegen ein paar Knödeln!« Finde den Fehler!

Klar, wir alle wissen, Beziehungen brauchen Kompromisse. Oft sehen die dann so aus, dass keiner von beiden wirklich glücklich ist. Nehmen wir die Ferien: Amelie und ihr Hinrich haben es mit dem Gardasee versucht. Kein Meer und die Berge nur im Hintergrund. Zufrieden war niemand.

»Warum fahrt ihr nicht ein Jahr ans Meer und ein Jahr in die Berge?«, wollte ich wissen.

»Weil er dann die gesamten vierzehn Tage rummeckert, er hat helle Haut, liegt nicht gern am Strand und findet es langweilig. Dann habe ich auch keinen Spaß!«

»Und was machst du in den Bergen? Auch rummeckern?«, frage ich nach.

Sie lacht. »Ich habe mehr Frustrationstoleranz, lese viel und rede mir gut zu. Außerdem macht es ihn glücklich, und dann ist die Stimmung eben auch eine bessere«, erklärt sie mir. Dass sie eine gewisse Mitverantwortung an Hinrichs deutlich niedrigerer Frustrationstoleranz trägt – weil sie seine Bedürfnisse vor ihre stellt –, ist kein Thema.

»Fahr doch mal allein ans Meer oder mit Freundinnen, die es auch mögen!«, schlage ich ihr vor.

»Aber Urlaub verbringt man doch zusammen, es sind schließlich die wertvollsten Tage im Jahr! Endlich mal Zeit zu zweit«, entgegnet sie leicht entsetzt.

Dann viel Spaß in den Bergen!

ALLEINGÄNGE

Eine gemeinsame Freundin hat sich im letzten Jahr entschieden, für mehrere Monate eine kleine Tour durch die Welt zu machen. »Jetzt kann ich es noch, habe endlich genug Geld dafür, und es war schon immer mein Traum!« Ihr Mann hatte so gar keine Lust. Sie hat es dann allein getan. Die Reaktionen auf ihre Reise waren sehr gemischt: »Dass du dich das traust«, war die eine. Die andere: »Mein Mann würde sich scheiden lassen.« Was natürlich totaler Quatsch ist. Die meisten Männer wissen schon, wie lächerlich sie sich damit machen würden. Es sind ja auch nicht sie, es sind unsere Gedanken, was passieren könnte, wenn wir tatsächlich etwas wagen, die uns lähmen. Eine Form des vorauseilenden Gehorsams. Die Angst davor, vielleicht keine hundertprozentige Zustimmung zu ernten. Leidige Diskussionen aushalten zu müssen. Man will sich nicht dauernd erklären. Egal, ob es darum geht, wie man ein Hemd bügelt oder warum man dieses oder jenes gerne machen will.

Da liegt ein Hauptproblem. Wir müssen gar nicht alles erklären. Es reicht zu sagen: »Ich möchte das gerne machen. Es ist mir wichtig.« Klar kann dem Mann etwas anderes wichtig sein. Etwa das beruhigende Gefühl, dass seine Frau zu Hause sitzt und sich gerade überlegt, was es heute Abend zu essen gibt, und dass sie dabei ganz sicher keinen anderen kennenlernt. Aber das Leben ist eben nicht immer ein Wunschkonzert. Und auf keinen Fall kann immer nur einer sich was wünschen, während der andere seine eigenen Wünsche ständig zurückstellt.

Das könnte man einmal vorbringen, wenn ein Mann einmal wieder meint, nur seine Bedürfnisse zählen. Aber genauso, wenn eine Frau dieser Haltung noch Nahrung gibt. Denkt, dass ständiges Nachgeben, der Weg des geringsten Widerstandes, das Abwinken und Nachgeben erst ein solides Beziehungsfundament legt. Nicht zu vergessen das – immer noch sehr einseitige – Zuhören und Interesse zeigen.

ERNTEN OHNE ZU SÄEN

Ja, es ist toll gefragt zu werden: Wie war dein Tag? Wie geht es dir? Was beschäftigt dich gerade? Aus Liebe, aber mehr noch aus Interesse am Partner. Am nahen Menschen. Wenn der für die Kakteenzucht brennt, dann fühlen wir eben auch mit, wenn es Probleme mit dem Kultursubstrat gibt. Umgekehrt wäre es nicht zu viel erwartet, wenn der Kakteenliebhaber wenigstens dann und wann mal fragte: »Wie lief es heute bei der Arbeit, Schatz?« Und eine vertiefende Erkundigung nach speziellen Ereignissen – »War Frau Müller wieder so zickig?«, oder »Hat der neue Abteilungsleiter endlich seinen Einstand gegeben?« – wäre noch besser. Meist muss man aber schon froh sein, wenn der Mann wenigstens noch so ungefähr weiß, wohin man eigentlich geht, wenn man morgens das Haus verlässt. Und dass man dort überhaupt Kolleg*innen hat.

Wie die meisten Frauen in unserem Umfeld wartet auch Corinna, eine Freundin, vergeblich darauf. »Ich sage dann schon mal: So, jetzt habe ich dir ein paar Fragen gestellt. Nun bist du dran! Sonst fragt der nie. Und bevor ich mich ärgere, dass er nicht fragt – was ich sehr lange gemacht habe – sorge ich eben selbst für Ausgleich.« Ja, man darf und sollte etwas verlangen. Es ist nicht das Ende der Liebe, wenn Männer bestimmte Dinge, die uns wichtig sind, nicht von sich aus tun. Und nein, diese schöne Theorie, die oft bei Kindern angelegt wird, dass man am besten noch durch das gute Vorbild lernt – funktioniert leider nicht. Ich kenne Männer, die haben sich jahrzehntelang bekochen lassen, ohne jemals auf die Idee einer kulinarischen Revanche zu kommen. Und ich weiß von Frauen, die sich gefühlt Jahrhunderte (ja, Zeit kann sich enorm dehnen, wenn man sich Vorträge über Nabenschaltungen anhört) mit den Belangen ihres Mannes beschäftigten. Während der umgekehrt schon bei »Habe ich dir schon erzählt, dass Margit …« so einen leeren Blick bekommt wie die Zombies in *The Walking Dead*. Nein, **man erntet keine Aufmerksamkeit, wenn man nur ganz viel Interesse in einen anderen sät. Man muss die schon auch einfordern.**

AUSGESPROCHEN FAIR

Wer jedes Wochenende mit zur Schwiegermutti in den tiefsten Hintertaunus fährt, diese stundenlang bespaßt (wissend, dass sie einen kein bisschen leiden kann und immer noch findet, dass Karina, die Vorgängerin, eine fantastische Wahl gewesen wäre), kann durchaus verlangen, dass der Partner sich beim Besuch der eigenen Eltern Mühe gibt. Anstatt sich in den nächsten Sessel plumpsen zu lassen, um mal in Ruhe die Tageszeitung zu lesen. »Es macht ihm keinen Spaß, ich weiß das, und da fahre ich lieber allein!«, argumentiert eine Freundin, die selbst schon sehr viel Zeit bei dem dementen Vater ihres Partners verbracht hat. Ich glaube kaum, dass diese Besuche zu ihrer Lieblingsbeschäftigung zählen. Aber sie macht es. Weil es der Vater ihres Mannes ist und es ihn entlastet, wenn er das nicht allein durchstehen muss. Dass damit umgekehrt auch ein gewisser Anspruch besteht, sollte ausgesprochen werden. »Ich möchte, dass du zu meiner Großmutter zum Kaffeetrinken ins Altenheim mitgehst, auch wenn es vielleicht weniger attraktiv ist als ein Champions-League-Finale. Eine Hand wäscht die andere!!«

Frauen wollen, dass Männer von selbst darauf kommen, was uns wichtig ist und warum. Sie wollen nicht erinnern und meckern und einklagen. »Dann weiß ich ja, dass er es nur für mich macht, nur weil ich darauf bestehe!«

Aber warum nicht? Das ist doch ein fantastischer Grund!! Es gibt Dinge, die man aussprechen muss. Direkt, entschieden, mit Nachdruck, mit Humor. Und man staunt dann oft, wie glatt so ein Durchmarsch bis hinter die Wahrnehmungsschwelle anderer ist, wenn man sich so selbst erst mal die Tür dorthin geöffnet und Zutritt verschafft hat. Und deutlich erfolgreicher ist es auch. Jedenfalls sehr viel erfolgreicher, als still zu warten, bis dem anderen auffällt, dass da noch weitere Bedürfnisse zu berücksichtigen sind.

BEGLEITSERVICE

Ich muss abends von der S-Bahn ein paar Schritte durch ein kleines Wäldchen laufen. Wie im Wald um diese Zeit üblich, ist es dort nachts ziemlich düster. »Holt dich dein Freund denn da nicht ab?«, hat mich eine Freundin entsetzt gefragt, »ich würde mich totgruseln!« Er holt mich nicht ab. Vielleicht weil er noch nie auf die Idee gekommen ist, dass es für mich gruselig sein könnte. Bisher habe ich auch keine Angst, aber sollte ich Angst bekommen, würde ich ihn fragen, ob er mich bitte abholt. Ich erwarte – zumindest in dieser Hinsicht – nicht, dass er selbst auf die Idee kommt, schon weil ich mir sicher bin, dass er mir den Gefallen tun würde.

Wenn es für mich wichtig wäre.

Immer jammern, aber nie offensiv um etwas bitten oder es eben auch einfordern, ist dumm. Männer sind keine Hellseher (jedenfalls der Großteil, den wir kennen). Man muss (nicht nur ihnen gegenüber) sagen, was man will und was nicht. Das erleichtert am Ende das Leben aller Beteiligten.

Dieses »Er soll von selbst darauf kommen, sich in mich einfühlen« kann sehr ernüchternd sein. Es funktioniert ja schon zwischen Frauen nur sehr bedingt. Trotz eigentlich besserer Voraussetzungen. Wer auf plötzliche tiefgreifende Einsicht wartet, muss unter Umständen sehr lange warten. Eine Zeit, die wir nicht selten dazu nutzen, uns unsere eigenen kleinen Verschwörungstheorien zusammenzuzimmern. Ein Phänomen, das Suse so beschreibt: »Mein Mann und ich kommen etwa zur gleichen Zeit von der Arbeit nach Hause. Im Unterschied zu mir geht er dann erst mal ein wenig Gitarre spielen – zum Runterkommen, wie er sagt. Ich dagegen mache mit der Arbeit gleich weiter – kümmere mich um die Wäsche, räume die Küche auf, koche, was so ansteht. Ich dachte: ›Boah – macht sich mein Mann das Leben hübsch einfach. Anstatt zu gucken, was zu tun wäre.‹« Suse sagte, sie habe sich schon öfter mal darüber bei ihrer Schwester beklagt und immer mal wieder die große Abrechnung angekündigt. Bis die Schwester sagte: »Mach es doch wie er: Setz dich erst mal ne Weile aufs Sofa. Ruh dich aus.« Das hat Suse getan. »Ich bin nach Hause gekommen und habe zu meinem Mann gesagt, ich mach erst mal 'ne Pause. Er daraufhin: ›Finde ich super! Wir können ja dann nachher zusammen kochen!‹ Suse war perplex – *wie einfach das Leben doch sein kann, wenn man bloß mal das tut, worauf man Lust hat, ohne den anderen dafür verantwortlich zu machen, dass man sich das bislang verkniffen hat.*

Also raus damit.

»Ich will nichts fordern, Liebe ist frei davon!«, kritisiert Nina meine Aussage. Ja: »Fordern« ist ein Verb, das für die meisten Frauen diametral zum Wort »Liebe« steht. Liebe passiert, Liebe braucht keine Forderungen. Liebe weiß, was Frauen wünschen, und flüstert es den Männern ein – damit die genauso zurücklieben, wie Frauen sich das vorstellen.

LIEBE FÜR SELBSTFAHRER

Liebe ist eben etwas ganz, ganz Großes. So stellen wir uns das vor. Sie muss verrückt sein, uneigennützig und frei von Ansprüchen. Sie soll idealerweise ganz allein alle Beziehungsarbeit leisten. Sie soll wissen, dass wir beim Sex nicht ins Ohr gepustet werden und auf keinen Fall am großen Zeh eines Mannes lutschen wollen. Sie soll uns unsere Wünsche von den Augen ablesen und auch, wann genau wir einfach mal in den Arm genommen werden wollen und/oder dringend Unterstützung brauchen – mit den Kindern, mit dem Haushalt, mit den betagten Eltern. Sie soll den richtigen Moment kennen, zu schweigen, und den, etwas zu sagen.

Tja, was diese Vorstellung von Liebe offenbar nicht auf dem Zettel hat: dass auf der anderen Seite ein Mensch mit im Liebesboot sitzt, der seine ganz eigenen Liebesideen hat. Der denkt – gut, wenn sie nichts sagt, wird wohl schon alles in Ordnung sein. Der an klare Ansagen glaubt und auch daran, dass dort, wo sie fehlen, offenbar alles glattläuft. Ein argloser Mann oder auch eine arglose Frau, die oft nicht den Hauch einer Ahnung haben, was sich im Backstage-Bereich ihrer Beziehung abspielt. Wie dort die Enttäuschungen toben, die Unzufriedenheit, der Frust. Wir könnten was sagen. Aber dann würden wir doch einiges riskieren. Wir müssten uns von der Vorstellung einer Liebe verabschieden, die wie ein sich selbst reinigender Backofen ist. Und wir müssten den Mut aufbringen, ein paar Dinge auszusprechen und klarzustellen. Auch auf die Gefahr hin, dass es zu einigen Irritationen führt, wenn wir nach fünf Jahren, in denen wir uns klaglos ins Ohr pusten ließen, sagen: »Hör bitte auf damit. Es fühlt sich an, als hätte man in meinem Gehörgang einen Laubbläser aufgestellt. Alles andere als sexy.«

Ja, das kann man: Koordinaten ändern. *Man kann sich aber auch einfach einmal um sein eigenes Wohlergehen kümmern, anstatt immer andere dafür verantwortlich zu machen.*

Marcella arbeitet sich seit Jahren an ihrem Ehemann ab. Klaus sei »häuslich«, »bequem« und insgesamt nicht besonders spannend. Dass genau diese Eigenschaften ihr damals beim Kennenlernen so gefallen haben, dass sie ein Nest bauen wollte und einen Kerl herbeigesehnt hat, der es sich kuschelig mit ihr auf der Couch macht, ihr die Füße massiert und lieb ist, hat sie erfolgreich verdrängt. Wieso sollte sich ein Mann wie Klaus nach zig Jahren auf einmal erheben und zum wilden Clubhengst mutieren?

Manchmal möchte man diesen Frauen sagen: »Arbeite mit dem Material, das du zur Verfügung hast! Es ist viel besser, als du denkst.« Da, wo sich vielleicht Versorgungslücken an Unterhaltung, Horizonterweiterung auftun oder überhaupt unterschiedliche Interessenslagen bestehen – kann man den anderen dafür nicht zur Rechenschaft ziehen.

Man kann aber diese Lücken selbst und in Eigenregie schließen. Allein oder mit Freundinnen etwas unternehmen. Kein Mann – und auch keine Frau – sind alleinseligmachend. Und bevor man sich gegenseitig darin behindert, das zu tun, was man wirklich möchte, und sich das auch noch zum Vorwurf macht – spricht nichts dagegen, für das eigene Vergnügen ganz allein zu sorgen. Einen Tanzkurs zu buchen oder ein Wein-Tasting-Wochenende. Einen Freundinnen-Trip in eine Stadt, die den Mann nicht interessiert. Und danach ist die Couch hübsch vorgewärmt, und Klaus darf die müden Füße massieren.

GRENZWERTIG

Aussprechen, was man will, und konsequent handeln, das ist der einzige Weg. »Stopp« sagen, »das lasse ich mir nicht gefallen«, »ich möchte, dass du«, all das sind herrliche Satzanfänge. Wem das zu harsch erscheint, der kann ein »Bitte« ergänzen. Oder ein: »Es wäre schön, wenn …«

Ein Mann wie Thommy wartet vielleicht schon lange auf ein: »Spinnst du eigentlich? Ich bin nicht dein Hausmädchen!« So wie Kinder, die gerne noch immer einen draufsetzen und klammheimlich nur darauf warten, dass mal jemand sagt: »Es reicht!« Wie sollen andere auch Grenzen respektieren, wenn man die nicht mal kenntlich macht?

Manchmal ist dieses »Mehr! Mehr! Mehr!« deshalb auch ein Testlauf. Der Versuch, ihn endlich mal zu erreichen, den Grenzbaum – den Punkt, wo dann wirklich mal ein Stopp-Schild steht, das sich nicht einfach übersehen lässt. Bis dahin gibt es ja keinen Grund ein Verhalten zu ändern. Es läuft doch prima für Thommy. Ich kann ihn nur zu gut verstehen und würde an seiner Stelle sehr wahrscheinlich auch genießen, was mir ohne großen Widerstand und Anstrengungen zuteilwird. Er würde sich vermutlich sehr wundern, wenn seine Silvia die Selbstaufgabe beendet.

Die eigenen Bedürfnisse als gleichwertig behandelt und auch so präsentiert. Vielleicht würde er erst zunächst etwas verstört reagieren – aber letztlich auch interessiert. Schließlich gilt auch in Beziehungen das physikalische Phänomen, dass Reibung Wärme erzeugt. Dass ein Gegenüber mit eigenen Bedürfnissen, einem eigenen Willen und der Bereitschaft, ihn auch durchzusetzen, viel spannender ist, als es mit einem völlig konturlosen Wesen zu tun zu haben, das sich wie ein Chamäleon ständig nur an sein Umfeld anpasst – um nicht nur optisch zu verschwinden.

Und sollte ein Mann tatsächlich sagen: »Wenn du das machst, zweimal die Woche Pilates oder die Reise mit den Freundinnen oder den neuen Job oder, oder, oder, dann bin ich weg.« – Gut, dann kann man ihm klarmachen: »Ich wusste gleich, dass du ein Zeitreisender aus den 1950er-Jahren bist. Dann will ich dir mal erklären, was in den letzten 70 Jahren so alles passiert ist! Also: Frauen brauchen zum Beispiel Männer nicht mehr zu fragen, ob sie allein in den Urlaub fahren dürfen.« Oder: »Lass dann bitte deinen Wohnungsschlüssel liegen. Den brauche ich für deinen Nachfolger!«

Manche Frauen lassen sich sehr schnell einschüchtern. Manche Männer wissen das, setzen drauf und steigen argumentativ dann so hoch ein, dass wir glauben sollen – an dieser Hürde kann die Beziehung zerschellen, wenn ich nicht nachgebe. Am Ende aber gilt auch hier: Beide Bedürfnislagen sind gleich viel wert. *Es ist inakzeptabel, wenn sich einer da ein größeres Stück vom Erfüllungs-Kuchen abzwacken will. Auf Kosten des oder der anderen.* Die Kunst besteht nun einmal darin, unsere Bedürfnisse als das zu präsentieren, was sie sind: Unverhandelbar! Ein Konzept, das Männern durchaus bekannt ist. Und nur für den – total unwahrscheinlichen – Fall, man wird wirklich verlassen, weil man regelmäßig zum Pilates geht oder mal ein paar Tage Urlaub ohne den »Liebsten« macht: Will man sein Restleben mit jemand verbringen, der es nicht ertragen kann, wenn wir tun, was uns Freude bereitet?

KAMPFLOS STREITEN

Das alles bedeutet nicht, dass es in einer Beziehung nur darum geht, den größtmöglichen Egoismus zu zeigen und sich auf jeden Fall durchzusetzen. »Ich will diesen Kampf nicht, das kann nicht Sinn einer Beziehung sein!«, meint Gina. Da hat sie recht. Der Sinn einer Beziehung ist unter anderem, sich gegenseitig dabei zu unterstützen, das Beste aus sich, seinen Möglichkeiten und seinem Leben zu machen. Und außerdem, sich gegenseitig zu entlasten. Wenn das nur einer für sich in Anspruch nimmt – muss man die Verhältnisse eben in regelmäßigen Abständen geraderücken. Ganz sachlich: »Dienstag gehst du mal zum Elternabend. Ich bleibe daheim.« Punkt. Dabei ist es vollkommen legitim, keinen weiteren Grund zu haben, als den freien Abend einfach auf dem Sofa zu verbringen, während der Gatte und Kindsvater in endlose Diskussionen darüber verstrickt wird, wie das Kuchenbuffet für das Kita-Sommerfest zu bestücken sei.

Es hilft, wenn man sich klarmacht: Hier steht nicht gleich die ganze Liebe zur Debatte –, sondern ein ganz einfacher, ganz alltäglicher Konflikt. Stellen Sie sich vor, Sie würden nicht mit ihrem Liebsten, sondern mit einer Freundin oder Ihrer Schwester über eine Arbeitsaufteilung sprechen, über die Urlaubsplanung oder die Vorgartengestaltung. Damit ist ein großer Störfaktor eines fairen Interessensausgleiches schon einmal ausgeschaltet: die Überzeugung, dass das Gegenüber ohnehin am längeren Hebel sitzt. Verrückt? Nicht, wenn man sich eine aktuelle Studie aus Schweden anschaut.

DER SCHNÖDE MAMMON

Diese Studie zeigt, wie unzufrieden viele Frauen sein müssen. Wie sehr sie mit ihrer Unzufriedenheit zurückhalten. Wie groß ihre Angst ist, Ansprüche auf Erfüllung, Zufriedenheit, Selbstentfaltung zu stellen. Wie wenig sie sich trauen, aus Sorge, bald ohne Ernährer dazustehen. Die Frage war: Was tun Menschen, wenn sie einmal richtig viel Geld gewinnen. Die schwedischen Forscher fanden heraus, dass bei einem Geldgewinn von über 100 000 Euro Männer zum Großteil in ihren Beziehungen bleiben würden. Die Frauen dagegen gaben mehrheitlich an, sich sofort trennen zu wollen.

Geld ist oft genug ein Grund zu bleiben, und der Gedanke, nach der Trennung keines zu haben, leider auch. Irgendwie sehr ernüchternd. Und auch ein Hinweis darauf, wie sehr wir noch im dritten Jahrtausend mit unseren Bedürfnissen hinterm Berg halten. Deshalb hier mal wieder der Hinweis: Eigenes Geld, ein Beruf, ein Einkommen sorgen von vornherein für einen größeren Entscheidungsfreiraum und eine bessere Verhandlungsbasis. Und wenn man unbedingt zu Hause bleiben will, um die gemeinsamen Kinder großzuziehen, dann sollte man dafür eine Form der Kompensation verlangen. Einzahlung auf ein Rentenkonto, ein monatliches Gehalt … Es gibt viele Modelle.

Sich abhängig zu fühlen, ist immer heikel. Es schwächt die Verhandlungsposition. Und es beruht oft auf einer falschen Annahme. Denn, das gab Thorsten Hofmann – als Verhandler beim Bundeskriminalamt spezialisiert auf Geiselnahmen und Entführungen –, dem *Handelsblatt* zu Protokoll: »Das Gegenüber ist nicht so machtvoll, wie es scheint!«

Wer sich fürchtet, in die Vollen zu gehen, dem rät der Profi, das Verhandlungsergebnis im Kopf des Gegenübers »subjektiv mit Wert aufzuladen«. Vielleicht mit der Aussicht einer glücklichen Frau – und einer entspannten Beziehungsatmosphäre. Mit weniger Erwartungsdruck an das, was ein Mann einem alles sein und erfüllen soll. Mit einer Großzügigkeit für die Samstage auf dem Rennrad.

Nein, es geht diesmal nicht um den goldenen Mittelweg, den so hochgelobten Kompromiss. Weil am Ende oft beide nicht das tun, was sie eigentlich wollten, weil man sich irgendwo im Nirgendwo, in der Mitte (also zwischen Meer und Bergen, zwischen Heimspiel der Lieblingsmannschaft und den Shoppingtrips mit der Freundin) trifft. Thorsten Hofmann: »In der Verhandlungssprache meint ein Kompromiss, dass beide keine Lust hatten, richtig miteinander zu verhandeln und unzufrieden über das Ergebnis sind.«

Wem das alles zu wenig nach Liebe klingt: Ständig mit dem Gefühl zu leben, dass die eigenen Bedürfnisse weniger zählen, befeuert nun gerade auch nicht die Anziehungskräfte. Überlegen Sie einmal: *Würden Sie Ihren Mann verlassen, wenn man Ihnen eine Million schenkt?* Falls ja – sollten Sie sich dringend einmal mit sich selbst an den Verhandlungstisch setzen und sich überlegen: Was genau wünsche ich mir? Was hält mich davon ab, es in der Beziehung klar zu formulieren und auch durchzusetzen? Wovor habe ich solche Angst?

Dann *stehen Sie auf, schrauben diese bescheuerte Damokles-schwert-Sammlung von der Decke ab (Sie wissen ja, wie es geht, denn die haben Sie selbst dort angebracht)* und sagen es laut und deutlich: Ich habe den Gärtner bestellt – der wird morgen im Vorgarten ein paar Rhododendron-Büsche pflanzen! Denn ab heute bin ich keine Steingartenfrau mehr.

*Wir alle können und sollten
das Meer einmal gesehen haben.
Unser Meer.*

ALLER ANFANG IST MUT

»Es gibt keine größere Qual,
als eine unerzählte Geschichte in sich zu tragen.«

Maya Angelou[1]

DOPPELTE BUCHFÜHRUNG

Ein paar Monate aussteigen, um zu reisen. Mehr Sport machen, sich gesünder ernähren. Endlich einmal den Job wechseln. Sich aus der unglücklichen Beziehung lösen. Mit dem Chef über die längst fällige Beförderung sprechen. Mit dem Malen, Singen, Tanzen, Schreiben anfangen. – Jede von uns hat ihre eigene unendlich lange Liste, auf der jeder einzelne Posten mit »Ich würde so gerne …« beginnt. Idealerweise steht dort: »Du kannst und du solltest!« Allerdings führen wir eine zweite Liste. Eine, die noch viel länger ist. Bei jeder einzelnen Sehnsucht führt sie zig Gründe auf, weshalb uns das alles nicht zusteht, warum es gerade nicht geht, unerreichbar ist, unmöglich, unzumutbar.

Es gibt diese Liste auch vertont. Dann klingt sie wie all die Gespräche unter Freundinnen, in denen wir uns gegenseitig vorseufzen, wie uns höhere Mächte stets 1000 Steine in den Weg zur Erfüllung legen. Wie sie uns davon abhalten, das zu tun, was wir EIGENTLICH wollen. Caro etwa will schon seit Jahren für ein paar Monate allein verreisen. Erst ging es nicht wegen der Kinder. Später war das Geld angeblich zu knapp. Jetzt fühlt sie sich mit Mitte 50 zu alt. »Ich sehe mich schon mit lauter jungen Menschen im Alter meiner Kinder in den Hostels sitzen. Wie peinlich ist das denn!« Nicole möchte sich ihre Brüste verkleinern lassen. »Doppel-D – ihr macht euch keine Vorstellungen, was das für eine Belastung ist. Ich werde wie meine Mutter bald im Sitzen meine

Brüste auf dem Schoß tragen, weil die Schwerkraft bei dieser Größe besonders gnadenlos zuschlägt.« Warum sie es nicht tut? Ihr Mann ist dagegen. Er findet, das sei eine total überflüssige Geldausgabe. Nicht, weil er ihre Brüste so liebt. Er sagt, dass der Gewinn den finanziellen Aufwand nicht wert sei. Im Unterschied zu den 5500 Euro, die er gerade für sein neues Rennrad hingelegt hat.

Auch Stefanie würde wahnsinnig gern etwas ändern, wie sie uns diese Woche beim Essen in einer Frankfurter Apfelweinkneipe erzählte. »Ich kann mich im Moment gar nicht gut leiden. Ich bin echt zu speckig. Das sind immer noch die ungefähr zehn zusätzlichen Corona-Pfunde, die ich nicht loswerde.« Natürlich versicherten wir ihr, dass sie auch vollschlank immer noch eine umwerfende Frau ist – erinnerten daran, dass diese zehn Pfund keinem uns bekannten Lebensglück im Weg stehen werden. Aber sie beharrte darauf, dass sie sich nicht wohlfühle mit dem »Übergepäck«, das sie da seit Monaten mit sich herumschleppe. Sie müsse dringend etwas für mehr Leichtigkeit tun. Gut, es wäre ein Anfang gewesen, sich einen Salat zu bestellen, anstelle der Berliner Leber mit Zwiebeln und Bratkartoffeln. »Du bist schon vertraut mit dem Konzept des Kaloriensparens?«, fragte Irene vorsichtig. – »Klar!«, antwortete Stefanie mit vollem Mund. »Aber ich hatte heute so einen Mörder-Stress. Da habe ich mir mal ein bisschen Trost-Essen verdient! Außerdem wisst ihr doch selbst, dass Diäten gar nichts bringen.« – »Du könntest ab morgen mit dem Fahrrad zur Arbeit fahren,« schlug Corinna vor. – »Och ne, das geht gar nicht. Das Rad hat den ganzen Winter draußen gestanden, das muss ich erst mal in Schuss bringen.« – »Wie lange kann das dauern?!«, grummelte Corinna. Aber das hörte Stefanie nicht, weil Irene nun sagte: »Du schwimmst doch ganz gerne. Wir könnten zwei Mal die Woche morgens vor der Arbeit zusammen ins Freibad gehen.« – »Das ist gerade schlecht«, sagte Stefanie nun schon ein wenig ungehalten: »Ich hatte doch gerade gesagt: Ich habe so viel zu tun – da brauche ich den Morgen, um wenigstens einmal am Tag ein paar ruhige Minuten für mich zu haben.« – »Du solltest einen Onlineshop für Ausreden eröffnen«, wagte ich todesmutig eine Zusammenfassung des Abends. Es war mein vorläufig letzter mit Stefanie.

WIR TRÄUMERINNEN

Vielleicht war das etwas brutal. Aber ehrlich: *Mit Verständnis kommen wir einfach nicht weiter.* Ich weiß das aus eigener Erfahrung. Ich hatte nämlich immer auch sehr viel davon. Für mich. Für all meine Freundinnen. Für Kolleginnen und Nachbarinnen. Wenn wir mal wieder zwischen Plan und Ausführung, Wunsch und Wirklichkeit stecken blieben. Wenn wir mit ein wenig Wehmut all die wunderbaren Ziele und Vorsätze zur Selbstveränderung »auf Wiedervorlage« legten. Und sie manchmal jahrelang für jedes Treffen erneut herausholten, um uns zu versichern, wie viel schöner, aufregender, erfüllender, spannender das Leben sein könnte, wenn die Umstände in Gestalt von Männern, Kindern, Eltern, von Einkommen, Alter, Jugend, von Erwartungen und Verpflichtungen uns nicht dauernd von dem abhielten, was wir eigentlich gern tun wollten. Es war traurig. Es war entspannend. *Jede von uns hört doch lieber einer Frau zu, die gerade einmal wieder vor dem großen Schritt in ihren Traumjob gekniffen hat, weil sie dafür hätte in eine andere Stadt ziehen müssen, als einer, die ganz entschieden ihren Weg geht* und mir damit zeigt, was möglich ist und was ich dann ja vielleicht auch tun könnte. Wenn ich nicht so die Hosen voll hätte, wenn ich dafür nicht so viele Hürden überwinden und meine Komfortzone verlassen müsste. Wenn ich viel lieber nur darüber sprechen würde, wie toll es wäre, eine eigene kleine Galerie zu eröffnen. Mich zu trennen. Mit dem Training für einen Halbmarathon anzufangen, mit dem Rauchen aufzuhören. Ohne es wirklich durchziehen zu müssen. Oder höchstens einen zaghaften Anfang zu wagen, um festzustellen, dass es zu viel Zeit und Verzicht kostet, Ärger macht, dass ich das Geld, das ich dafür brauche, dann eben nicht mehr für Klamotten oder Urlaube habe, dass es enorm anstrengend ist. Dann will ich doch nicht noch hören: »Jetzt stell dich halt nicht so an!« *Wir alle sind doch lieber »Team Bridget Jones«, der Inbegriff grundsympathischer Inkonsequenz, als Team »Lebensstreberin«.* Nach der Devise »Misery seeks company« trösten wir uns mit den Unzulänglichkeiten der anderen über die eigenen hinweg und umgekehrt.

Das ist gut, weil man sich eben auch mal locker machen und ohne Zähneputzen ins Bett gehen können muss. Oder manchmal nur eine Schulter zum Ausheulen braucht und ein paar Stunden, Tage, manchmal Wochen, um nach Fehlschlägen wieder zu Kräften zu kommen, anstatt Predigten zu hören, wo genau wir den Fehler gemacht haben, und mit Verbesserungsvorschlägen drangsaliert zu werden. Wir sollten bloß mit der Dosierung aufpassen, wenn wir einander in unseren Schwächen bestärken, in der Ohnmacht gegenüber höheren Mächten. Irgendwann gleiten wir so in ein Leben im Konjunktiv, dem Träumer unter den Zeitformen. Richten uns im Hättewürdesolltekönnte ziemlich gemütlich ein, um am Ende im großen, tristen Bedauern zu stranden. Weil wir uns selbst nichts mehr zutrauen. Weil wir es ja noch nie richtig probiert haben. *Dabei kann man den bösen Umständen locker einfach mal das Zepter aus der Hand schlagen.*

ALLES HAT SEINEN PREIS

Eine Erkenntnis, die ich einem Gespräch mit dem Managementtrainer Reinhard K. Sprenger verdanke. Ebenso wie eine gewisse Mitleidlosigkeit, die sich seitdem bei mir eingeschlichen hat. Fairerweise nicht nur mit anderen, sondern auch mit mir. Reinhard K. Sprenger hatte damals gerade seinen Bestseller »Die Entscheidung liegt bei dir!«[2] auf den Markt gebracht. Ich sprach mit ihm darüber, weshalb uns eigentlich Veränderungen so schwerfallen. Selbst dort, wo sie doch vor allem vernünftig und ganz offenbar zu unserem Besten wären. Etwa der Entschluss, mit dem Rauchen aufzuhören, was ich damals zum gefühlt 487. Mal versuchte. Er sagte nur lapidar, dass Leiden eben manchmal einfacher sei als Handeln. Dass wir also das bekannte Unglück oft dem unbekannten Glück vorziehen. Weil es sich so vertraut anfühlt. Weil wir darin heimisch geworden sind und auch weil wir – wie Katzen – nicht gern durch Türen gehen, bei denen wir nicht wissen, was sich dahinter befindet. Weil wir nicht wissen, wie viel Kraft es uns kosten wird, sie zu öffnen und das zu bewältigen, was dort auf uns wartet. Ob wir dem gewachsen sein werden. Ob es nicht vielleicht sogar schlechter ist als das, was wir haben, und wir dann enttäuscht sein werden. Auch über uns.

Wer das Roman-Manuskript nie aus der Schublade holt, wird nie Weltbestseller-Autorin. Einerseits. Andererseits wird so eben nicht der Traum von der großen Schriftstellerinnen-Karriere zerstört. Möglicherweise würden wir ja bereits nach einer Woche Weltreise allein eine schlimme Krankheit simulieren müssen, um nach Hause zurückzukehren, bloß um nicht zugeben zu brauchen, dass wir uns mit dem Solo-Trip überfordert haben.

Eine andere Variante des Lieber-Leiden-als-Handeln-Phänomens lebt Marianne, eine Singlefreundin, die sich sehnlichst den rundum perfekten Mann an ihre Seite wünscht. Sie betrauert wortreich, dass es leider nicht genug Brad Pitts oder Orlando Blums für alle gibt. Weigert sich aber, online zu suchen: »Das ist nichts für mich. Da bin ich oldschool, mein Traummann wird mich schon irgendwie finden.« In den sieben Jahren seit ihrer letzten Beziehung war der offenbar immer woanders unterwegs als Marianne. Das ist das Leid, in dem sie feststeckt. Handeln – es etwa mit Tinder und dann möglicherweise ›bloß‹ mit einem Kai-Uwe aus der Stadtverwaltung zu versuchen – würde ja bedeuten, sich von einigen Illusionen verabschieden zu müssen.

Womit wir wieder bei Reinhard K. Sprenger wären. Der sagte auch, was wir eigentlich selbst wissen müssten: dass eben immer ein Preis zu zahlen sei. »Egal, was man tut oder lässt.« Wer sich –

wie Marianne – nicht den manchmal so ernüchternden Erfahrungen des Online-Dating aussetzen mag, der reduziert eben seine Chancen, fündig zu werden. Wer sich wie Claudia nicht traut, dem 14-jährigen Sohn zu sagen, dass er ruhig auch mal mit dem Rad zum Fußball fahren kann, bloß, um nicht als Rabenmutter zu gelten, der muss eben weiter ganze Wochenenden bei schnarchlangweiligen Turnieren verbringen. Wer sein Roman-Manuskript in der Schublade liegen lässt, wird nie erfahren, ob es so gut ist wie erhofft. Wer es dann doch an Verlage verschickt, muss sich aber auch warm anziehen. So wie schon Joanne K. Rowling. (Ihr Manuskript zu *Harry Potter und der Stein der Weisen*[3] wurde mindestens zwölf Mal abgelehnt, bevor es der englische Verlag Bloomsbury Publishing veröffentlichte. Mit einer Startauflage von 500 Exemplaren. Der Verlag legte Rowling nahe, sich einen Job zu suchen, da ein Autor von dem Verkauf von Kinderbüchern allein nicht leben könne.)

Wer von einem Häuschen im Grünen träumt, wird abends nicht mehr so einfach ins Kino oder ins Theater gehen können und vermutlich auf einige Fernreisen verzichten müssen. Weil so ein Häuschen ziemlich kostet. Und dann sitzt man ja nicht bis ans Ende seiner Tage ergriffen im Garten und denkt »Gott, was bin ich überglücklich!« Man sieht den Rasen, der schon wieder gemäht werden muss, riecht die Rauchschwaden des Nachbarn, der einen – wie jeden Abend – mit den Grillaromen seiner Schwenksteaks einnebelt, und ärgert sich über den Mega-Stau auf der Autobahn, der regelmäßig auf dem Weg zur Arbeit zu bewältigen ist. Auch wer Kinder möchte, bleibt ja nicht die nächsten 18 Jahre rundum fassungslos vor Freude. Und wer so etwas sehr Gutes und Vernünftiges tut wie mit dem Rauchen aufzuhören, der wird halt auch auf – jedenfalls aus Raucherperspektive – viele gute Momente verzichten müssen: auf die Zigarette im Straßencafé, die Zigarette zum Wein, die Zigarettenpause bei der Arbeit. Und natürlich geht man als Ex-Raucherin morgens eben nicht durch ein Spalier einem für diese Großtat applaudierender Menschen zur

Arbeit. Im Gegenteil. Eigentlich interessiert es keine Socke, welch übermenschliche Leistung man da gerade vollbracht hat. Nicht mal mehr einen selbst.

UMSTANDSLOS

Am Ende ist es mit der Selbstveränderung gleichzeitig sehr leicht und total schwer. Leicht, weil wir praktisch viel mehr können, als wir uns zugestehen. Schwer, weil man dafür seiner Trägheit einmal den Mittelfinger zeigen und aus dem »Ich würde ja gern, aber man lässt mich nicht«-Bus aussteigen muss. Aus dieser gemütlichen Kaffeefahrt-Runde mit all den anderen Frauen, die alle dasselbe wollen wie ich. »Lust ohne Leistung, Wohlstand ohne Anstrengung, Gesundheit ohne Selbstsorge«, so Reinhard K. Sprenger. *Wir wollen Veränderung, klar. Aber die möglichst umstandslos. Ganz ohne Risiken und Nebenwirkungen.*

Aus diesem Grund fallen wir auch auf jedwedes noch so bekloppte Versprechen rein, eine Idealfigur sei ohne Mühen und Verzicht zu haben. Obwohl wir alle wissen, dass sich das ganze Abnehmgeheimnis in nur einem Satz zusammenfassen lässt – mehr Kalorien verbrauchen, als man zu sich nimmt – hoffen wir immer weiter auf eine Methode, mit der man diesen trostlosen Fakt umgehen kann. Auf »Abnehmen im Schlaf«, auf »schlank mit Brot und Kuchen«, auf »zehn Kilo in zwei Wochen«, ohne an Diarrhö zu leiden. Wir sind eben – was ich sehr gut verstehen kann – auf Bequemlichkeit und Trägheit programmiert. Auf Energiesparmaßnahmen und darauf, uns selbst damit zu trösten, dass da etwas größer ist als unser Veränderungswille: die Umstände. Der Stress bei der Arbeit, die Kinder, der träge Stoffwechsel oder dass man sich eine Scheidung nicht leisten kann. In Wahrheit hat es für uns oft vermeintlich Vorteile, unsere Pläne aufzugeben.

Umgekehrt sind wir sehr bereit, die Kosten einer Veränderung zu tragen, wenn uns der Nutzen groß genug erscheint. So wie die

Frau, mit der ich vor einer Weile im Zug ins Gespräch kam. Sie erzählte, wie sie vor einigen Jahren ihren Mann verlassen hatte. »Ich konnte es nicht mehr länger aushalten mit ihm. Ich hatte mir vorher schon ewig überlegt, wie ich es machen würde. Wie ich mich anwaltlich beraten lasse. Ein Umzugsunternehmen beauftrage, mir eine Wohnung suche. All die organisatorischen Dinge, die ich erst mal erledigen wollte, bevor ich gehe. Eine endlose Wenn-dann-Kette. Aber dann saß ich eines Morgens mit Rüdiger beim Frühstück. Er hatte am Abend wieder einmal zu viel getrunken und stumpfte müffelnd hinter seiner Zeitung vor sich hin. Keine Fragen an mich, wie ich geschlafen habe. Wie wir den Tag verbringen wollen. Kein Kuss, keine zärtliche Geste. Wie seit Jahren schon. Da bin ich einfach aufgestanden. Ich habe mich angezogen. Habe mir meine Tasche, mein Handy, meine Kreditkarte, meinen Laptop geschnappt und bin gegangen. Ohne Zahnbürste.« Sie erzählte, dass sie zunächst bei einer Freundin unterkam und sich dann eine kleine Wohnung gesucht hat. »Der Anfang war echt hart.« Wegen des erst fassungslosen und dann sehr wütenden Mannes. Aber, so sagt sie: »Es war die beste Entscheidung überhaupt, und ich ärgere mich nur, dass ich viel zu lange damit gewartet habe.«

ENTDECKE DIE MÖGLICHKEITEN

Legt man einmal diesen Die-Entscheidung-liegt-immer-bei-dir-Filter auf die Geschichten, die wir so hören, die wir selbst erzählen, uns und anderen, entstehen plötzlich doch ein paar ungeahnte Chancen. *Man muss sich nur mal vorstellen, Idris Elba würde uns morgens um sechs zum Joggen abholen – wie schnell da alle Ausreden (zu früh, zu kalt, zu anstrengend) verflogen wären.* Wie wir plötzlich sogar täglich laufen würden. Oder wir bekämen jedes Mal 1000 Euro, wenn wir in die Eiswassertonne steigen. Oder eine Fee würde uns um zehn Jahre verjüngen, wenn wir die Abteilungsleitung übernehmen, da ginge ja dann doch einfach so ganz schnell sehr viel mehr. Sogar Stefanie hätte von jetzt auf gleich keine Ausreden mehr, würde man ihr in Aussicht stellen, dass sie zwei Wochen Malle geschenkt bekommt, wenn sie in vier Wochen ihre Corona-Kilos abnimmt. Noch einmal – und damit wir uns nicht falsch verstehen: Es ist rein gar nichts dagegen einzuwenden, wenn man dort bleibt, wo man sich wohlfühlt.

Die Probleme fangen allerdings dort an, wo man ganz dringend woanders hinmöchte – und gleichzeitig alle nur denkbaren Abschreckungsmaßnahmen ergreift, damit das auf keinen Fall passiert. Marion etwa könnte es nach Jahren, in denen sie wortreich unter der Inkompetenz ihrer Chefin gelitten hat, endlich besser machen. »Ich habe ja die ganze Arbeit erledigt und das für deutlich weniger Gehalt!« Nun hat der Mann der Chefin in einer anderen Stadt ein gutes Job-Angebot wahrgenommen und hat seine Frau mitgenommen. »Übernimm doch die Abteilung! Du hast es doch echt drauf!«, haben wir sie ermutigt. Aber sie mag nicht. »Die ganze Verantwortung!«, sagt sie. – »Das höhere Gehalt!«, sagen wir, ihre Freundinnen. – »Mein Georg fände es sicher nicht gut, wenn ich abends nicht pünktlich zu Hause sein kann«, sagt sie. Wir sagen: »Schadet ihm ja nicht, wenn er gelegentlich auch mal Abendbrot für dich und eure Tochter macht!«

Am Ende war Marion die Position in der Deckung doch lieber. Was vollkommen in Ordnung ist. Trotzdem hält sich mein Mitleid sehr in Grenzen, seit der neue Vorgesetzte sich ebenso als »Totalausfall« entpuppt hat wie seine Vorgängerin. Marion hätte es anders haben können. Deshalb: Ja, wir können – abnehmen, uns trennen, den Job wechseln, den Wohnort, wir können Chefin werden, uns eine Viertelstunde in Eiswasser tauchen, um mit 100 Jahren total gesund ins Grab zu sinken. Wir können eine neue Fremdsprache lernen, die Brust verkleinern, uns die Haare kurz schneiden lassen, ein paar Monate die Welt bereisen, ohne Zähneputzen und Abschminken ins Bett gehen, den Garten einfach der Natur überlassen, dem Mann klarmachen, dass er gefälligst auch mal kochen soll, und sogar dem Chef sagen, wohin genau er sich seine unbezahlten Überstunden schieben kann.

Die Entscheidungen liegen bei uns. Wenn wir uns den dafür nötigen Mut nicht nehmen lassen, den man eben auch braucht, um gegen innere und äußere Widerstände seine Pläne und Sehnsüchte durchzuziehen. Wenn wir bereit sind, die Folgekosten auf uns zu nehmen: weniger Schnitzel, mehr Salat. Mehr Bewegung, weniger Sofa. Mehr Überwindung, weniger Bequemlichkeit. Mehr Verantwortung, weniger Freizeit. Und natürlich mehr Ärger. Auf den muss man sich schon deshalb gefasst machen, weil sogar (oder gerade) nächste Menschen sehr fremdeln, wenn man die Selbst-Beweinungsgruppe verlässt und etwas tut, das man vorher nicht getan hat. Schließlich verschließt einem jede Frau, die sich tatsächlich aus einer toxischen Beziehung befreit hat, die es wagt, allein eine große Reise zu unternehmen, die den Abteilungsleiterinnen-Job annimmt, stets ein paar Ausfluchtwege. Denn ihr Beispiel zeigt: Es geht. Aber das ist nicht der einzige Grund, weshalb wir auch bei anderen Veränderungen nicht gern sehen. Da gibt es immer auch die Sorge, dass man vielleicht selbst nicht mehr Teil des neuen Lebens sein könnte. Dass man eine Freundin verliert, wenn die für einen neuen Job wegzieht. Dass sie möglicherweise andere Frauen spannender finden wird, wenn sie neue Interessen verfolgt. Oder andere Männer.

Eine Freundin hat für ein großes Frauenmagazin lange die so genannten Vorher-Nachher-Geschichten betreut. Dafür wurden Frauen mit neuer Frisur, neuem Styling in Bestform gebracht. Allermeistens mit tatsächlich optisch großem Gewinn, der allen gefiel. Bloß den jeweiligen Männern nicht.

»Das war wirklich verrückt. Die Frauen sahen umwerfend aus. Und die Kerle sagten echt: Vorher hast du mir besser gefallen.« Männer überlegen natürlich – was kommt als Nächstes? Wird sie aufhören, mir regelmäßig warme Mahlzeiten zuzubereiten? Sich nach anderen umsehen? Mich langweilig finden? Auch so erklärt sich der Fanclub von »Alles-soll-so-bleiben-wie-es-ist«.

Es ist also auch beim Gegenüber oft nichts weiter als der pure Eigennutz, der Veränderungen verhindert. Es gibt ihn in vielen Varianten. Eine besonders radikale habe ich einmal bei einem Kaffeetrinken bei einer meiner vielen Tanten in Niedersachsen erlebt. Ich erzählte von einem Urlaub auf Kreta. Die 84-Jährige meinte damals nur lapidar, dass sie noch nie am Meer gewesen sei. Ihr Mann habe es nicht für nötig befunden – und »das muss ja auch nicht sein!« Ich sagte: Doch. Es muss. Zumal, wenn man so nahe an der Nordsee lebt. Und vor allem, wenn es nicht ihr Wunsch war, daheim zu bleiben.

Wir alle können und sollten das Meer einmal gesehen haben. Unser Meer. Unsere Pläne realisieren, uns unsere Träume erfüllen, unsere Ziele verwirklichen. *Wer es nie versucht hat, wird nie erfahren, ob er es nicht auch geschafft hätte. Und letztlich ist es doch so: Auf dem Sterbebett wird in der Regel nicht beklagt, was man getan hat, sondern was man verpasst hat.* Klar werde ich nicht mehr als Neurochirurgin arbeiten. So interessant ich den Beruf auch finde. Und sicher gibt es Umstände, die den Aktionsradius manchmal empfindlich einschränken. Mit einer Halbtagsstelle wird man keinen Luxus-Urlaub auf Mauritius machen können. Mit zwei kleinen Kindern kaum einen Job bewältigen, bei dem man auch am Wochenende und abends beschäftigt ist. Trotzdem sind uns viel weniger Grenzen gesetzt, als wir befürchten (und manchmal vielleicht sogar hoffen, um uns nicht in Bewegung setzen zu müssen). Hier ein mentaler Reiseproviant für den Weg zu Ihrem Meer:

Das Ziel macht den Weg

Gut, wir wollen ans Wasser. Aber an welches? Zum nächsten Baggersee? An die Pfütze im Garten? Pazifik? Atlantik? Es genügt nicht zu wissen, dass es anders werden muss, um besser zu werden. Man braucht schon einen Fixpunkt als Motivationshilfe: Was will ich genau, mit wem und mit welchen Maßnahmen erreichen? So präzisiert und konkretisiert sollten wir sie planen, die so wichtige Vorfreude auf das, was wir auch noch sein könnten.

Aller Anfang ist klein

Auch eine 1000 Meilen lange Reise beginnt mit einem ersten Schritt – meint: Wer große Ziele erreichen will, fängt besser klein an. Zwei-, dreimal die Woche zu joggen ist machbar. Sich gleich ein tägliches Pensum zu setzen ist zwar ambitioniert – bringt aber schnell das ganze Projekt zum Scheitern. Schauen, was möglich ist – und vielleicht sogar ein wenig drunter bleiben: schafft Erfolge und hält den Frust in Schach.

Alleingänge

Ja, es ist wunderbar, wenn man unterstützt wird. Aber ehrlich: Die Jogging-Verabredung mit der Nachbarin führt meist nur dazu, dass erst die eine absagt – und dann die andere, weil sie ja noch eine Absage offen hat, usw. *Eine Frau tut am besten erst mal allein, was sie tun will und muss.* Oft tauscht man sonst eine Abhängigkeit gegen die andere aus. Und sich nur vor sich selbst rechtfertigen zu müssen, weil man morgens dann doch lieber im Bett geblieben ist, schließt ein paar mentale Notausgänge.

Wachstumsschmerzen

Selbstveränderungen kosten. Gewohntes abzulegen bedeutet, vieles hinter sich zu lassen. Manchmal auch nahe Menschen. Und egal, wie schlecht eine Gewohnheit ist – sie ist eine Gewohnheit, und auch von der trennt man sich nicht so leicht. Es wird einfacher, wenn man von Anfang an keinen glatten Durchmarsch erwartet und sich das Lohnende vor Augen führt: das höhere Gehalt, die größere Fitness, das entspanntere Leben – ohne den Beziehungsstress und den, der ihn meistens verursacht hat – oder die Horizonterweiterung, wenn man erst mal fehlerfrei Spanisch parlieren kann oder sämtliche Hauptstädte des Planeten auswendig weiß.

Verlierergewinne

Doch wieder eine Zigarette angesteckt? Den Kühlschrank geplündert? Den Vollidioten kontaktiert, der einen betrogen hat? Kein Grund, die herrlichen Veränderungspläne gleich ganz in die Tonne zu treten. *Es gibt keine Rückfälle, es gibt nur Vorfälle. Man kann jederzeit weitermachen. Und ist außerdem klüger als vorher.* Man könnte auch sagen: Wir irren uns voran. Mich hat es deutlich weitergebracht zu erfahren, dass ich nicht stärker bin als meine Nikotinsucht, sondern dass sie immer stärker sein wird als ich. Seitdem habe ich ausreichend Respekt, um einen großen Bogen um die Idee zu machen, bloß mal eine rauchen zu können – ohne sofort wieder »drauf« zu sein.

Glücks-Bestandsschutz

Das Wichtigste: Alles kann so bleiben, wie es ist. Veränderungen versanden meist im Ansatz – wenn wir damit nur die Erwartungen anderer erfüllen. Wenn wir denken, ich MÜSSTE dünner, fitter oder konsequenter sein und nicht: Ich WILL. Ein wichtiger Indikator dafür: Wenn man immer wieder mit seinen Plänen scheitert. Dann hat es offenbar größere Vorteile, alles beim Alten zu belassen und ein neues Leben damit zu starten, sehr zufrieden zu sein mit dem, was man hat und wer man ist.

Hört auf, uns zu erzählen,
wie wir zu sein haben.

FIGURBETONT

»Die Leute dürfen sich nennen, wie sie wollen.
Mir ist das egal. Aber mir ist nicht egal, wenn andere Leute
die Bezeichnung für sie heraussuchen.«

Octavia Butler

EINFACH MAL DIE KLAPPE HALTEN

Wie reagieren, wenn Bodo aus der Buchhaltung vor versammelter Belegschaft in der Teeküche äußert, dass unser Hintern so groß ist, dass er sicher ein eigenes Bruttosozialprodukt hat! Sollen wir mitlachen, provokant mit dem Po wackeln? Die Runde bitten, einen schönen Ländernamen für den Allerwertesten zu finden? Oder Bodo sofort eine schallern? Ihm mit einem schnellen Griff einmal herzlich die Hoden drücken? Oder die Bemerkung mit Nonchalance überhören? Oder doch besser verbal zurückschlagen: »Kein Neid. Nicht jeder kann so gut ausgestattet sein!« Oder: »Das kommt dir nur so vor, weil du offenbar sonst nur mit sehr kleinen Körperteilen vertraut bist.« Oder nur sagen: »Ich mag ihn!« Oder: »Er ist nicht so groß wie deine Überraschung sein wird, wenn du morgen eine Abmahnung wegen sexueller Belästigung auf dem Schreibtisch hast!?« Oder sozusagen *das kleine Schwarze der Reaktionen – nämlich ganz schlicht: »Halt die Klappe!«*

Was sagen, wenn Kurt meint, dass Lena aus dem Bekanntenkreis wirklich nicht in Würde altert. Wie die aussehe, das sei unterirdisch. Diese glatte Stirn, ihre Schmolllippen, das sei doch lächerlich mit ihren 55. Wie altert man denn in Würde, und wer zum Teufel bestimmt, wie das geht? Kurt? Heißt in Würde altern kein Botox zu benutzen oder die Haare nicht mehr zu strähnen?

Frauen müssen sich sogar noch für »in Würde altern« qualifizieren, während der gleichaltrige Kurt sich mit einer Mitzwanzigerin schmückt und seine Plauze regelmäßig in Lycra-Leibchen zwängt, um sich auf einem 7000 Euro teuren Rennrad noch einmal wie einst im Mai zu fühlen.

Und was zu der 67-jährigen Nachbarin sagen, die findet, dass eine 62-jährige Fernsehansagerin ihr »Verfallsdatum« längst deutlich überschritten habe? »Warum soll ich mir für die vielen Gebühren so ein altes Gesicht anschauen?« Vielleicht: »Ich wusste gar nicht, dass du in deiner Wohnung alle Spiegel verhängt hast.« Und fest daran denken, dass sich das sehr gelohnt hat – auch wenn sie einem sicher keine Eier oder Mehl oder Brot mehr leihen wird.

Ich habe mir im Laufe meines Lebens sehr viele Kommentare über mein Aussehen angehört. Meine Figur, meine Haare, und seit Neustem ist mein Hals in den Fokus des allgemeinen Interesses gerückt. Sitze ich in einer Talkshow, bekomme ich danach unzählige Nachrichten über Social Media, die sich mit den unterschiedlichsten Aspekten meines Aussehens beschäftigen. *Ich bin zu dünn, zu dick, zu faltig, zu ausgemergelt, zu proper oder schlicht »sauhässlich«.* Mit wie viel Häme und Hass da gearbeitet wird, ist immer wieder erstaunlich. Welche Energie Menschen dafür aufwenden! Sie könnten so viel Schönes in der Zeit tun. So freundlich sein, Karma-Punkte sammeln, aber nein. Selbst nur auf die Tapete zu starren wäre sinnvoller. Aber es scheint da einen unstillbaren Drang zu geben, sich an anderer Leute Körper das Mütchen zu kühlen. Auch mal was zu kamellen zu haben. Oberster Body-und-Beauty-Gerichtshof zu sein. Mit immer neuen Angeklagten. Womit wir wieder beim Hals wären.

Ich denke »der arme Hals«. So viele Jahre schon trägt er meinen Kopf, zumeist klaglos, egal, in welcher Gewichtsklasse, und jetzt, auf seine alten Tage, muss er sich all das anhören. Sollte ich, ob all der Beschwerden, nun auch im Sommer Rollkragen überziehen? Sollte es mich überhaupt interessieren, was irgendwelche

Fremde über mich denken? Wie sie urteilen? Natürlich könnte es mir egal sein – und zumeist ist es das auch. Aber ein bisschen was bleibt immer hängen. Spukt in meinem Kopf herum. Egal, was ich tue. Egal, wie energisch mein Verstand sagt: »Scheiß doch drauf!«

SCHRANKENWÄRTER

Frauen werden nicht beklatscht für das, was sie sagen, wissen oder denken, sondern höchstens dafür, »wie gut sie noch in Schuss sind« – »für ihr Alter«, versteht sich. Das nervt kolossal. Es ist frech, übergriffig, unverschämt. Immer steckt dahinter auch ein Platzverweis. Wir sollen daran erinnert werden, wohin wir eigentlich gehören: vor den Allibert, mit Selbstzweifeln beschäftigt. *In der Zeit, in der wir über unsere vermeintlichen Mängel greinen, uns daran abarbeiten, jünger, schlanker, rundum appetitlicher zu sein, können wir Bodo aus der Buchhaltung nicht sein Weltbild streitig machen,* in dem der Mann immer noch die Deutungshoheit über das hat, was eine Frau gut aussehen lässt. Deshalb gilt: Egal, wie erfolgreich Frauen sind, es schützt sie nicht vor spitzen und unverschämten Bemerkungen. Ganz im Gegenteil. Gerade bei Frauen in Top-Positionen wird gerne rumgemäkelt. Einfach auch um zu zeigen: »Bilde dir nur ja nichts ein. Egal, wie schlau du sein magst, am Ende musst du dich immer noch an deiner Optik messen lassen – also mit Frauen konkurrieren, die ihre gesamte Energie gleich in die richtigen Werte investiert haben: in ihr Aussehen.«

All diese Bemerkungen zielen darauf ab, jemanden kleinzumachen. Ihn in seine »naturgegebenen« Schranken zu verweisen. Uns aufzuzeigen, dass es eben leider nie reicht. Nobelpreis? Ja, okay, ganz gut, keine Frage, aber hast du die Oberarme gesehen? – Aufsichtsrätin? Mag sein, dass sie höllisch viel Geld verdient. Aber eines kann sie sich offenbar nicht mit all der Kohle leisten: schöne

Beine. – Also mit diesen Krampfadern würde ich mich nicht mal nachts und mit blickdichten Strümpfen rauswagen.

Bei Frauen ist kein Erfolg groß genug, um nicht über »mangelhafte« Optik noch heruntergedimmt, herabgewürdigt zu werden. Angela Merkel, okay – immerhin war sie mal Kanzlerin, aber die Klamotten! Diese Hängebacken! Wie kann die so vor die Weltöffentlichkeit treten? Marie-Agnes Strack-Zimmermann, gut, sie hat größere Eier als mancher Kerl, aber gerade deshalb könnte sie sich mal ein wenig hübsch machen. Das Aussehen steht bei Frauen immer on top. Es ist die Währung, mit der unser Wert als Frauen bemessen wird, mit der wir uns für die VerWERTUNG als Objekt der Begierde qualifizieren. Mit unserem Engagement für die so gewünschte Sexyness zeigen wir außerdem, was wir bereit sind zu tun, um einem Mann zu gefallen. Die exzessive Beschäftigung mit unserem Aussehen ist im Grunde unser Fan-Schal für eine Haltung, in der Frauen sich allenfalls »hochschlafen« –, aber niemals hocharbeiten, und in der wir kaum mehr im Kopf haben sollen, als die neusten Contouring-Techniken und das perfekte Sauerbratenrezept und also keinesfalls in Konkurrenz mit Männern treten wollen.

ANGEFASST

Das Schlimme an all dem Bashing ist aber, dass wir es uns doch zu Herzen nehmen. Ich halte mir morgens manchmal ein wenig Halshaut nach hinten und muss feststellen, dass mein Hals durchaus schon bessere Zeiten hatte. Ich sehe es. Ich schreie nicht: »Hurra, ich liebe dich, Knitterhals, ich verehre dich«, finde aber, dass es ja mein Hals ist, ich ihn tragen muss, und er in seinem Alter jedes Anrecht auf ein paar Falten hat. (Google trotzdem heimlich Halsstraffung.) Wir wissen um die Misere, wollen uns nicht auf Äußerlichkeiten reduzieren lassen – und tun es doch. Sind gekränkt, sauer, oder wie man heute gerne sagt: angefasst.

Wäre schön, man könnte all dieses widerliche Herumkritteln, das Niedermachen, all die Abschätzigkeit den Männern zuschieben. Sagen: *Schaut euch doch erst mal selbst an. Kümmert euch um eure eigenen Problemzonen!* Reduziert uns nicht auf Äußerlichkeiten. Wertschätzt unsere Qualitäten, hört auf uns zu erzählen, wie wir zu sein haben. Wir könnten sagen: Was versteht ihr davon? Und auch: Wir haben die Strategie verstanden. Eine Frau, die zum Heulen nach Hause geht, weil irgendein Kerl sie »fett« fand, die konkurriert schon mal nicht mit ihm um die Beförderung. Die soll sich schämen, weil sie etwas falsch gemacht hat: sich nämlich offenbar als Frau nicht die richtigen Ziele gesetzt zu haben. Weil sie abends satt ins Bett gehen will, statt hungrig. Oder weil sie mal eine Zeitung liest, anstatt die Zeit mit einem Augenbrauentutorial zu verbringen. Kurz: Sie findet es wichtiger, etwas für sich zu tun, als dafür, wem auch immer zu gefallen.

Wie schnell wäre das Thema also vom Tisch, wären wir Frauen uns einig darüber, was da läuft und dass das sowas von gar nicht geht. Wir könnten dafür sorgen, dass es im Leben von Männern, die sagen: »Mit was verhüten Emanzen? Mit ihrem Gesicht!« – eigentlich nur noch eine Frau geben kann: die Mutter. Dass sie im sozialen Aus ganz allein und ungeliebt ein trostloses Leben führen und höchstens noch auf der Liste der bedrohten Arten einen Spitzenplatz bekommen.

Dafür brauchten wir gar nicht viel zu tun. Wir brauchten uns nur einig darin sein, dass man uns mit Respekt behandelt. Ganz einfach. Wir müssten uns gemeinsam nur mit einer Art emotionalem Super-Teflon überziehen, an dem all das abgleitet, müssten uns gegenseitig schützen und solidarisch und loyal sein. Uns verweigern, anstatt ständig an vermeintlicher Perfektionierung zu arbeiten. Konjunktiv! Denn – und das ist in diesem Kontext die traurigste Nachricht: In Wirklichkeit sind wir selbst die Allerschlimmsten.

LÄSTERSCHWESTERN

Ist es eine Art Stockholm-Syndrom? Das psychologische Phänomen, ein positives Verhältnis zu jenen aufzubauen, gegenüber denen man sich ohnehin ohnmächtig fühlt, und mit ihnen zu kooperieren? Glauben manche von uns, es gibt Extra-Punkte bei Männern, wenn man sich ihren Blick auf Frauen aneignet? In der Hoffnung, dass man diese Punkte dann gegen Anerkennung eintauschen kann? Das gute alte Rabatt-Marken-Prinzip also, mit dem man sich Vorteile zu verschaffen sucht? Bei Männern und gegenüber anderen Frauen?

Haben manche Frauen Sorge, dass Optik und/oder ein generelles Verständnis für alles, was ein Mann tut oder lässt, ohnehin ihr einziger »Produktvorteil« ist und man ihnen dies nun streitig machen will?

Schaut man sich jedenfalls einmal Kommentare zu Moderatorinnen, Nachrichtensprecherinnen, weiblichen Talkshow-Gästen an, sind es erstaunlich oft Frauen, die sich am Aussehen der öffentlichen Frauen abarbeiten. Zu fett, zu ausgemergelt, zu faltig, oder zu prall (meine Güte, kann die nicht entspannt alt werden?). Selbst da, wo es eigentlich nett klingt und sicher auch so gemeint ist – frage ich mich: Wieso geht es nicht darum, dass da eine was Kluges oder Lustiges gesagt hat –, sondern um eine neue Frisur, die ihr steht, oder das Kleid, das gefällt, oder die Nagellackfarbe?

Damit sorgen wir unermüdlich und mit großem Eifer dafür, dass die Währung Schönheit auf alle Fälle stabil bleibt. Als Lena Dunham 2012 in der Serie »Girls« in Amerika mit einem winzigen Bikini über kleinen Brüsten, Hüftspeck, Bäuchlein und Cellulite erschien, gab es einen medialen Aufschrei. Die TV-Moderatorin Joan Rivers (damals 80 Jahre alt) mahnte öffentlich: »Lena, weil du amüsant bist, ist es in Ordnung so auszusehen, wie du aussiehst. Aber rede anderen Mädels nicht ein, dass sie sich auch so präsentieren sollen!« Kein Gedanke daran, dass sich da eine vielleicht gar nicht »präsentiert«, sondern einfach so ist. Dass da mal kein Beauty-Programm promotet werden soll, sondern ein Leben gezeigt wird, in dem eine junge Frau andere Ziele verfolgt, als an der längst globalen Schönheitskonkurrenz teilzunehmen, die da spätestens seit der Erfindung der sozialen Medien läuft. Sie will eine gute Autorin werden. Und natürlich Spaß haben. Ihr Leben genießen. Mit oder ohne Kohlenhydrate. Mit Größe 36 oder 46. Die ältere Frau dagegen will sich nicht nehmen lassen, was in ihrem Leben die Maxime war und was sie sicher einiges gekostet hat – nicht nur an Diäten, an Raffungen und Straffungen.

KONKURRENZ BELEBT DEN BEAUTY-DRUCK

Es ist eine never ending Story. Noch jenseits der 85 wird gestichelt und gezischt. Wenn ich meiner Stiefmutter zuhöre, bekomme ich es mit der Angst zu tun. Sie erklärt ungefragt der Konkurrenzoma, dass deren Enkeltochter ja leider so gar nicht hübsch sei. Die ist sofort tief getroffen, weil das in ihren Augen das schlimmste mögliche Szenario überhaupt für eine junge Frau ist. Mal davon abgesehen, dass die Enkelin sehr attraktiv ist, hätte man noch zig und ganz andere Vorzüge aufzählen können. Dass die erst Zwanzigjährige einen exzellenten Bachelor in der Tasche hat und demnächst Künstliche Intelligenz im Master studiert und vielleicht schon deshalb ihren Fokus nicht nur auf die Dekoration, sondern auch auf den Inhalt – kurz: Gehirn – setzt. *Selbst im Altenheim werden wir uns vermutlich anhören müssen, dass wir den Nachtisch wohl besser stehen lassen sollten und dass die Anneliese aussieht wie einer dieser chinesischen Faltenhunde, ein Shar Pei.*

Warum nur scheint es zu unserer Grundausstattung zu gehören, andere Frauen so wenig wohlwollend zu betrachten? Warum diese ständige Konkurrenz? Dieses ewige Vergleichen? Macht es uns selbst größer, wenn wir Bettina, Maria oder Sandra kleinmachen?

»Aber das alles hat sich doch total verändert, seit es die Body-Positivity-Bewegung gibt!«, erklärt uns Greta, eine Bekannte. Diese Bewegung setze sich dafür ein, alle Arten von Körper zu akzeptieren. »Jede ist gut, so wie sie ist. Jede ist großartig. Egal, in welcher Form, in welchem Alter. Mit Haaren am Kinn, ohne Haare auf dem Kopf. Mit Narben, mit Schwangerschaftsstreifen. Wir müssen uns lieben! Unserem Körper huldigen!« Auch das ist am Ende eigentlich keine entspannte Betrachtung, auch das rückt unseren Körper ja schon wieder in den Vordergrund. Wir sollen ihn und uns einerseits also kasteien, perfektionieren, bestimmten Vorgaben entsprechen – oder dann ins andere Extrem fallen: die vermeintlichen Mängel – die dicken Schenkel, die kleinen Brüste oder was auch immer nicht normgerecht scheint – fast schon hymnisch feiern und ekstatisch lieben. Hurra, endlich graues Haar, hurra auf mein Doppelkinn, hurra den Speckfalten.

FORM-SACHEN

Nun feiern Frauen euphorisch auf Instagram ihre Cellulite. Man gilt als eine moderne Jeanne d'Arc, wenn man mit Größe 52 im Bikini die Küche feudelt. Ich verstehe die Absicht, dass wir uns beruhigen sollen, und diese Frauen eben zu dieser Beruhigung beitragen. Andererseits: Ob sich nun eine in Konfektionsgröße 44 dauernd in Unterwäsche zeigt oder eine in Größe 34 – immer steht weiterhin unser Körper im Vordergrund.

»Die mit den Modelmaßen haben doch anfangen, uns den Druck zu machen – jetzt sind wir dran, ein Gegenbild anzubieten«, erklärte mir vor einer Weile eine Body-Positivity-Aktivistin. Ja, das mag sein. Aber ich freue mich echt schon auf die Zeit, in der wir mal all das zeigen, was wir – außer einem Körper – noch zu bieten haben. Ja, es ist ja wunderbar, wenn wir unsere Körper mit mehr Wohlwollen betrachten sollen und können. Aber so ist er ja wieder Haupt-Thema. Wenn wir uns akzeptieren, wie wir sind, wenn wir nicht über unseren Hintern oder unsere Falten beurteilt werden wollen, sollten wir den körperlichen Form-Sachen vielleicht einfach nicht mehr Raum geben? Weder in die eine noch in die andere Richtung?

Man muss seinem Speck oder anderen vermeintlichen Makeln nicht gleich einen Feiertag widmen, um gut mit ihnen leben zu können. Warum nicht niedrigschwelliger einsteigen, nicht lieben, sondern gelassen wertschätzen? Es sind unsere Arme, Beine, Bauch, Po, Brüste. *Es ist ein Körper. Kein Leistungs- oder Identitätsnachweis. Kein Altar, kein Festivalgelände.* Ein Besuch in der öffentlichen Sauna oder im Hallenbad an einem Dienstagnachmittag zeigt eindrücklich, welche Diversität es beim Thema gibt. Welche Bandbreite. Das kann vieles relativieren und sehr stimmungsaufhellend sein. Letztlich sorgt auch die sogenannte Body Positivity für enorme Anspannung. Meint auch die Schauspielerin, Regisseurin und Autorin Saralisa Volm: »Dieses ständige Sich-selbst-Lieben ist nur eine andere Ausformung von Druck. Stattdessen wünsche ich mir eher so etwas wie Body Neutrality. Im Social-Media-Kontext habe ich bei Body Positivity auch häufig den Eindruck, dass es doch nur darum geht, mir etwas zu verkaufen: Du denkst, du kannst das nicht tragen, aber auch du kannst es tragen und vor allem kaufen.«[1]

UNGESCHMINKTE WAHRHEIT

Warum erklären uns ständig andere, wie wir unseren Körper zu finden haben? Eben noch Häme pur, Kritik und Vorwürfe, und auf einmal sollen wir all unsere »Baustellen« ganz doll liebhaben. Sie fast schon anbeten? Zur Schau stellen? Darf man nicht mal mehr denken: »Puh, mit der weißen Wampe an den Strand? Wo ist mein verdammter Pareo?« Ist das schon ein Statement wider die Body Positivity? *Ist es umgekehrt schon eine Mutprobe, sich als prominente Frau ohne Make-up vor die Kamera zu trauen (um das vermeintlich fehlende Make-up durch so viele Filter zu ersetzen, dass man als Betrachterin schon überlegt, ob man vielleicht eine neue Lesebrille braucht)? Ist es wirklich die ungeschminkte Wahrheit, dass wir alle auch ohne diese Hilfsmittel wunderschön sind?*

Tatsächlich benutzen manche, die ihr Foto in Social-Media-Accounts mit #nomakeup kennzeichnen, nicht nur ganz schön viele Kosmetika, um so »natürlich« auszusehen. Sie haben auch die optimale »Grundierung« – also eine regelmäßige, professionelle Pflege, gesunde Ernährung – und anderes zur Hilfe. Das sei ihnen unbedingt zu gönnen. Aber ob es den Druck von uns normalen Frauen nimmt? Immerhin sehen wir nun, dass die andere angeblich auch ohne unsere kleinen Helferlein – die uns manchmal wirklich über den Tag retten, ohne dass man dauernd gefragt wird, ob es einem nicht gut geht – einfach unglaublich schön ist.

Auch hier bestätigt sich die Theorie, dass gerade mit den Appellen zum Weglassen letztlich doch nur wieder die Kaufimpulse angeregt werden. Sie hat sogar schon einen Namen: »Love Your Body-Marketing«. Jetzt sollen wir uns gefälligst in unserer Haut rundum wohlfühlen. So wie wir sind. Zur Unterstützung sollen wir die Produkte kaufen, die verheißen, uns dabei zu helfen. Dass diese Botschaft die Unsicherheit nur noch vergrößert – und damit den Absatz von Pflegeprodukten, bestätigt eine Studie der University of Georgia. Demnach ist der Verkauf von Kosmetika mit dem Aufkommen des No-Make-up-Trends sogar gestiegen. Die Studie fand zwar in den USA statt, aber ihre Ergebnisse dürfte auch für Deutschland relevant sein. Ebenso wie das Statement von Rosanna Smith, Hauptautorin der Studie und Assistenzprofessorin am Terry College of Business.[2] Sie sagt, die Untersuchung habe gezeigt, dass »die No-Make-Up-Bewegung ein zentrales Spannungsfeld, mit dem Frauen oft zu kämpfen haben, noch verschärft: Sie werden unter Druck gesetzt, attraktiv auszusehen oder bestimmte Schönheitsstandards einzuhalten. Aber sie werden auch bestraft oder lächerlich gemacht, wenn sie sich bemühen, diese Standards durch Make-up einzuhalten.« Wenn wir so sein sollen, wie wir eben von Natur aus sind, würden wieder diejenigen beschämt,»die Hilfsmittel verwenden, um bestimmte ästhetische Probleme wie Akne zu behandeln«. Oder die schwer ausgedünnten Augenbrauen aufzufüllen. Oder geplatzte Äderchen zu überdecken. Oder Altersflecken.

HELDINNENTATEN

»Dass du dich das traust!«, hat eine Freundin mal bewundernd zu mir gesagt. Dabei hatte ich mich weder zu der geplanten Mars-Expedition angemeldet noch angekündigt, in der Frankfurter Festhalle zu singen (was wirklich, wirklich eine unglaubliche Mutprobe wäre). Sie fand offenbar nur, dass es eine Heldentat ist, mit Kleidergröße 44 einen Bikini zu tragen. So als wäre es eine wirkliche Herausforderung. Niemals würde sie das tun. Nicht mal in ihrem eigenen Garten. Aber mein Bikini am zugegebenermaßen speckigen Körper ist kein politisches Statement, keine Aufforderung es mir gleichzutun. Es ist einfach eine Entscheidung. Ich mag es, meinen Bauch zu bräunen. Nicht mehr und nicht weniger. Wenn andere finden, er gehöre verdeckt, fein. Mir egal. Ich sehe auch nicht alles gern, aber so weit zu gehen, meinen Moppelbauch als eine Zumutung für die Öffentlichkeit zu empfinden, wäre doch etwas übertrieben. Das würde ihm einen Stellenwert geben, den er nicht hat. Es ist ein Bauch.

Es gibt eine sehr, sehr lange Liste von Zumutungen (siehe all die anderen Kapitel in diesem Buch), aber mein Bauch hat sicherlich keine Top-Position in der öffentlichen Wahrnehmung verdient. Ich würde ihn nicht bei Instagram posten und trage auch keine Crop-Tops, aber am Strand darf er mal an die frische Luft. Fertig.

Dass wir so besessen von unserem Aussehen sind, liegt vielleicht auch daran, dass wir das Gefühl haben, wenigstens da am Hebel zu sitzen. Endlich mal was, das wir kontrollieren können.

Das Leben da draußen stupst uns rum, macht, was es will, aber mein Körper, den mache ich. Da zumindest bin ich der Bestimmer. Aber ich lasse es trotzdem zu, dass jeder mitspricht. Seine Meinung äußert. Kommt Kritik, dann muss ich mich eben noch mehr ins Zeug legen. Dann liegt es an mir und daran, dass ich vielleicht doch nicht konsequent genug bin. Wir alle sollten es besser wissen. *Wir sollten dafür sorgen, dass unsere Töchter ohne diesen Beauty-Stress aufwachsen. Ohne die Selbstzweifel und ohne enervierende Selbstvorwürfe.*

Aber wir geben den Druck weiter. Immer weiter.

DRUCK-MASCHINEN

Da ist Sabine, sie ist 45 und hat eine entzückende Tochter. Annabelle, acht Jahre alt, singt im Chor, spielt schon richtig gut Klavier und hat die letzten beiden Vorlesewettbewerbe ihrer Schule gewonnen. Ein aufgewecktes, nettes, wohlerzogenes Kind, hätte meine Mutter gesagt. »Ja, schon«, meint Sabine, »aber sie ist doch recht pummelig, hat schon leicht schwabbelige Schenkel, und wenn das so weitergeht, dann wird sie es schwer haben im Leben. Dazu noch ihr dünnes Haar.« Deshalb hat Sabine, als reine Vorsichtsmaßnahme und um ihr Kind auf die Härten des Lebens einer Frau vorzubereiten, die Bremse gezogen. Null Zucker, keine Kohlenhydrate. Und sie hat Annabelle beim Hockey angemeldet. Gegen deren Willen. »Konsequenz ist der Schlüssel! Da muss man sich auch mal überwinden!«, predigt Sabine rund um die Uhr. Sie meine es ja nur gut, fügt sie noch als Erklärung hinzu.

Die Spirale wird am Laufen gehalten. Dass sie schon mit acht Jahren nicht in Ordnung ist, dass nicht nur Sabine, sondern auch ihr Mann Jörg ständig mahnen und warnen, wird Annabelle ihr Leben lang begleiten. Selbst dann, wenn sie vielleicht in 27 Jahren in der Philharmonie ein Solokonzert gibt und ihr Blick von den Tasten auf die Schenkel fällt. Ich kenne das. Mein Vater hat mir immer mal wieder – ungefragt wohlbemerkt – gesagt, dass ich gut im Futter stünde und ruhig mal ein paar Kilo abnehmen könne. Das hat mich jedes Mal sehr geärgert, aber ich habe es mir lange angehört, bis ich eines Tages ziemlich streng aufgemuckt habe: *»Wenn ich deine Meinung zu meiner Figur hören möchte, werde ich dich fragen, ansonsten lass die Kommentare zu meinem Aussehen, vor allem wenn du nichts Nettes zu sagen hast.«* Er war augenscheinlich sehr überrascht, aber er hat seither nie mehr auch nur einen winzigen Kommentar in dieser Richtung abgegeben. Ein anderer Mitachtziger aus meinem Umfeld erzählte mir neulich, dass bei Gudrun, 51, der Lack nun auch mal ab sei, ihre besten Tage wohl hinter ihr lägen. Jenseits der 50 seien Frauen halt einfach alt. Mit den Wechseljahren und dem Kram könne man die Frauen vergessen. Ein 85-Jähriger! Als ich ihn darauf aufmerksam machte, dass ich sogar 60 sei und er mich damit auch direkt mitbeleidigt habe, hat ihn das nicht sonderlich gestört. »Übrigens bist du Fünfundachtzig. Und das Mannsein an sich macht es auch nicht besser. Ich sage nur Prostata und Co.«, habe ich dann gekontert. Er darf sich ruhig weiter für supertoll halten, aber man muss dem Affen ja nicht auch noch Zucker geben.

DER STEINIGE MITTELWEG

Wenn ich in der Bahn sitze und all die Mädchen sehe, die kaum die Augen aufhalten können unter ihren zentnerschweren künstlichen Wimpern, die nichts mehr anfassen können mit ihren »Claws«, den Stiletto-förmigen, spitz zulaufenden, megalangen Glitzerirgendwasnägeln, dann ergreift mich etwas zwischen Wut und Mitleid. Wut, weil diese verdammte Währung Aussehen uns immer noch beschäftigt hält, weil die Zeit, die Energie und das Geld beim Nagelstudio, bei der Wimpern-Fachfrau und, und, und, auch anders investiert werden könnten. Weil wir glauben, nur so attraktiv zu sein. Weil Attraktivität für uns immer nur in der Optik liegt. Mitleid dafür, dass ihnen niemand sagt: »Du musst das alles gar nicht tun. Entspann dich. Du bist jung und megahübsch, auch ohne all das Zusatzfell an deinen Augen!« Mitleid dafür, dass auch die nächste und übernächste Generation sich genau so einen Kopf macht um das Aussehen. Sich weiter abarbeitet an einer Währung, die suggeriert, dass wir dafür ganz viel Liebe, Aufmerksamkeit, Sicherheit, Anerkennung bekommen – die aber kaum mehr Kaufkraft für all das besitzt, was wir damit eintauschen wollen, als der iranische Rial in einem Frankfurter Café.

Steigt man in den Beauty-Ring, muss man wissen, dass man nie genügen wird. Es ist immer schon eine da, die noch schöner ist oder im Detail mehr Vorzüge hat. Eine, die eine andere umwerfende Schönheit mitbringt. Aber beide werden altern. Und egal, wie oft sie sich unters Messer legen – man wird es sehen.

Das zu verstehen ist wichtig. Es reicht niemals. Egal, wie wir uns abrackern.

Man kann immer noch dünner, noch trainierter, noch glatter … sein. Noch fitter und noch gepflegter. Noch jünger.

Es gibt immer eine mit noch längeren und dichteren Wimpern. Eine, deren Haar glänzender und seidiger ist. Die die größeren und/oder festeren Brüste hat. Wir rennen wie der kleine Duracell-Hase den Idealen hinterher und erreichen doch nie das Frauenklassenziel.

Was bedeutet das? Sollten wir jedwede Bemühung einstellen? Die Haare am Kinn einfach wachsen lassen, bis wir sie flechten können? Und nicht mehr ankämpfen gegen den verdammten Speck? Aufgeben? Das Wimpernserum, die Augencreme, die Bodylotion, die Pflegespülung, das Peeling, die Seren, Ampullen, Haut-Öle, Haar- und Feuchtigkeitsmasken, das Hyaluron-Gel? Sollen wir all das in den Müll werfen?

MISCHKALKULATION

Widerstandslos verrotten ist sicher auch keine Lösung. Niemand verlangt, dass wir uns so gar nicht mit unserem Aussehen beschäftigen. Es ist keine Entweder-oder-Entscheidung. Wie so oft wäre eine gewisse Ausgewogenheit schön. Eine Mischkalkulation. Aussehen sollte nicht zur Hauptbeschäftigung werden. *Die Probleme beginnen dort, wo das Thema »Optik« wie eine XXL-Abrissbirne alles zerstört – unseren Selbstwert, unsere Selbsteinschätzung, unsere Souveränität und alles, worauf wir stolz sein könnten.* Wenn es unser einziger und wichtigster Maßstab wird. Wenn wir zulassen, dass alle in ein bestimmtes Beauty-Förmchen passen sollen und nach dieser Passform beurteilt werden. Wenn es überhaupt immer nur um unsere körperlichen Vorzüge und Mängel gehen soll.

Unser Körper ist aber, wie Constanze gerne sagt: nicht die Hauptattraktion des Zirkus. Das Selbstbewusstsein nur auf diese eine wackelige und vielleicht vergängliche Säule zu stellen ist mehr als gewagt. Ruht es auf vielen unterschiedlichen Säulen, lässt es sich auspendeln. Und mal ehrlich: Was entscheidet darüber, wen wir in unser Herz lassen? Wer uns im Leben wichtig ist? Mit wem wir Zeit verbringen? Wen wir lieben? Das Aussehen? Die Wimpern? Die Nagellackfarbe? Die Körbchengröße? Der Taillenumfang?

Sicher: *Aussehen ist enorm wichtig für alles Zwischenmenschliche. Die Anziehungskräfte laufen allerdings auch sehr gut ohne all die Beauty-Spitzenwerte zur Hochform auf,* die dazu angeblich unverzichtbar sind. König Charles und Königin Camilla jedenfalls machen einen sehr glücklichen Eindruck. Und auch Keanu Reeves und seine Freundin, die Künstlerin und Professorin Alexandra Grant, scheinen sehr tiefe und innige Gefühle füreinander zu hegen. OBWOHL sie 50 Jahre alt ist und graue Haare hat – was bei manchen vermutlich schon Schnappatmung hervorruft. Aber es ist eben auch so wie eine Freundin sagt: »Wer nur wegen einer umwerfenden Optik und der Top-Figur die Schönheitskonkurrenz um den solventesten Partner gewinnt, der wird ihn aus denselben Gründen auch wieder verlieren.«

Wir alle sind darauf angewiesen, Menschen in unserem Leben zu haben, die noch sehr viel anderes in uns sehen als das, was uns im Spiegel begegnet. Die uns auch dann lieben, wenn wir alt und runzelig sind, wenn wir uns wegen einer schweren Krankheit verändern, wenn eine Geburt den Körper noch einmal ganz neu formatiert. Ich habe keine meiner wunderbaren Freundinnen wegen einer Top-Figur – (und einige haben eine) – oder einer beneidenswerten Kinn-Kiefer Kontur, sondern weil sie witzig, klug, interessant, empathisch sind und jede auf ihre Art großartig ist. Wunderbare und liebenswerte Gesamtpakete eben. Und als solche sollten wir uns betrachten: als Gesamtpakete.

Gesichtsmaske und Vokabellernen schließen sich nicht aus. Man kann auch mit übersichtlichem Pflege-Einsatz einiges erreichen, und dann bleibt eben noch Zeit für anderes. Über den Tellerrand des eigenen Aussehens hinauszuschauen, auch die anderen Währungen, die so wichtig sind im Leben, zu pflegen, macht mehr als nur Sinn.

Wie hat es George Bernhard Shaw so treffend formuliert: »Schönheit wirkt auf den ersten Blick angenehm, aber wem fällt sie auf, wenn sie drei Tage im Haus ist.«

EINFACH MAL WAS NETTES

»Der früher gemochte Gentleman trägt heute Handschellen und Pflaster auf dem Mund«, sorgt sich die Ehefrau unseres Wirtschaftsministers Franka Lehfeldt. Weil ja die deutsche Sprache eigentlich fast nichts hergibt jenseits von »Mordsbrüste«, »geiler Arsch«, »Hey, Puppe«, »Ficken?!«. Wird nach dem Verschwinden der »Boxenluder«, der »Grid-Girls« bei der Formel 1, nun auch das »Catcalling« – das Kommentieren des Körpers, Geräusche, Schnalzen, Pfeifen oder unmissverständliche Gesten wie der Griff in den eigenen Schritt – Opfer schmallippiger Feministinnen? Wohin soll sie dann noch, die ganze Bewunderung? Die Anerkennung?

Wie soll man Hingerissenheit ausdrücken, wenn man wie bei dem Spiel Tabu quasi vermeintlich jede dafür passende Vokabel aus seinem Repertoire streichen muss, weil sie auf dem Sexismus-Index steht?

Selbst Frauen befürchten auf Facebook, dass Männer in Zukunft aus lauter Sorge, Frauen zu nahe zu treten, vorsorglich die Straßenseite wechseln könnten, wenn ihnen eine entgegenkommt. (Ja, das sind mal die wirklichen Gefahren der Zukunft. Und nicht etwa der Klimawandel.) Man könnte auch antworten: *»Jeder hat Probleme. Drachen können zum Beispiel keine Kerzen auspusten!«*

Um die Fantasie der Catcall-Verteidiger etwas zu befeuern, empfiehlt die Satiresendung *Extra 3* im NDR Männern den Knast-Test – die Überlegung, ob ein Mann im Gefängnis gern von seinen Mithäftlingen Sätze wie »Geile Hose – kannst du auch tragen, bei den Beinen« hören würde?! Als die Nachbarn kürzlich meinten, dass das doch wirklich nicht so schlimm und ja eh nur freundlich gemeint sei – empfahl ich ihnen, sich vorzustellen, ihre zwölfjährige Tochter sei das Objekt der Catcaller?! Von Männern, die sich an die Hose fassen und stöhnen?

Ich musste einmal meine 17-jährige Nichte aus einem Frankfurter Schuhgeschäft abholen, weil sie sich nicht mehr anders zu helfen wusste, als dorthin zu fliehen, nachdem sie ein besonders zudringlicher Jung-Mann mit eindeutigen Angeboten belästigt hatte. Ich finde, die Probleme fangen schon da an, wo man nicht wirklich dagegenhalten kann aus Sorge, die Situation könne eskalieren. Zumal mit dem Wissen, einer tätlichen Auseinandersetzung – und damit einer überzeugenden Drohgebärde – körperlich nicht gewachsen zu sein.

Es steckt eine Haltung gegenüber Frauen in all den Bemerkungen, eine, die MANN sich nur leisten kann mit der Überzeugung, dass kaum Gegenwehr zu erwarten ist. Es setzt ein Machtgefälle voraus. Auf der Straße ebenso wie oft immer noch am Arbeitsplatz. Auch deshalb ist Catcalling kein Kavaliersdelikt. Kein Kompliment. Und kein vernachlässigbares Gelegenheits-Phänomen. Im Jahr 2014 ging das Video »10 Hours of Walking in NYC as a Woman«[3] online. Darin zu sehen ist, wie die Schauspielerin Shoshana Roberts in verschiedenen Bezirken von New York, ausgestattet mit einer versteckten Kamera, spazieren geht. In dem zweiminütigen Ausschnitt bei YouTube wird von 108 Zwischenfällen berichtet.

Und erst im Sommer 2023 ging ein Video viral, das die Sängerin Anitta, ein Weltstar mit über 60 Millionen Followern, gepostet hatte. Es zeigt, wie sie auf dem Weg durch Istanbul etwa zu hören bekommt »Wie viel?«.

Was sagt man aber zu den Unbelehrbaren? Den Vollidioten? Denen mit Sabber am Kinn? Natürlich ist es eine Genugtuung, einen dummen Spruch mit einer witzigen und schlagfertigen Bemerkung zu kontern. Einerseits. Andererseits: *Wieso sollen wir an etwas sehr Dummes etwas sehr Kluges verschwenden?* Wieso sollen wir wieder auf eine bestimmte Weise reagieren?

Die Betroffene kann auch einfach klar sagen: »Hören Sie auf!« Das empfiehlt die Management-Trainerin Sabine Asgodom.[4] Überraschend hilfreich sei es, wenn die Frau sagt: »Sie würden auch nicht wollen, dass Ihrer Frau oder Tochter das passiert.« Das vorab – ansonsten hätten wir da ein paar Empfehlungen für Frauen mit einer fundierten Krav Maga Ausbildung.

Mann: »Schöne Titten!« Ich: »Wenn du unbedingt ein sexistisches Arschloch sein willst, dann sei bitte genau: Ich habe fantastische Brüste.« (@_sallypreston)

Mann in der Bahn, als ich ihn bat, seine Tasche vom Sitz zu nehmen: »Warum kraulst du mir nicht den Schwanz?« Ich: »Ich habe leider keine Pinzette dabei!« (@DemonicDragon)

Ein Kollege sagte, ich könne ruhig »mehr Haut« zeigen. Ich habe ihm am nächsten Tag einen Batzen Milchhaut auf den Schreibtisch gelegt und gefragt: »Genug?« (Eine Kollegin)

Mann: »Hey, Sexy, was ist deine Lieblings-Stellung?« – Frau: »Aufsichtsratsvorsitzende!« (Anonym)

Mann: »Geile Titten!« – Frau: »Das sind keine Brüste. Das sind meine Eier – die mussten so weit nach oben, weil sie nicht mehr in die Hose passten.« (Anonym)

Mann: »Zeig mal deine Titten!« – Frau: »Brauch ich gar nicht. Die können auch von hier aus sehen, was für eine Witzfigur du bist.« Oder: »Du zuerst. Ich wette zehn Euro, dass deine größer sind.« (Anonym)

Mann: »Hey, Süße! Komm mal her!« – Frau: »Wie traurig, dass Ihre Eltern Sie so abgelehnt haben.« (Anonym)

Auf die längere Strecke
treffen sich Wunsch und
Wirklichkeit gelegentlich,
um miteinander zu weinen.

SELBSTBEHAUPTUNG IN DER DATING-HÖLLE

»Bleib bei dem, der deinen Lippenstift ruiniert –
nicht die Mascara …«

TRAUERSPIELE

Nirgendwo scheint der Weg zum Glück mit so vielen Selbstzweifeln, mit so viel Hadern und so vielen Kränkungen gepflastert wie beim Daten. Ein dorniger Marsch durch einen Sumpf von Gemeinheiten, Unzuverlässigkeit, Unverbindlichkeit. Gespickt mit Ghosting, Benching und garniert mit einem Strauß unglaublicher Horrorgeschichten von Männern, die nicht mal einen Kaffee ohne großes Lamento übernehmen, die in Treckinghosen und mit offensiv in Adiletten zur Schau getragenem Nagelpilz im Endstadium zum Date kommen, beängstigend irre lachen oder beim Sprechen kleine Speichelfäden ziehen oder schon beim ersten Anruf gegen 18.00 Uhr volltrunken ins Telefon lallen. Männer, die verheiratet sind und nur eine schnelle Nummer nebenbei wollen und die nicht wie behauptet als Chirurg, sondern als Zusteller ihre Brötchen verdienen.

All die Lügen und all die Erwartungen. Ein wahres Trauerspiel, bei dem viele Frauen inzwischen sagen: Da bin ich raus. Das tue ich mir nicht an. Ich lasse mir doch nicht das letzte bisschen Selbstachtung nehmen. Dafür ist mir meine Zeit zu schade. Dafür bin *ich* mir zu schade. *Gegen ein Tinder-Date sind die Folgen von Aktenzeichen XY… ungelöst fast schon heitere, harmlose Geschichten.* Männer, die eine Jennifer Lopez erwarten und selbst eher Modell Didi Hallervorden sind. Die so plötzlich, wie sie aufgetaucht sind, verschwinden – eine Welt voller Enttäuschungen, geradezu dafür prädestiniert, das ohnehin fragile Selbstbewusstsein final ins Straucheln zu bringen.

Andererseits kann nur gelingen, was man auch versucht. Bevor man also die Chancen ganz ausschlägt, die sogar Tinder irgendwie innewohnen, sollte man dringend immer auch ein Paar unternehmungslustige Mittelfinger zum Daten mitbringen. Schon um den Kopf oben zu behalten. Außerdem nützlich: ein ungetrübter Blick. Nicht auf andere, sondern auch auf sich. Liebevoll, aber doch realistisch.

DON'T LIE TO ME, BABY

Viele Frauen sind nämlich ein bisschen wie Yvonne. Sie ist 45, im Netz auf den Partnersuchportalen allerdings gerade 35 geworden. Sie hat, freundlich gesagt, eine weibliche Figur, spitze Zungen finden sie allerdings ganz schön moppelig. Auf ihrem Tinder-Bild trägt Yvonne ein knappes Kleidchen und ist definitiv mindestens 15 Kilo leichter und genau die zehn Jahre jünger, die sie sich auch jünger gemacht hat. »Wäre ein aktuelles Bild nicht irgendwie sinnvoller?«, habe ich sie gefragt, als sie mir ihr Profil gezeigt hat. »Keiner will eine Moppel-Frau, da kann ich es direkt lassen!«, seufzte sie nur.

Das ist, gelinde gesagt, totaler und riskanter Quatsch. Zum einen gibt es Interessenten für alle Formen, zum anderen kommt die Wahrheit spätestens dann ans Licht, wenn Yvonne sich mit Mr. Tinder im echten Leben trifft. Außer sie schafft es, ihr potenzielles Date in ein Restaurant zu locken, in dem es stockduster ist. Oder sie datet nur bei Stromausfall, oder gleich einen Sehbeeinträchtigten mit mindestens 15 Dioptrien. Aber selbst dann – auch der hat Hände und kann tasten. Irgendwann ist immer die Stunde der Wahrheit, irgendwann geht das Licht halt an.

Was treibt die Yvonnes dieser Welt dazu? Warum nur tun sie etwas, von dem sie selbst sehr genau wissen, dass es nicht zielführend sein kann? Niemand, auch Männer nicht, wird gern hinters Licht geführt. Vielleicht hätten sie Yvonne im aktuellen Istzustand sogar gut gefunden. Aber wenn eine Verabredung mit einem großen Schwindel startet, ist das eine schlechte Ausgangsposition.

Die Gründe für Yvonnes Verhalten liegen in Unsicherheit und Selbstzweifeln.

Man könnte ihr auch sagen: Mach dich nicht so übertrieben großartig, so klein bist du doch gar nicht. Eine Art Trotzreaktion auf die Stimme in ihrem Kopf: »So wie du bist, kriegst du niemals auch nur irgendeinen Kerl. Wer sollte sich das antun? Wer sollte sich in dich, mit all deinen Macken und Defiziten, verlieben? Wenn du es nicht mal selbst schaffst?« Also haut sie vorsichtshalber schon mal richtig auf den Klotz.

ERBARMEN, DIE SELBSTZWEIFEL KOMMEN

Eine schwierige Mischung. Yvonne ist an sich eine selbstbewusste Frau, jedenfalls auf den ersten Blick. Sie leitet eine Drogeriefiliale, ist alleinerziehend und aktiv in der Lokalpolitik. Sie hat ihr Leben im Griff. Keine Frau, der man so leicht die Butter vom Brot nimmt. Sie ist strukturiert, beliebt, hat Freunde und Hobbys. Kann sich durchsetzen. Aber wenn es ums Daten geht, dann verwandelt sich Yvonne in ein kleines unsicheres Häschen, das quasi schon vor dem ersten Treffen damit rechnet, abgelehnt zu werden. Sie ist dankbar für jeden, der sich für ihr Profil interessiert und sie anschreibt. Fast schon ergriffen. So als wäre das Charity, Erbarmen und Mitleid, aber keinesfalls echtes Interesse.

»Ich selbst würde mich auch nicht besonders toll finden! Wenn man so sieht, was da für Frauen zu finden sind, bin ich nun echt nicht der Jackpot. Eher Modell Resterampe. Und mein Kind habe ich dabei noch nicht mal erwähnt!«

Warum nur macht sich Yvonne selbst so runter? Sie findet also, dass es deutlichen Nachbesserungsbedarf gibt – deshalb macht sie sich zu einer, wie sie findet, optimierten Version ihrer selbst. Macht sich jünger und schlanker, weil sie ansonsten glaubt, nicht den Hauch einer Chance zu haben. Sie ahnt natürlich, dass spätestens beim ersten Treffen eine gewisse Diskrepanz zwischen der wirklichen und der ausgedachten Yvonne auffallen wird. Und das nicht unbedingt positiv. *Die wenigsten Männer rufen begeistert: »Oh, du bist ja viel älter, als ich dachte, und viel dicker noch dazu! Da bin ich aber froh!«*

Insofern ist klar, dass die Erstbegegnung mit einer Enttäuschung startet, eine, die Yvonne selbst hervorgerufen hat und für die man die Männer nicht mal haftbar machen kann. Warum nicht lieber selbstbewusst aktuelle, hübsche, aber doch einigermaßen wahrheitsgetreue Fotos aussuchen und in Kauf nehmen, dass vielleicht nicht ganz so viele Männer reagieren? Umgekehrt mag es auch keine Frau, einen nett aussehenden sportlichen Mittvierziger in Aussicht gestellt zu bekommen, und dann beim ersten Date zu glauben, der habe seinen schon ziemlich verlebten Vater vorbeigeschickt, der, so wie er sich zur Toilette schleppt, ganz sicher keinen Triathlon mehr macht. Hatte ich selbst mal und war noch vor dem ersten Hallo leicht verärgert. Er sah nicht übel aus, aber eben kein bisschen wie der Mann auf den Fotos, mit dem ich das Date vereinbart hatte.

Das ist als Ausgangssituation für ein Kennenlernen katastrophal. Meine innere Stimme hat nur gesagt: »Ein Schwindler. Ein verdammter Schwindler. Ein Hochstapler. Ein unsicheres Würstchen. Er kann einem fast leidtun.« Es liegen ja nicht nur sofort alle Schwindeleien auf dem Tisch, sondern vor allem alle Selbstzweifel. Die Selbsteinschätzung, so wie man ist, nicht »gut genug« zu sein. All diese Gedanken lassen das Gegenüber nicht besonders attraktiv wirken. Wir haben kein zweites Treffen verabredet. Wer direkt zu Beginn mit einer fetten Lüge startet, dem traut man einfach nicht. Dem merkt man außerdem die Selbstzweifel, die

Unsicherheit sofort an. Aber wer glaubt, dass das Lügen die Ausnahme ist, täuscht sich.

WAHRHEITSLIEBENDE

Simon, ein Freund, hat mir erzählt, dass er fast zweihundert Kilometer für eine Verabredung gefahren ist. Für eine Frau, mit der er schon seit einigen Wochen lustige Nachrichten austauschte. Auch telefoniert hatten die zwei mehrfach. Am Treffpunkt angekommen, war er ratlos. Keine Nicole weit und breit. Bis sich eine sehr korpulente, grauhaarige Frau erhoben und ihm zugewinkt hat. »Ich hätte sie niemals erkannt. Sie hatte mir zahllose Fotos vorab geschickt, aber von ihr konnten die nicht sein. Außer sie wäre vor Aufregung über Nacht komplett ergraut. Sie war so überhaupt nicht mein Typ. Ich habe ihr so freundlich wie nur möglich gesagt, dass ich sie niemals erkannt hätte.« Ihre Reaktion: Sie war tatsächlich noch beleidigt und zutiefst gekränkt. Jetzt war auch Simon sauer. »Ich bin vieles, aber echt nicht oberflächlich. Und ich bin noch sehr freundlich geblieben. Obwohl ich wirklich weit zu diesem Date gefahren bin. Hätte auch einen Kaffee mit ihr getrunken. Und den sogar noch bezahlt. Aber ich habe mich richtiggehend verarscht gefühlt, und dann pampt die mich noch an. Ich verstehe bis heute nicht, was das sollte.«

Den Vorwurf, den sie ihm machte – er sei ein »oberflächlicher Arsch« –, den kann man nur zurückgeben. Schließlich war dieser Frau selbst eine gute Optik so wichtig, dass sie eine inszeniert hat. Was im Umkehrschluss auch dokumentiert: dass sie selbst nicht viel Sehenswertes an sich findet. Und also dieselben Kriterien an sich anlegt, die sie Simon vorwirft. Vielleicht denkt sie auch – was andere denken: wenn sie das Objekt der Begierde erst mal zu einem Treffen gelockt haben, mit ihren »inneren Werten« punkten zu können. Weil er schon merken wird, dass auch Gold sein kann, was nach außen vielleicht nicht glänzt. Weil er merken wird, dass sie eine irre witzige Person ist, und dass wird ihn die kleine optische Täuschung schnell vergessen und vergeben lassen.

Wären wir umgekehrt dazu bereit? Kann man die Optik komplett außen vorlassen? Nein, denn zur Anziehung gehört eben, dass man den anderen attraktiv findet. Diese Chance muss man ihm aber geben. Also die ansprechen, die ein Faible haben für die etwas rundlicheren Modelle unter uns. Dazu muss man vielleicht nicht jedes Extrapfund leidenschaftlich lieben. Aber man könnte sich als Gesamtereignis – mit all dem Humor, der Klugheit, dem Charme – entsprechend präsentieren. Vor allem aber mit der Überzeugung, dass man nichts vorzutäuschen braucht, weil das, was man zu bieten hat, ziemlich in Ordnung ist. *Da man ohnehin nicht vorhat, sein Leben mit Männern zu verbringen, die sich ihre Frauen wie ein Stück Fleisch am liebsten abwiegen lassen würden.*

Zu denen zählt Simon sicher nicht. Aber wie jeder andere auch möchte er nicht schon beim ersten Date mit allen offensichtlichen Unsicherheiten einer noch ziemlich Fremden konfrontiert werden. Tief drinnen weiß Nicole mit Sicherheit, dass ihr Verhalten keinesfalls zielführend ist. Und fair schon gar nicht. Aber es ist natürlich sehr viel leichter, den anderen an den Dating-Pranger zu stellen, als sich selbst zu fragen, ob man vielleicht schuld am Misslingen des Dates sein könnte. Der große Mythos, dass ohne Trickserei gar nichts geht, ist ein Irrtum. Vor allem auch, wenn es ums Thema Alter geht.

ALTERSFRAGEN

Ich kenne all die Online-Dating-Altersargumente, die vermeintlich dafür sprechen, sich ein paar Jährchen jünger zu machen. Also erst mal für die Akquise – um den Mann überhaupt an die Angel zu bekommen. »Wenn man es nicht tut, ist man nicht mal sichtbar für das Gros der Männer! Die stellen in ihr Suchprofil ›bis vierzig‹ ein und man hat dann nicht mal die Chance gesehen zu werden!«, jammert Hanne. »Ich will nicht lügen, wirklich nicht, aber man wird ja fast schon dazu gezwungen!«

Es stimmt, es gibt genügend Männer, die das Gefühl haben, ihnen stünde etwas Knackfrisches und Junges zu. Oft sehr viel jünger als sie selbst. Meine Haltung: Bitte sehr! Jeder, wie er mag! Ich habe mir immer einen Mann gewünscht, der in seiner Altersklasse sucht – oder der es zumindest nicht als persönlichen Affront sieht, wenn seine Partnerin nicht zwanzig Jahre jünger ist. (Für mache scheint das ein ungeschriebenes Menschenrecht zu sein.) Und ja, solche Männer gibt es. Männer, die es zu schätzen wissen, mit jemandem aus demselben Jahrgangsjahrzehnt zusammen zu sein. Die anderen kamen für mich nicht infrage. Wer sein Leben und Lieben von einer Jahreszahl abhängig macht, wäre für mich kein potenzieller Partner.

Das sagt einiges über Männer aus, und keine dieser Aussagen finde ich verlockend. Aber man muss eben auch akzeptieren, dass jeder und jede ihr Beuteschema selbst bestimmt. Es mag einem nicht gefallen, aber es geht einen leider nichts an. Davon mal abgesehen, gibt es auch genügend Frauen, die keinerlei Problem haben, sich mit einem zwanzig Jahre älteren Mann zu treffen. Es gibt also Abnehmerinnen. Klar, dass die Liebe auch auf jemanden sehr viel Jüngeres fallen kann, und umgekehrt. Wie heißt es immer so schön: Liebe kennt kein Alter. Aber wer Frauen im gleichen Alter kategorisch ablehnt, ist für mich ein Idiot. Gemeinsam noch sehr viel älter zu werden ist eine Vorstellung, die ich angenehm finde, vor allem wenn die Ausgangsposition eine ähnliche ist. Die wenigsten wollen kurz nach dem Kennenlernen in die Pflegephase einsteigen.

Gründe, den Kopf hängen zu lassen, bringt man sich gerade beim Dating oft selbst mit. In verschiedenen Variationen. Denn ja, es gibt ihn auch bei Frauen: den sehr wohlwollenden Blick auf sich. Einen geradezu glorifizierenden. Frauen, die genau wissen, was sie wollen und was ihnen vermeintlich zusteht. Und sie sind entsetzt darüber, wenn die Männerwelt das anders sieht. Ein Akademiker soll es sein, einer, den man vorzeigen kann und der was hermacht. Als sich neulich ein Installateur bei Kira, 38, gemeldet hat, war sie persönlich beleidigt. »Was denkt der sich? Was bildet der sich ein?«, hat sie in der Freundinnenrunde zum Besten gegeben. (So als stünde auf ihrer Stirn: Hier nur für Akademiker!) Zunächst hat sich keine getraut, ihr zu sagen, dass sie auch nicht Richterin oder Vorstandsvorsitzende, sondern Assistentin, früher auch Sekretärin genannt, in einem Baubetrieb ist.

Welche Hybris steckt da in Kira? »Da könnte ich ja gleich einen von unseren Handwerkern aus der Firma nehmen!«, hat sie sich empört. – »Warum eigentlich nicht?«, hat sich dann eine Mutige in der Runde getraut zu fragen. – »Das entspricht einfach nicht meinem Niveau!«, hat sie nur knapp gezischt. »Ich mag Flamenco, Musicals und lese gerne. Welcher Installateur tut das bitte?«

Welcher Mann tut das überhaupt? Die Flamenco-Ekstase ist generell nicht wahnsinnig weitverbreitet. Außer Kira würde ihr Suchprofil auf Andalusien erweitern. Aber Spanier sind ihr per se zu klein.

Auch da hat sie klare Vorstellungen. Unter 1 Meter 85 kommt keiner für sie infrage. Darunter kommt niemand über Kiras Schwelle. Nicht mal ein habilitierter, lesender Musicalfan, der perfekt Flamenco tanzt und schon 17-mal in *König der Löwen* war. Von ihrer Größenvorgabe weicht sie keinen Millimeter ab. Obwohl sie selbst keineswegs besonders groß ist. Deutscher Frauendurchschnitt mit ihren 1 Meter 67. Ihr Größenwunsch: »Ich auf Highheels und dann noch plus so zehn Zentimeter. Minimum.« –

Eine erstaunliche Aussage, denn die Flamencoliebhaberin trägt wegen ihres Hallux valgus niemals Highheels.

Darauf angesprochen, reagiert sie leicht pikiert: »Aber wenn ich mal welche tragen möchte und sollte, dann will ich nicht, dass so was Zwergiges neben mir läuft!« Sie findet, sie dürfe ja wohl auch ein paar klitzekleine Ansprüche stellen. Minimalanforderungen.

KRÄNKUNGEN IN SERIE

Sind ihre Aussagen nicht mindestens so kränkend wie ihre vermeintliche Kränkung darüber, dass sich ein Installateur erdreistet hat, sie anzuschreiben? Hat es nicht auch der Installateur verdient, dass man ihm zumindest mal einen Blick oder die Zeitspanne eines Kaffeetrinkens gönnt? Auch in einem Installateur könnte ein fanatischer Musicalliebhaber stecken oder eine irrsinnige Leseratte.

Aber das wird Kira natürlich niemals erfahren, denn der Installateur wird aussortiert, bevor er auch nur piep gesagt hat. Kira fühlt sich mit ihm, als habe sich Dienstpersonal der Königin genähert. Umgekehrt hat sie damit keinerlei Problem und hält Männer, von denen sie aussortiert wird, für oberflächliche Schwachmaten.

All der Dünkel und Hochmut, die so herrschen, und das elendige Statusdenken gehören auf den Prüfstand und durchgeschüttelt. Ja, es ist unwahrscheinlich, dass die Maschinenbauingenieurin sich mit dem Lagerarbeiter vergnügt oder der Banker mit der Wimpernfachkraft, aber möglich ist vieles. Wer wie Kira vermeintlich hoch hinauswill, sollte wissen, dass, wenn die Männer genauso ticken, ein Match in ihrem Sinne somit fast ausgeschlossen ist.

Generell haben Männer aber ein sehr viel kleineres Problem damit, Frauen zu treffen, die beruflich und einkommensmäßig in einer anderen Liga spielen. Für viele Frauen ist das hingegen das Top-Kriterium.

Es ist ernüchternd und sogar ein bisschen beschämend: *lieber ein arroganter Anwalt mit Mundgeruch als ein lustiger und gradliniger Schreiner?! Ernsthaft?!*

»Hauptsache eine gute Partie«, dieser Satz unserer Omas geistert noch immer durch sehr viele Frauengehirne. Da spielt es komischerweise gar keine Rolle, ob wir uns sehr wohl gut selbst ernähren können – und das auch seit Jahren tun. Dass wir selbstbewusst sind, selbstbestimmt leben wollen. In unseren Fantasien sind wir immer noch das scheue Blümchen, das gepflückt werden will. Idealerweise von einem Neurochirurgen mit Pilotenschein und viel Tagesfreizeit, um uns zu verwöhnen. In vielen Fällen geht es um die Außenwirkung und weniger um die Suche nach dem »passenden Deckel«. Wir wollen, dass unsere Familien und Freunde staunen. Wir wollen den vermeintlich fettesten Fisch im Singleaquarium. Kein Wunder, wenn Gott Amor uns dann auch mal den Mittelfinger zeigt.

GOLDGRÄBERINNEN

Natürlich will ich damit nicht sagen, dass jeder reiche Mann zwangsläufig angebaggert werden will.

Erstaunlich aber ist, dass viele Frauen bei dieser Kategorie gewillt sind, einiges zu ertragen. Einfach weil das Drumherum so bequem und angenehm ist. Nach dem Motto: Es weint sich besser im Porsche als im Bus. »Gold Digger« nennt man diese Frauen im englischsprachigen Raum, die nach Selbstauskunft »niemals für ein Essen bezahlen und wissen, wie man reiche Männer um den Finger wickelt«[1]. Der Begriff geht zurück auf einen Film von Avery Hopwood, »The Gold Diggers« (1919). Darin glaubt ein wohlhabender Mann, Stephen Lee, dass alle Showtänzerinnen »Gold Digger« seien. Er vertraut sich Jerry Lamar, einer der Tänzerinnen, an und möchte, dass sie ihm hilft, seinen Neffen davon zu überzeugen, keine Tänzerin zu heiraten. Lamar ist anderer Meinung als Lee und versucht, ihm das Gegenteil zu beweisen. Sie scheitert, weil sich zeigt, dass die anderen Tänzerinnen, ihre Freundinnen, tatsächlich ihre Partner nach deren finanziellem Background aussuchen.

Es war das erste Mal, dass der Begriff »Gold Digger«, also Goldgräber, Frauen zugeschrieben wurde. Seitdem geistert dieser Frauentypus durch die Filmgeschichte – tauchte etwa in der Komödie »Wie angelt man sich einen Millionär?« (1953) auf, in der drei schöne, sehr arme Fotomodelle sich gezielt nach solventen Partnern umsehen und am Ende einzig Pola Debevoise, gespielt von Marilyn Monroe, das Klassenziel erreicht.

In der indischen Punjabi-Musikindustrie, der zweitbeliebtesten Musik beim indischen Publikum, werden Frauen regelmäßig als »Gold Digger« dargestellt. Songs über materialistische Frauen, die von Männern verlangen, ihnen teure Schuhe, Kleidung und Autos zu kaufen, sind weitverbreitet. Obwohl in Indien die wohlhabenden Frauen, die ihr Geld ihrer eigenen Karriere verdanken und nicht der eines Mannes, den Markt für Luxusmarken antreiben. Und auch im Hip-Hop ist der »Gold Digger« eine feste Größe: Frauen, mit fast nichts am Leib, die die goldbehangenen Kerle umgarnen.

Natürlich gibt es auch Männer, die gezielt nach wohlhabenden Frauen suchen (ohne dafür allerdings mit einem ähnlich unschmeichelhaften Etikett belegt zu werden). Allerdings übersteigt die Zahl reicher Männer um ein Vielfaches die der Frauen auf diesem Planeten. Das verwundert auch nicht, angesichts der langen Geschichte, in der Frauen eben nicht arbeiten durften – jedenfalls nicht bezahlt – und die deshalb einen wohlsituierten Versorger brauchten, weil er die einzig mögliche Existenzsicherung war. Auch deshalb sitzt dieses Beuteschema noch tief. Und es feiert Wiederauferstehung gerade bei jüngeren Frauen.

Ist ja auch verlockend: keine finanziellen Sorgen mehr und ein

Lifestyle, den man sich selbst niemals würde erarbeiten können. (Gut, es käme auf den Versuch an und auf ein paar Korrekturen beim Zeitmanagement – weniger Wimpernwelle, mehr Fortbildungsseminar etwa.)

Aber – diese Einsicht verdanken wir jenen, die es wissen müssen: Es ist ein verdammt harter und unsicherer Job. Baronin Marianne von Brandstetter etwa, ehemals ausgebildete Kosmetikerin und jetzt Jetset-Lady, hat von dem einen Mann ihren Titel und von dem anderen die Millionen. Sie muss es also wissen, was sie einer Kollegin im Gespräch verriet: dass es nicht die einfachsten und auch nicht die nettesten Männer sind, die da so heiß begehrt werden. *Ich denke an die Frauen an Donald Trumps Seite – da würde ich wirklich sagen: Nicht für alles Geld der Welt!*

ALPHA-RÜDE SUCHT AUSSTELLUNGSSTÜCK

Aber man weiß ja nie – vielleicht gibt es ja auch die Kombi: Traumprinz mit Millionen auf dem Konto?! Andrea hat in Berlin mal einen Investmentbanker kennengelernt. Einen, der es schon lange nicht mehr nötig hat zu arbeiten. Alle in ihrem Umfeld waren enorm beeindruckt. Mit welcher Lässigkeit er immer bezahlt hat, und das in richtig teuren In-Restaurants. Als er Andrea schon beim dritten Date zu einem ausgedehnten Wochenende auf seine Finca in Mallorca eingeladen hat, waren sich alle einig: Das ist er. Der menschliche Lottogewinn. Groß, recht gut aussehend, gebildet und dann noch mit Finca und prallem Konto. Auch der erste Kuss nach dem dritten Date war vielversprechend.

Wir haben uns schon alle im Sommerurlaub auf seinem Anwesen gesehen, mit einem Gläschen Aperol am azurblauen Infinity Pool. »Endlich! Nach all den Katastrophen!«, hat Andrea noch vor der Abreise ins Love-Weekend gejauchzt, sich ganzkörperwachsen lassen und noch schnell einen neuen Bikini gekauft. Als sie nach dem langen Wochenende zurück auf heimischem Boden war, frostete die noch sehr frische Liebe in der emotionalen Tiefkühltruhe. »Die Zeit, die er nicht mehr arbeitet, verbringt er mit Trinken. Es gab keinen Moment, in dem er kein Glas Wein in der Hand hatte. Selbst am Bett stand eine Flasche.«

Daniela fand das nicht so schlimm: »Na ja, im Süden trinken alle gern mal ein Gläschen, solange es keine harten Sachen sind, was soll's. Und wenn ansonsten alles top ist, also irgendeine Kröte muss man schon schlucken! Perfektion gibt es halt selten. Und da du kaum Alkohol trinkst, kommt dir das vielleicht auch mehr vor, als es eigentlich ist«, gab sie Andrea zu bedenken. »Sei halt nicht immer so streng! Guck mal auf die guten Seiten!«, ermahnte sie die Freundin. »War denn sonst alles wunderbar? Wie ist die Finca?«, wollte sie dann noch wissen.

»Ein Traum, jedenfalls die Finca, riesig, geschmackvoll eingerichtet. Eindrucksvolle Kunst. Modern, aber doch gemütlich. Ein Mordsanwesen mit allem Pipapo. Aber das ›sonst‹ war leider nicht großartig. Ehrlich gesagt gab es überhaupt kein ›sonst‹. Mit einem Mann, der so viel trinkt, was glaubt ihr, was da noch groß läuft?«, fragte sie uns. – »Hattet ihr denn Sex? Und wie war er?«, verlangten wir neugierig nach Details. – »Sex?«, sie lachte, und es klang bitter. »Er hat es versucht, aber da hat sich nichts getan. Modell trauriger Regenwurm. Ich habe mich echt abgemüht. Keine Regung. Eine ziemlich klägliche Veranstaltung. Aber für ihn war es nicht der Alkohol, sondern er meinte, ich sei schuld. Ich passe eben nicht in sein Beuteschema. Er stünde mehr auf richtig große Möpse. Seine Wortwahl! Möpse! Der Mann, der ein Opernpremieren-Abo hat, sagt Möpse! So als habe er das vorher gar nicht bemerkt, dass unter meinem T-Shirt kein 75 Doppel-D lauert. Als ich vorsichtig die drei Flaschen Wein erwähnt habe, die er im Laufe des Nachmittags und abends in sich reingeschüttet hat, ist er richtig sauer geworden und hat mich ›zickige Spaßbremse‹ genannt. Das habe bisher immer alles bestens funktioniert. Da habe er nie ein Problem, in seinem ganzen Leben nicht, und außer mir seien alle immer sehr zufrieden gewesen.« – »Und wie geht es jetzt weiter?«, wollte Daniela dann echt wissen. So als gäbe es da tatsächlich irgendwelche Fortsetzungsmöglichkeiten.

Andrea war kurz vor der Schnappatmung. »Er ist nicht mal mit mir zurückgeflogen. Ich habe mir ein Taxi zum Flughafen genommen. Und er hat sich auch nicht mehr gemeldet. Mit anderen Worten: Ende. Nicht mal abservieren konnte ich ihn! Er hat mir gesagt, ich sei ihm zu spießig und auch zu verklemmt. Und dann noch diese Brüste. Verzeihung: Möpse. So was sei ihm noch nie passiert. Und mal ehrlich: So groß kann keine Finca sein, auch kein Konto, dass ich mir das gebe!«, hat Andrea erklärt. »Der kriegt keinen hoch, ist Voll-Alkoholiker und meine wirklich hübschen Brüste sind seine Entschuldigung dafür. Was für ein mieser Drecksack! Und dafür habe ich mir einen neuen sauteuren Bikini gekauft. Was für eine Scheiße! Schade nur um die Finca!«

Richtige Reaktion. Weg damit, und zwar unverzüglich. Kontakt löschen, und weiter geht's.

DER PREIS IST FRECH

Man könnte auch einmal wieder sagen: Alles hat seinen Preis. Aber wir sind nicht bereit, ihn zu bezahlen. *Klar, wer in die Finca-Arena steigt, muss dann eben auch nach den Regeln des Spieles spielen, das dort stattfindet.* Die würden nun vorsehen, dass Andrea sich ausgiebig mit ihren Brüsten beschäftigte und noch eine ordentliche Portion Selbsterniedrigung, gepaart mit Lobhudelei drauflegte – in der Art, dass die Ursache für die Flaute im Bett natürlich niemals am Mann liegt und der sowieso und unter allen Umständen alles richtig macht. Auch, wenn er drei Flaschen Wein praktisch auf Ex leert und dazu noch unverschämt ist. Ein extremes Beispiel.

Aber das sind im Prinzip alle Beziehungsgeschichten, in denen Frauen sich ernsthaft überlegen, was an ihnen falsch ist – obwohl doch ganz offensichtlich für die Gegenseite gilt: »Du bist vielleicht nicht der allergrößte Arsch auf diesem Planeten, aber wenn der mal stirbt, dann …«

Viele Frauen hätten sich an Andreas Stelle überlegt, wo es Verbesserungsbedarf an ihnen gibt. Hätten nachgedacht, ob sie mit einem Mehr an Oberweite auch ein Mehr an Interessenten generieren könnten? Sind die Brüste nicht tatsächlich doch vielleicht ein bisschen klein? Hätten überlegt, was man da tun kann. Hätten sich abgearbeitet an einem Körperteil. Kurz sogar über ein Implantat nachgedacht. OP-Möglichkeiten gegoogelt.

Aber mal ehrlich: Nicht jede Brust gefällt jedem. Und wenn schon! Was würden Männer in einem ähnlichen Fall tun? Wenn eine Frau zum Beispiel sagt: »Du hast mir ein bisschen viel Bauch!« Männer würden es im Zweifelsfall sportlich nehmen. Sich schütteln wie ein nasser Golden Retriever und sagen: »Schade, aber dann eben nicht.« Die wenigsten würden nächtelang in die Kissen schluchzen und ihren Bauch verteufeln. Sie würden sich nicht damit beschäftigen, wie sie eine Fettabsaugung finanzieren könnten, oder sich wochenlang grämen. Sie würden sich den »Schuh« schlicht nicht anziehen.

Frauen nehmen so was eher persönlich, sind in ihrem tiefsten Inneren verletzt. Ein Nein ist bei ihnen oft ein Synonym für eine Demütigung und ein Angriff auf die gesamte Persönlichkeit.

Da könnten wir viel von Männern lernen. Mehr nasser Retriever und weniger Selbstzerfleischung. »Die kennt mich doch gar nicht wirklich, aber wenn sie meint, dass ein Kältetechniker ihr nicht intellektuell genug ist, bitte sehr. Da draußen sind noch andere. Sie hätte mir gefallen, aber ich mache mich doch nicht zum Affen. Wer nicht will, der hat schon!«, hat mir Klaus, ein Freund, erzählt. Er liest nicht gerne Romane, das war für Annabelle, eine Frau, die er mehrfach getroffen hat und mit der er sehr viel gelacht und auch herrlich geknutscht hat, ein No-Go. »Literatur ist mir sehr wichtig, was soll ich dauerhaft mit einem Mann, dem das nichts gibt!«, hat sie Klaus zum Abschied gesagt. Dass sie auch sehr gut mit Freunden oder in einem Literaturkreis mit Gleichgesinnten über Romane sprechen könnte, kam ihr nicht in den Sinn. Für diese Annabelle muss ein potenzieller Partner all ihre Wünsche, Hobbys und Sehnsüchte teilen. Drunter macht sie es nicht. Egal, wie wunderbar man mit ihm knutschen, lachen und reden kann.

Zurück zu den Brüsten: *Abgelehnt zu werden, weil jemand die Optik nicht mag, ist für Frauen besonders hart.* Schon weil wir selbst zumeist nicht begeistert und überzeugt von uns sind. Aber es gibt körperliche Merkmale, die nun mal Geschmackssache sind. Die müssen und können nicht jedem gefallen. Wer meint, dass die Körbchengröße entscheidend ist, ein ausschlaggebender Punkt bei der Partnerwahl, den wird man nicht vom Gegenteil überzeugen.

Jeder hat das Recht, seine eigenen Auswahlkriterien aufzustellen. Die können einleuchtend sein, bekloppt wirken oder was auch immer. Aber sie sind legitim. Wenn eine Kira niemanden unter 1,85 Meter eines Dates für würdig hält, darf der Investmentbanker auch Brüste für kampfentscheidend halten. Lächerlich ist beides. Mit anderen Worten: Frauen sind, was seltsame Liebesvorbehalte angeht, nicht weniger anspruchsvoll als Männer. Ihre eigenen Vorstellungen und Ansprüche gelten dabei als unverrückbar, die der Männer dagegen schnell als unverschämt. Nach dem Motto: Was bildet der sich eigentlich ein?

WUNSCH UND WIRKLICHKEIT
WEINEN GEMEINSAM

»Auf keinen Fall einen Handwerker, auf keinen Fall einen Liegeradfahrer, auf keinen Fall einen Mann, der Veganismus ablehnt, und auf keinen Fall einen Fußball-Fan.« Ist das jetzt besser oder fairer als: keine mit daddeligen Oberschenkeln, keine mit Kindern oder keine, die gerne Schlager hört? Am Ende muss man sagen: Die Geschlechter schenken sich nichts. Beide Seiten haben zum Teil bizarre Vorstellungen und Ausschlusskriterien. Man fliegt aus einem vermeintlichen Rennen aus Gründen, die man selbst für nicht entscheidend hält.

Umgekehrt gilt das aber auch. Er mag keine Katzen? Zack, weg mit ihm. Sie liebt Bergwandern? Weg mit ihr. »Aber man sollte doch wissen, was man will! Und vor allem auch, was man nicht will! Das ist fast noch entscheidender«, behauptet Jacqueline. »Das Beuteschema muss klar sein, präzise!«, rechtfertigt sie ihre sehr lange Liste mit Must-haves und No-Gos. Der Gedanke dahinter: Mögliche Enttäuschungen werden schon vorab aussortiert. Kann man so machen, aber es muss klar sein, dass man damit die Auswahl extrem dezimiert und die Treffsicherheit nur bedingt erhöht. Man kann auch von einem Mann sehr enttäuscht werden, der Zwergdackel liebt, Folkmusik hört, asiatisches Essen kocht und der gerne Tai-Chi macht. Der Mario Barth blöd und die *Heute Show* witzig findet.

Symbiose oder ein gleicher Geschmack sichern keine Liebe. Begegnen sich zwei erwachsene Menschen, wird es immer irgendetwas geben, das auf lange Strecke nervt. Egal, wie viele Faktoren man vorab durchgecheckt hat. Da spielt es gar keine Rolle, ob es sich um einen Mann, eine Freundin, die Schwester, die Kusine oder wen auch immer handelt.

Jede längere Beziehung inkludiert einige Nervfaktoren. Man könnte auch sagen: *Auf die längere Strecke treffen sich Wunsch und Wirklichkeit gelegentlich, um miteinander zu weinen.* Wenn man das so gar nicht aushält, wird man sehr lange auf vermeintliche Perfektion warten müssen, sehr viele Enttäuschungen erleben und allein bleiben.

KRÖTENWANDERUNG

Das bedeutet im Umkehrschluss allerdings nicht, dass man sich, nur um am Ende nicht allein dazustehen, alles bieten lassen muss. Es gibt in meinem Umfeld Frauen, die inzwischen den Eindruck haben, nicht eine Kröte, sondern die gesamte Krötenpopulation weltweit schlucken zu müssen. Weil sie halt so schwierig sind. Und keine Größe 36 tragen. Und dann noch nicht mal Marathon laufen. Und Mitte Dreißig mit Kinderwunsch. Und überhaupt eigentlich gar nichts zu bieten haben.

»Wer sollte mich denn lieben?!«, fragen diese Frauen mit leiser, belegter Stimme: Wer sich so kleinredet, weil er ständig denkt, nicht zu genügen, hat mehr Probleme als nur die Partnersuche. Wie soll einen jemand attraktiv finden, lustig und schlau, wenn man all das selbst nicht glaubt?

Hat man sich mit dem Gedanken arrangiert, dass einem nur die letzten Volltrottel zustehen, dann wird es wirklich eng. Schließlich hat jeder und jede irgendwas zu »bieten«. Und all die diversen »Angebote« finden auch Abnehmer. Das sollte man sich immer wieder vor Augen halten.

Mehr Toleranz und Offenheit beim Suchprofil können helfen. Bei all dem Rumgepienze, dem Mimimi und Selbstmitleid wird es keine Männer regnen. *Wer direkt den Kopf einzieht wie eine traurige Schildkröte, nach zwei enttäuschenden Dates »Nein, danke!« ruft und all dem Gedate für immer abschwört, der bleibt im Zweifelsfall allein.*

Alles dem Zufall zu überlassen – darauf zu bauen, dass man direkt auf der Straße von Mr. Right angesprochen wird, ist ein gewagtes Spiel. Der Zufall kann sehr wählerisch sein, manchmal ist er auch über Jahrzehnte ganz woanders beschäftigt und hat nicht für jede eine herrliche Überraschung im Gepäck. Die Wahrscheinlichkeit, dass es an der Tür klingelt, der Traummann davorsteht und »Auf dich habe ich mein ganzes Leben gewartet!!«, ruft, tendiert gegen null.

Großkotzigkeit und hochtourige Selbstverherrlichung bringen allerdings auch nichts. Immer zu glauben, es stünde einem mehr, mehr, mehr zu, ist genauso albern und wenig zielführend. Womit wir wieder beim Anfang wären. Realistisches und selbstbewusstes (aber nicht überzogenes) Betrachten und Präsentieren der eigenen Möglichkeiten macht Sinn.

Aber noch viel wichtiger: Wir sollten vermeintliche »Abfuhren« an uns abperlen lassen. Diese Menschen, die uns da manchmal hart an der Grenze zur Beleidigung – nicht wollen, nicht mögen, an uns herumkritteln – sind ja vor allem eines: taktlose Stoffel. Also keinesfalls eine entgangene Chance. Dafür braucht man eine Art Seelenaufprallschutz. Hier ein paar Vorschläge:

SECHS LAGEN EMOTIONALER DÄMMSTOFF IN LIEBESDINGEN

Erstens gilt es, sich erhobenen Hauptes, selbstbewusst und mit jederzeit ausklappbarem Mittelfinger zu präsentieren.

Der arme kleine Hase, der sich immerzu noch kleiner macht, eine Frau, die alles abnickt und beklatscht, die sich anpasst wie ein Chamäleon, wird vielleicht einen Mann finden, dem das gefällt. Aber ob Häschen das dauerhaft durchziehen kann und will, sollte sie sich besser fragen, bevor sie auf dauerweichgespült schaltet.

Klar ist man in der Akquise-Phase, in der ersten Verliebtheit, geneigter, Dinge und Vorlieben, die man eigentlich nicht ausstehen kann, mit sehr viel mehr Großmut hinzunehmen und freundlich zu belächeln. *Gegen Großmut ist an sich nichts zu sagen, ganz im Gegenteil, aber bis zur Selbstverleugnung zu gehen, ist wenig sinnvoll.* Irgendwann implodiert jeder Mensch. Irgendwann muss der Frust raus. Und irgendwann wird das – nun auch nicht mehr schockneuverliebte – Gegenüber entdecken, dass man ihm wichtige Vorlieben und Abneigungen, Grenzen und Nervfaktoren verschwiegen hat. Und: Immer daran denken, dass man das, was man an Service und Entgegenkommen einbringt – dann auch wirklich lange durchhalten muss.

Zweitens sollte man sich nicht zu früh auf »den einen« festlegen.

Manchmal glaubt man es schon nach der ersten klitzekleinen WhatsApp zu wissen. Oder spätestens nach dem ersten gemeinsamen Cappuccino: Der und kein anderer ist es. Er benutzt dieselben Emojis, schreibt so unglaublich liebevoll, mag die Serie *Emergency Room* und isst gerne Spaghetti Carbonara. Man hat einfach ein so gutes warmes Gefühl. Die Intuition schreit geradezu: »Ich habe ihn, den Richtigen! Das ist der Mann, auf den ich immer gewartet habe!«

Das ist dann auch der Moment, in dem viele Frauen sofort alle anderen Männer radikal ausmustern, sich bei Tinder, Parship, Bumble und Co. abmelden, Abonnements kündigen und sich festlegen: Der soll es sein. Das Vorgehen ähnelt dem, wie man auf dem Markt eine Avocado aussucht. »Oh, die ist es, die fühlt sich genau richtig an! Weich, aber nicht zu weich, schöne Schale, keine Flecken.« Perfekt von außen, aber innen dann leider doch schon braun. Um das zu entdecken, muss man sie aber erst mal mit nach Hause nehmen und aufschneiden. Reingucken sozusagen. Das kann im Falle der Männerwahl – wie bei der Avocado – sehr ernüchternd sein, das genaue Hinschauen. Und hat man die Braune erwischt und keine zweite in petto, dann hat man eben gar keine und muss erneut losziehen.

Das Bauchgefühl ist oft sehr klug, aber in diesem Falle sollte man sich nicht allein darauf verlassen. Es entspannt kolossal, wenn man noch den ein oder anderen in der Hinterhand hat. Zu wissen, nicht alles auf eine Karte gesetzt zu haben, ist hilfreich. Ein Trumpf mehr schadet im Zweifelsfall nie. Verschiedene Säulen tragen mehr, geben Sicherheit. Es muss nicht der eine sein, jedenfalls nicht um jeden Preis. Da sind noch andere, die darauf warten uns kennenzulernen. Das ist ein schönes Gefühl. Der Druck nimmt ab, parallel dazu wächst die Selbstsicherheit.

»Aber ich empfinde das als unfair, heimlich immer noch mit anderen zu schreiben!«, erklärt mir Helene. Solange man nicht miteinander intim ist, die Zukunft plant und/oder bei seiner Mutter zum Abendbrot war, gibt es keinen Grund für Exklusivität. Die kann man aber in der Phase dann natürlich auch nicht von der Gegenseite erwarten. Das muss man aushalten können. Zu wissen, dass der Mann, der sich augenblicklich in der emotionalen Poleposition befindet, eventuell noch mit anderen in Kontakt ist, kann hart sein. Aber auch hier gilt: Gleiches Recht für beide.

Außer man beschließt das Exklusivdaten gemeinsam. So macht man das in Amerika. Man darf so lange andere treffen, so lange man keine anderslautende Vereinbarung getroffen hat.

Einseitige Exklusivität macht wenig Sinn. Irgendwann meldet man sich natürlich von Elite Partner und Co. ab, so wie man irgendwann auch die Schwimmflügelchen ablegt. Dann muss man schwimmen. Aber vorher, wenn es sich sehr unsicher anfühlt, man nicht weiß, wohin die Reise geht, darf man durchaus andere Optionen in der Hinterhand haben. Und wenn es nur fürs Ego ist …

Es soll Männer geben, die ihren Tinder-Account niemals löschen. Die auch in einer Beziehung zwischendrin gerne mal checken, ob sie noch anderweitig Chancen hätten. Die das Begehrt-Sein so sehr genießen, dass sie nicht gewillt sind, jemals darauf zu verzichten. Das sollte man sich nicht gefallen lassen. Wer sich nach einem halben Jahr gerne noch andere Optionen offenhält, der wird sie vermutlich nutzen. Aber wir sollten dann definitiv raus sein!

Drittens sollte man regelmäßig an die Aktualisierung des Beuteschemas denken.

Beuteschemata haben – genau wie Lebensmittel – ein Ablaufdatum. Ab und an sollte man überlegen, ob das, was man mit 17 Jahren für unverzichtbar gehalten hat, noch mit 34 Bestand hat.

Spielt es wirklich eine Rolle, ob jemand eine bestimmte Jeans trägt? Wrangler oder Levis, das konnte früher kampfentscheidend sein. »Klamotten sagen viel über einen Menschen aus, und wenn jemand schlimm rumläuft, möchte ich nicht gerne an seiner Seite gesehen werden!«, meint Petra. So als würde der miese Geschmack direkt auf sie abfärben, oder man könnte sie haftbar dafür machen. »Wie lässt die den denn vor die Tür gehen!«

Gnadenlos wird deshalb jeder einer Musterung unterzogen, bevor er überhaupt die Chance hat, Petra zu treffen. Petra ist bei der Sichtung der Fotos strenger, als es ein Karl Lagerfeld je war. »Schau dir diesen albernen Schal an, weg mit dem Kerl.« Kurzarmhemden gehen für Petra natürlich gar nicht, und die Schuhe zu dem Gürtel, das macht doch höchstens ein Farbenblinder. Die »falschen« Turnschuhe, ein farblich nicht passendes T-Shirt, ein alberner Anorak oder ein Hut – die Liste ihrer Ausschlusskriterien ist lang und sehr detailliert.

Als ich meiner Mutter, die sehr streng, fast schon gnadenlos sein kann, davon erzählt habe, war sie erstaunt. »Das ist doch das Kleinste aller Probleme! Klamotten kann man ausmisten und neu kaufen. Manche Männer haben da einfach keine Ahnung und denken, man zieht sich halt was an, weil man ja schlecht nackt rumlaufen kann. Das bedarf keiner großen Anstrengung, das zu verändern. Die meisten sind froh, wenn man ihnen ein bisschen hilft bei der Kleiderwahl.«

Ich habe einen sehr engen Freund, einen Unternehmer mit eigener Firma, Wohnungen in verschiedenen Ländern. Er ist gebildet, belesen, kulturinteressiert und dazu noch großzügig. Er treibt Sport, geht gerne ins Ballett, hat Witz, eigentlich ansonsten auch alles, was auf den internationalen Wunschzettelchen von Frauen steht. Leider legt er auf Kleidung keinen besonderen Wert, gibt dafür nicht gerne Geld aus, und hat kein glückliches Händchen, wenn er denn mal einkaufen geht. Es macht ihm einfach keinen Spaß, und ist ihm letztlich vollkommen egal. Als ich ihm vor kurzem ein Date arrangiert habe – ich verkupple sehr gerne – kam er in einem karierten Hemd mit einem Kragen, der schon bessere Zeiten erlebt hat, und trug darüber eine beige Regenjacke und dazu Schuhe, die für einen kleinen Treckingausflug geeignet gewesen wären. Ich hatte ihm einen schwarzen Rolli und Jeans empfohlen. Damit kann man nichts falsch machen. Ich dachte, das bekommt auch er hin, ohne dass ich mit ihm vor dem Kleiderschrank stehe und ihm alles rauslege. Aber er hört leider nicht auf mich, jedenfalls was das angeht. »Ich habe mir Mühe gegeben!«, hat er nur gesagt und damit den ersten Eindruck leidlich versaut. Er sah aus wie ein sehr beiger älterer Mann, der am Wochenende gerne mal eine kleine Runde an die frische Luft geht. Spießig eben. Dabei ist er vieles, aber garantiert nicht spießig. Er ist nicht das, was er trägt. Das hat sein Date dann zum Glück auch bemerkt, aber hätte sie ihn in diesem Outfit auf einem Portal gesehen, wäre er garantiert weggewischt worden.

Gnädiger mit dem Outfit zu sein kann sich lohnen (um den vielleicht einzigen wirklich sehr netten Millionär weltweit kennenzulernen, wobei der – soweit ich das beurteilen kann – eher weniger an Frauen interessiert ist, die Geld an sich schon für eine hervorragende Eigenschaft halten).

Und auch andere Parameter des Beuteschemas gehören unbedingt auf den Prüfstand. Man sollte sich immer mal wieder vor Augen führen, dass wir keinen siamesischen Zwilling suchen, sondern einen Mann, mit dem wir gerne Zeit verbringen. Dafür muss man nicht jedes Hobby teilen. Es ist sogar eine feine Sache, Dinge zu haben, die man eben mal allein macht. Nicht jeder Mann ist für Pilates zu begeistern, nicht jede von uns möchte Surfen.

Viertens darf man ruhig Deadlines setzen.

Wir leben in Zeiten der Unverbindlichkeiten. Ein neues, ziemlich nerviges Phänomen. *Vor allem Frauen bis 40 klagen darüber, dass Männer sich nicht mehr festlegen wollen und Beziehungen grundsätzlich wie Zufallsbekanntschaften behandeln. Ganz so, als sei ihnen die Frau, mit der sie zur Party erscheinen, gerade eben vor der Tür einfach zugelaufen.*

Doch irgendwann ist es Zeit zu entscheiden, wohin die Reise geht. »Es herrscht eine wahnsinnige Beliebigkeit«, beschweren sich viele Frauen. »Niemand will sich mehr festlegen!« Dass wir daran eine gewisse Mitschuld tragen, blenden die allermeisten allerdings aus. Wir sagen nicht »Entscheide dich gefälligst!« Oder: »Bei der Wahl deines neuen Rennrades hast du ja auch nicht fünf Jahre überlegt!« Wir lassen die Unverbindlichkeit zu, halten sie aus, oft genug in der Hoffnung, dass der große Moment kommt, und Felix, Paul oder Jürgen wacht morgens auf und weiß genau, was er will. Im besten Falle uns.

Rosalie datet ihren Leon nun seit mehr als acht Monaten. Sie verbringen ihre Wochenenden gemeinsam, gehen in Ausstellungen, ins Kino, und sie hat ihn ihren Eltern und Freunden vorgestellt. Alle mögen Leon. Beide haben einen Kulturbeutel mit dem Nötigsten beim anderen in der Wohnung, und vor zwei Wochen war Rosalie sogar mit in seiner Kanzlei zum jährlichen Sommerfest.

Man könnte davon ausgehen, dass sie ein Paar sind. Aber weit gefehlt. So weit sei Leon noch nicht. Sie wolle ihn auch nicht drängen. Nicht, dass er dann doch noch kalte Füße bekommt. Rosalie will keinesfalls irgendwelche Forderungen stellen. Dabei geht es nicht um einen fetten Ring am Finger oder ein »bis dass der Tod uns scheidet«. Rosalie würde es schon reichen, wenn Leon sie als »meine Freundin« vorstellen würde. Schon das hat eine gewisse Verbindlichkeit. Mehr braucht es für sie gar nicht. Aber das kleine »m« lässt Leon einfach weg. Sie ist »eine Freundin«. Weiter lehnt sich Leon nicht nur begrifflich nicht aus dem Fenster. Er möchte nicht mal Planungen für den nächsten Sommerurlaub machen. Das sei noch sehr lange hin, und man wisse ja nie. Er lebe den Tag, den Augenblick. »Carpe diem« eben. So, als würde ihm Rosalie mit einer gemeinsamen Flugbuchung elektronische Fußfesseln anlegen wollen.

Es ist ein bisschen so, als wäre Rosalie eine Art Teilzeitpartnerin. Eine Frau für den Moment. Für eine gewisse Phase. Eine aparte Lückenfüllerin, bis vielleicht doch noch etwas Besseres am Horizont auftaucht. Das kränkt Rosalie, aber sie hat Angst, das Thema anzusprechen. »Frag ihn doch einfach mal, was ihr da eigentlich habt? Er soll es benennen! *Bist du eine Bekannte mit Mehrwert? Seine Freundin? Ist es was Festes? Oder nur ein bequemes Fickverhältnis mit Freizeitnutzwert?* Willst du das anhand seines Benehmens ständig neu justieren und deuten? Frage ihn doch ganz direkt: ›Sind wir ein Paar, haben wir eine Beziehung?‹!«, fordert ihre beste Freundin Kerstin, die das alles unsäglich findet.

Rosalie würde selbst nur zu gerne wissen, woran sie ist, aber sie will diese Fragen nicht stellen. Zu groß die Angst vor der Antwort. »Dann fühlt er sich vielleicht unter Druck gesetzt, und das könnte ihn abschrecken. Klar will ich wissen, wohin die Reise geht, aber wenn ich ›hopp oder topp‹ sage, dann kann es halt auch sehr gut sein, dass er sich für hopp entscheidet und ich ihn mit dieser kleinen Frage vertrieben habe. Das ist nun das Letzte, was ich will.«

Die Gefahr besteht natürlich. Aber wäre es besser, er würde ihr das in zwei Jahren sagen? Oder in vier Jahren? Und ist das wirklich eine ausgeglichene Beziehung, wenn der eine offenbar größere Angst vor dem Verlust hat als der andere? Wie will Rosalie in Zukunft mit Leon wichtige Themen verhandeln, wenn ihr immer die Furcht im Nacken sitzt, dass er sie leichtherziger verlassen könnte als sie ihn? Angst ist immer ein schlechter Ratgeber. Sie schwächt die Verhandlungsbasis. *Wer Klarheit will, muss auch klar sein.* Etwas wagen und sich trauen. Immer zu bangen und nicht zu wissen, woran man ist, macht jede Frau auf Dauer mürbe.

Es gibt eine Menge Männer, die es sich in dieser Situation sehr bequem machen können. Entscheidungen, die man nicht treffen muss, sind die leichtesten. Besonders verbreitet ist dieses: »Ich leg mich jetzt nicht fest, es eilt nicht.« Typisches Verhalten unter den Mitdreißigern. Sie scheinen die Verbindlichkeit mehr zu fürchten als einen juckenden, nässenden Hautausschlag. Dazu kommt in dieser Altersklasse das Gefühl, noch alle Zeit der Welt zu haben. Kinder, Familie und Co. kann ein Mann heutzutage auch mit Mitte 40 noch locker gründen. Da gibt es für sie – gefühlt – keine Deadline.

Das sieht auf der Gegenseite nicht ganz so rosig aus, und dieses Ungleichgewicht führt zu Beziehungen, auf der die eine Seite alles gibt, um Verbindlichkeit zu ernten, und die andere sich in einer Art »Mal sehen, was noch so kommt«-Schleife munter weiterdreht. Es ist wie beim Essenbestellen im Restaurant: Man ordert die Hähnchenbrust mit Pappardelle und Karottengemüse und entdeckt dann aber, als man schon bestellt hat, das Entrecôte mit Pommes und gemischtem Salat. Wie ärgerlich! Und obwohl die Hähnchenbrust ausgesprochen lecker war und es nichts zu bemängeln gab, bleibt immer die große Frage, ob das Entrecôte vielleicht noch besser gewesen wäre.

Insofern halten sich viele Männer gerne sehr bedeckt, was Verbindlichkeit angeht. Es könnte immer noch ein Entrecôte auftauchen! Das sollten wir Frauen uns nicht bieten lassen. Nach einem halben Jahr darf man durchaus fragen, wie das perspektivisch weitergehen soll. Was der Liebste für Vorstellungen hat. Und dann muss man herausfinden, ob die Vorstellungen kompatibel mit den eigenen sind. Wenn nicht, dann ist es Zeit, sich zu verabschieden.

Das bedeutet im Umkehrschluss nicht, dass man schon beim zweiten Date mit der weiteren Lebensplanung herausrücken muss. Fragen zum Kinderwunsch, zum Heiraten und nach der aktuellen Patientenverfügung gehören in der Akquise nicht aufs Tableau.

Mir hat mal jemand schon bei der ersten Verabredung gesagt, dass er auf jeden Fall noch mal heiraten will und das möglichst bald. Er schaute mir tief in die Augen, und ich hatte kurz den Verdacht und latente Angst, ein spontaner Antrag könne folgen. Ich fand das keineswegs süß oder romantisch, sondern zutiefst verstörend und auch sehr übereilt. Ganz mieses Timing. Ganz falsches Thema. Da sagt mir ein Mann, den ich kaum zwei Stunden erlebt habe, er wolle unbedingt heiraten! Noch bevor ich weiß, ob er schnarcht, vielleicht AfD wählt und ob er küssen kann. Noch bevor ich weiß, ob er alltagstauglich ist.

Wie panisch muss so jemand sein? Oder sollte es mir nur zeigen, dass er generell ernste Absichten hat? Dass er auf jeden Fall Verbindlichkeit will? An sich schön, wenn ein Mann weiß, was er will, aber wenn etwas so gar nicht dem Grad der Bekanntheit entspricht, führt das schnell zum Gegenteil. Wie kann der mich meinen? Er kennt mich doch noch gar nicht? Geht es eher um einen generellen Heiratswunsch, den ihm auch eine andere locker erfüllen würde? Ich hatte einen sehr akuten Fluchtimpuls. Panik, direkt an Ort und Stelle zwangsverlobt zu werden.

Schritt für Schritt heißt die Devise, aber hinhalten lassen sollte man sich nicht. Das hat auch etwas mit Selbstachtung zu tun. Keine von uns ist ein allzeit verfügbares Etwas, mit dem man machen kann, was man will. Keine von uns wartet wie ein scheues Reh darauf, ob sich etwas tut. In einer Partnerschaft gibt es (zumeist) zwei Menschen mit Vorstellungen. Und beide Seiten sollten gehört werden.

Fünftens bringt es viel, sich den berühmten zweiten Blick zu gönnen.

Online-Dating ist schnell und gnadenlos. Ein Blick entscheidet: Wiedervorlage oder kann weg. Ich bin eine Frau, die sich schnell entscheiden kann, ich brüte nicht vierzig Minuten über einer Speisekarte und muss nicht in einer Boutique übernachten, um zu wissen, ob das geblümte Kleid mit zu mir nach Hause darf. Leute, die bei jeder noch so unbedeutenden Entscheidung – Pasta mit Bolognese oder lieber mit Pilzsoße? – ewig brauchen, gehen mir auf den Wecker.

Umso seltsamer finde ich es, wenn plötzlich genau diese Frauen bei Entscheidungen, die weitaus wichtiger sind als Pilz- oder Bolognese-Soße, sehr radikal sind. Gesa ist so eine. All ihre Achtsamkeit und ihre Bedenken, die ihr in jedem Lebensbereich enorm wichtig sind, spielen bei ihren Dates keine Rolle. »Ich weiß innerhalb von wenigen Minuten, fast schon Sekunden, ob das aussichtsreich ist oder nicht. Wenn es einer nicht schafft, mich direkt zu flashen, dann war's das.« Bei Dates ist Schluss mit all der Achtsamkeit. Da heißt es performen und das bitte sofort und überzeugend.

Aber genau dieser Druck, aus dem Nichts heraus, die beste, schlagfertigste, liebevollste und lustigste Version von sich selbst zu sein, führt oft genug dazu, dass man wie in Schockstarre dasitzt – und natürlich merkt, wie einem alle Felle davonschwimmen. *Nicht nur man selbst ist nervös beim Daten. Da sitzen gestandene Männer wie rhetorisch Minderbegabte da und stammeln vor sich hin.*

»Ich habe fast schon gestottert, so aufgeregt war ich. Die Frau, mit der ich mich getroffen habe, war einfach umwerfend«, gesteht mir Guido nach einem Date. »Und dann habe ich doch tatsächlich so ein paar Sprüche losgelassen, die ein sogenannter Date-Experte im Netz empfohlen hatte. So was wie: ›Hast du dir wehgetan, als du vom Himmel gefallen bist?‹ Kaum hatte ich es gesagt, habe ich bemerkt, wie bescheuert das klingt. Und statt einfach die Klappe zu halten, habe ich aus lauter Verlegenheit noch nachgelegt: ›Sind deine Eltern Architekten oder warum bist du so verdammt gut gebaut?‹ Sie hat mich mit großen Augen angeschaut. Ich hätte es nur zu gut verstanden, wenn sie aufgestanden und gegangen wäre. Ich glaube, so einen Unsinn habe ich noch nie verzapft. Aber sie hat einfach gelacht. Sehr laut. ›Wo hast du denn den Schwachsinn gelesen?‹, hat sie gefragt und sich kaum mehr eingekriegt. Sie konnte gar nicht aufhören zu kichern. Dann ist sie aufgestanden, hat ihre Jacke angezogen und ist raus aus dem Lokal. Ich hätte am liebsten meinen Kopf auf den Tisch geschlagen und dachte: ›Okay, Guido, das war's jetzt. Und du hast es ganz allein verkackt. Du hast eine Megafrau vertrieben. Durch deine eigene Blödheit.‹ Bis sie auf einmal wieder an den Tisch kam und mich angrinste: ›Hey, ich bin Sandra, du musst Guido sein, schön dich kennenzulernen. Und meine Eltern sind übrigens Bäcker gewesen. Keine Architekten.‹« Da spätestens wusste Guido, dass er einen Glücksgriff gemacht hatte: eine Frau, die großmütig ist und sogar richtig schlechte Scherze verzeiht, die selbst witzig ist.

Sie sind jetzt seit mehr als zwei Jahren ein Paar, und Sandra erzählt gerne und oft von ihrer ersten Begegnung. »Klar war mein Impuls: Nichts wie weg!, aber ich habe gemerkt, dass er echt nervös war. Richtig aufgeregt. Und dass er so einen Mist geredet hat, fand ich auf eine Art auch lustig. Es hat gar nicht zu ihm gepasst. Zum Glück bin ich wieder rein ins Restaurant. Also mein Rat an alle Frauen: nicht zu streng beim ersten Date sein.«

Das erste Date unterliegt besonderen Umständen. Beide, die da auf den Prüfstand treten, haben sich nie zuvor gesehen, außer auf Fotos. Da wird zunächst abgecheckt, ob die optische Desillusionierung so groß ist, dass man direkt nach Hause gehen muss, oder ob es zumindest eine gewisse Ähnlichkeit mit dem Bildmaterial gibt. Diesen Faktor hat jede*r selbst in der Hand.

Dann kommt der große Benimmcheck. »Wie der gegessen hat, das war ein Grauen. Schlimmer als ein antiautoritär erzogener Vierjähriger.« – »Die Art, wie er beim Schlucken das Gesicht verzogen hat, das hatte was von einem Tick.« – »Wie er ständig an seinen Fingern geknibbelt hat, das hat mich richtig aufgeregt.«

Es gibt viel Aufregungspotenzial, keine Frage. Aber vielleicht nervt es ihn ja gleichzeitig, wie sie alle zwei Minuten ihre Haare zurechtlegt, ständig albern kichert und ›als‹ und ›wie‹ nicht auf die Reihe bekommt.

Trotzdem: Wenn es kein Totalreinfall war, sollte man eine Wiederholung wohlwollend in Betracht ziehen. Zum zweiten Date kann man schon sehr viel entspannter antreten. Man weiß immerhin, wie der andere aussieht, und wenn der andere dem zweiten Date zugestimmt hat, weiß man auch, dass man es geschafft hat, gemeinsam einen Abend zu bestehen.

»Wenn es nicht peng macht – warum sollte ich ihn wiederse-
hen?«, meint Clara. Sie will, dass am Premierenabend direkt die
Funken sprühen. »Man merkt doch, ob man sich verknallen wird,
jeder weitere Abend ist dann Zeitverschwendung. Freunde habe
ich schon.«

Das ist, freundlich gesagt, nicht besonders weitsichtig. Die wenigsten Paare haben sich sofort beim ersten Anblick schockver-
liebt. Manche sind sogar erst Freunde geworden. Bei manchen
dauert es ein bisschen, bis der Funke überspringt. Und wenn
nicht – handelt es sich vielleicht um bestes »Freundschaftsmateri-
al« –, hat das Gegenüber vielleicht einen Cousin oder einen Bruder, mit dem es aber so was von matchen würde. Also: *Fast jeder
hat die Chance auf einen zweiten Blick verdient. Mit der Betonung
auf fast.* Grobe Unhöflichkeit, ein Mann, der einen ganzen Abend
lang null Interesse zeigt, nichts fragt und ständig auf sein Handy
starrt, kann sein Glück anderswo suchen.

Sechstens sollte man die Nachrichtendiät aushalten.

Viele Männer haben zum Thema Nachrichtendichte eine sehr
andere Vorstellung. Sie wollen nicht jede Stunde Herzchen und
Liebesbeteuerungen verschicken. Das wiederum scheint heutzutage für viele Frauen der ultimative Liebesbeweis zu sein. Sobald
sie den Schauplatz des ersten Dates verlassen, sollte optimalerwei-
se eine Nachricht kommen. Frauen stieren auf ihr Handy, wo Ältere früher sehr viel Lebenszeit schmachtend vor dem Telefon saßen und auf ein erlösendes Klingeln gewartet haben.

*Ja, er sollte sich nach dem Date melden. Mit einer kurzen netten
Nachricht. Am selben Abend oder am nächsten Tag.* Aber man sollte auch verstehen, dass nicht jeder Mensch auf der Welt das Be-
dürfnis hat, rund um die Uhr Liebesbeteuerungen zu verschicken.
Das hat nur wenig mit der Intensität der Liebe zu tun.

Eine Freundin ist, was das angeht, ausgesprochen streng. Ant-
wortet ein Mann nicht direkt, ist er raus. Gnadenlos. Klar, wer in
zwei Wochen nicht die Zeit findet, eine kurze Nachricht zu schi-

cken oder die Frage nach einem gemeinsamen Abendessen erst Tage nach dem Termin beantwortet, bei dem steht man vermutlich auf der Prioritätenliste sehr weit unten.

Doch auch Männer können, was die Nachrichtendichte angeht, in einer Beziehung lernen. Können verstehen, dass ihre Frau sich freut, wenn mal was außer der Reihe aufploppt. Kein »Wir haben keine Milch mehr!«, sondern einfach nur ein schlichtes Herz. Oder ein: »Ich denke an dich.«

*Unsere Wut
befindet sich immer gerade
auf einem Kindergeburtstag
beim Topfschlagen.*

WUT IST AUCH EINE LÖSUNG

»In case of emergency break glass.«

METAMORPHOSEN

Kürzlich erzählte Marie, eine Kollegin, sehr stolz, sie habe nun endlich beschlossen, sich nichts mehr gefallen zu lassen. Sie sei oft so wütend. Vor allem auf sich selbst.

»Ich gebe einfach zu viel nach. Alle tanzen mir auf der Nase herum!« Das will sie jetzt ändern.

Um diese enorme Trendwende in ihrem Leben zu dokumentieren, hat sie nicht etwa nach dem Verursacherprinzip ihrem Mann einmal unmissverständlich klargemacht, dass er die Klamottenberge, die er überall im Haus verteilt, wegräumen soll. Oder ihrem 19-jährigen Sohn gesagt, dass er sich – übrigens zum ersten Mal in seinem Leben – einen Teilzeitjob suchen könnte. Schon um wenigstens teilweise für den Blechschaden, den er am Auto seines Großvaters verursachte, aufzukommen. Sie hat auch nicht bei ihrem Bruder die 2500 Euro angemahnt, die der sich schon vor drei Jahren – nur mal ganz kurz – von ihr geliehen hat. Nein, es ist ein eher exotisches Selbstbehauptungs-Randgebiet, an der Uni würde man sagen ein Orchideenfach, in dem sie ihre neue Entschiedenheit praktiziert: »Mir ist aufgefallen, dass, wann immer mir auf dem Bürgersteig jemand entgegenkommt, ich ihm oder ihr ausweiche. Damit ist jetzt Schluss!! Sollen mir doch die anderen aus dem Weg gehen.«

Sogar eine Taktik hat sie dafür entwickelt: »Ich blicke dem Gegenüber einfach ganz fest in die Augen, und dann wollen wir doch mal sehen, wer als Erstes einknickt – ich auf keinen Fall!«

Mag sein, dass sich hier eine Metamorphose vom Mäuschen zur Superheldin anbahnt. Zumal Marie – zumindest in Gedanken – offenbar schon das passende Stretch-Baumwollkostüm in Blau-Rot trägt. Andererseits könnte man einwenden, weshalb man mit völlig fremden Menschen überhaupt so ein Konfrontationsfass aufmachen muss? Wäre es nicht viel einfacher, man geht um sie herum? Weicht ihnen aus? Anstatt das ganze Nicht-mit-mir-Freundchen-Prozedere an ihnen abzuspulen? Bei dem es ja eigentlich um gar nichts geht, außer um freie Bahn zwischen Aldi und Apotheke?

Weil sie wütend ist. Weil diese Wut irgendwohin muss. Weil jede von uns das Gefühl braucht, der Welt zu zeigen, dass es reicht. Dass wir genug haben. Dass uns etwas sehr gründlich gegen den Strich geht. Dass es ab hier nicht mehr so weitergeht. Aber ob es da hilft, arglose Passanten in Grund und Boden zu starren? Marie jedenfalls nicht.

Gerade hat sie sich wieder eine neue Beißschiene anpassen lassen müssen. »Die Zahnärztin meinte, ich hätte wohl enorm viel Stress.«

BAD-BOYS-HALL-OF-FAME

Ja, Frauen sind wütend. Aus 1000 verschiedenen, exzellenten Gründen. Und ja, die Wut muss irgendwohin.

Das allerdings unter erschwerten Bedingungen. Bis wir richtig, also wirklich richtig sauer werden, haben wir ja oft schon eine Menge sehr gute Wut-Anlässe eher an uns und unseren Kieferknochen ausgelassen. Aus der Überzeugung, Konflikte mit friedlicheren Mitteln als der Devise »Alles muss raus!« lösen zu müssen. Auch ein wenig aus der Sorge, dass man nicht mehr auf das Thema schaut, sondern auf die – für eine Frau – unangemessene Präsentation. Dass man bloß wieder mit dem Etikett »nicht ganz zurechnungsfähig« oder »hysterisch« oder »irrational« aus der Arena geschickt wird. Dass man – bevor es überhaupt losgeht – disqualifiziert wird, sobald man mal die Stimme erhebt.

»Wütende Frauen sind hässliche Frauen[1]«, so die US-amerikanische Aktivistin Soraya Chemaly, die ein ganzes Buch über die weibliche Wut veröffentlicht hat, zu den Abschreckungsmechanismen, mit denen wir uns selbst oft davon abhalten, laut zu werden.

Sie kennt das Phänomen, wenn sie schreibt: »Ich wusste immer, dass ich, sobald ich als ›zornige Frau‹ wahrgenommen werde – was manchmal schon geschieht, wenn ich meine Gedanken laut ausspreche –, sofort für eine überemotionale, irrationale, temperamentvolle, vielleicht hysterische, ganz sicher aber für eine ›unsachliche‹ und wirre Denkerin gehalten werde.«

Offensiv zur Schau getragener Zorn stört aber ja nicht nur das Bild von der sanften Frau, der dafür die Weiblichkeits-Lizenz entzogen wird. Frauen, die ihre Wut zeigen, werden gern auch mal bestraft. So wurde Serena Williams bloß wegen einer einzigen Auseinandersetzung gleich ›unsportliches Verhalten‹ vorgeworfen. Dagegen gibt es gleich eine ganze Hall of Fame der Bad Boys des weißen Sports, bei denen übelste Pöbeleien, frauenfeindliche Ausraster und zertrümmerte Schläger quasi der Imagepflege zugeschlagen werden.

STREICHELZOO

Das erklärt, weshalb Politikerinnen deutlich seltener als ihre männlichen Kollegen – also praktisch nie – die Contenance verlieren. Und sich – wenn sie öffentlich auftreten – vorsichtshalber als das Lämmchen mit dem weichsten Fell im Streichelzoo präsentieren.

Undenkbar, dass etwa Hillary Clinton im Wahlkampf 2016 die geifernden Bösartigkeiten und Hasstiraden ihres Kontrahenten Donald Trump mit auch nur annähernd ähnlichen Brüll-Attacken ge-

kontert hätte. Man hätte sie schlicht als unberechenbar, unkontrolliert, als eine Gefahr für die nationale Sicherheit empfunden.

Als 2022 mithilfe von künstlicher Intelligenz die »emotionalen Profile« deutscher Spitzenpolitiker untersucht wurden, kam man zu ganz ähnlichen Ergebnissen.[2] Demnach waren die Männer wütender in ihren Reden, während die Frauen überwiegend »fröhlich« klangen. Am wütendsten unter den von den Studienleitern ausgewählten Politikern war übrigens Markus Söder. Dann kamen schon SPD-Chef Lars Klingbeil, Hamburg-Bürgermeister Peter Tschentscher (SPD) und Vizekanzler Robert Habeck (Grüne). Am traurigsten klang für die KI übrigens Bundeskanzler Olaf Scholz. Was auch als Ausdruck für mangelndes Engagement gedeutet werden kann. Denn auch das wird männlicher Wut gutgeschrieben: dass sich da jemand richtig für eine Sache ins Zeug legt.

Anna-Lena Baerbock dagegen soll vor allem ängstlich klingen – jedenfalls in den Ohren der künstlichen Intelligenz. Mag auch damit zu tun haben, dass die Themen der Reden nicht mit in die Studie einflossen und die Außenministerin in letzter Zeit vor allem beängstigende Botschaften zu vermitteln hatte.

AUSNAHMEZUSTAND

Ich kann mich erinnern, wie wütend meine Mutter manchmal war. Einmal war sie so sauer, dass sie vor Zorn ein kleines Schränkchen aus meinem Zimmer einfach auf die Straße warf.

Ich war 16 oder 17, und wir hatten einmal wieder eine dieser leidigen Diskussionen, die man eben hat, wenn sich wenigstens einer der Beteiligten gerade in der Pubertäts-Hochphase befindet und der andere total gestresst ist – mit einem Vollzeit-Job, drei Kindern und einer schwerstkranken Schwester. *Es war, als würde man dem Papst dabei zuschauen, wie er mit einer Panzerfaust den Vatikan verlässt.*

Ziemlich interessant und etwas verstörend. Denn an sich war unsere Mutter eher ein ruhiger, ein freundlich-friedlicher Mensch. Das eigentlich für mich Überraschende war aber etwas ganz anderes: Mitten im größten Tohuwabohu klingelte das Telefon. Meine Mutter ging dran und musste sich nicht etwa erst mal sammeln. Sie switchte vielmehr innerhalb von Sekunden vom Schrei-Modus in ihre ganz normale, sanfte Stimmlage um. Ein Phänomen, das fast alle meine Freundinnen so oder ähnlich auch bei ihren Müttern beobachten konnten.

Was zu dem Schluss führen könnte, dass Frauen niemals wirklich blindwütig sind und noch in der größten Raserei irgendwie die Fassung bewahren. Eine Annahme, die sich im Kontext der Beziehungsgewalt niederschlägt. Dort wird Männern immer noch eher ein »emotionaler Ausnahmezustand« gutgeschrieben, wenn sie in vermeintlich »wütender Raserei« Frauen schwer misshandeln oder gar töten.

Männliche Wut ist ein mildernder Umstand. *Von Frauen wird dagegen erwartet, dass sie ihre Emotionen hübsch entlang der Erwartungen anderer dekorieren.* Wir sind höchstens frustriert, enttäuscht, gereizt oder haben unsere Tage. Oder wir sind hungrig – haben »hanger« – ein Anglizismus aus »hungry« und »angry«. Kurz: Unsere Wut befindet sich immer gerade auf einem Kindergeburtstag beim Topfschlagen. Ja, auch das kann einen ganz schön wütend machen. So wie damals, als wir in der Oberstufe wegen einer Ungerechtigkeit bei der Notengebung zu viert unsere Mitschüler*innen dazu aufriefen, den Lateinunterricht zu bestreiken. Die Lehrerin sprach mich an und sagte: »Das bist doch nicht du! Du bist so ein nettes Mädchen. Das haben sich bestimmt wieder deine Mitschüler ausgedacht!«

Haben sich aber Frauen tatsächlich besser im Griff? Sind sie weniger wütend? Ist das der Grund, weshalb meine Mutter noch in der maximal aufgebrachten Diskussion einfach auf »friedlich« umschalten konnte?

Studien haben ergeben, dass Männer und Frauen Wut ganz gleich empfinden. Aber »obwohl sich Wut für Frauen und Männer exakt gleich anfühlt, gibt es dennoch erhebliche Unterschiede dahingehend, wie wir dieses Gefühl ansprechen und wie es von unserem Umfeld wahrgenommen wird«, schreibt Soraya Chemaly.[3] Sie meint, Jungen würden in ihrem Wütend-Sein bestärkt, weil es mit Durchsetzungsfähigkeit und Männlichkeit verquickt ist. Meint: Je wütender ein Mann wird, umso männlicher wirkt er, und umgekehrt wird von einem »richtigen« Mann erwartet, dass er auch mal sehr wütend wird. Während Frauen bereits von Kindesbeinen an lernen, »Wut als unweiblich, unattraktiv und egoistisch zu betrachten«.

Kein Wunder, dass Männer ihre Wut eher mit Machtgefühlen assoziieren. Frauen dagegen mit Ohnmacht. Wir haben uns also nicht mehr oder weniger im Griff als Männer. Wir wollen und dürfen unserer Wut bloß keinen freien Auslauf gestatten. Wütend zu sein und es auch zu zeigen, sei der soziale Todesstoß für die Kategorie Mensch, »von der erwartet wird, für sozialen Zusammenhalt zu sorgen«.

Dieser Unterschied wird gleich plausibel, wenn man einen kleinen Testlauf startet: Erzählen Sie einmal anderen, wie eine Freundin unter einem cholerischen Chef leidet, und ein anderes Mal, dass ein Freund unter einer cholerischen Chefin arbeitet. Allein an den Reaktionen lässt sich leicht ablesen, wie viel mehr Freiraum und Respekt die männliche Wut selbst in Ausnahmefällen genießt als unsere.

Aber alle Gefühle sind für alle da. Wenn wir uns ein paar bloß deshalb verkneifen sollen, weil wir Frauen sind, sollten wir auch da-

rüber wütend sein. Zumal Wut ein enorm starker Motor ist. Der vielleicht stärkste. Wie stark, das sehen wir gerade im Iran, wo die Wut der Frauen über massive Unterdrückung, über ein diktatorisches Regime sie auf die Straße gebracht hat und sie immer weiter demonstrieren lässt – trotz brutalster Reaktionen, obwohl das Regime sie dafür mit dem Tod bestraft. *Wut macht Mut. Beides ist die Steilvorlage für Veränderungen.*

Ohne die wütenden Frauen vor uns hätten wir kein Wahlrecht, würden Männer weiter über unsere Körper entscheiden und darüber, ob wir arbeiten, ein eigenes Konto haben und Auto fahren »dürfen«. Es waren wütende Frauen, die die Französische Revolution initiierten. Ohne wütende Frauen keine #MeToo-Bewegung. Es sind wütende Soldatenmütter und -frauen, die selbst Putin zunehmend zu schaffen machen. »Sie hassen die Regierung. Sie hassen Putin. Sie alle wollen, dass dieser Krieg endet«, so Valya, eine von ihnen in einem Gespräch mit einem britischen Nachrichtensender.[4]

KLARTEXT

Auf Instagram entdecke ich am Hals einer Kollegin eine schöne Statement-Kette. »Ich freu mich so auf irgendwann«, steht da. Ich denke, wie hoffnungsfroh und herzerwärmend diese Botschaft ist. Ich google die Kette und stelle fest, dass der Hersteller noch weitere im Angebot hat. Darunter »WRATH« – also »Zorn« – und auch ein entschiedenes »Fick dich!«.

Ich frage Freundinnen, für welche sie sich entscheiden würden. Die überwiegend meisten finden nach ein wenig Nachdenken »WRATH« die für sie perfekte Wahl. Mit leichter Tendenz zu »Fick dich!«: »Würde ich sofort nehmen. Wenn ich eine solide Nahkampfausbildung hätte«, sagt Stefanie. Und: »Natürlich nicht, um sie jedem zu zeigen, der mir über den Weg läuft. *Aber ich stelle es mir hübsch vor, mal eben die Kette rauszuholen, wenn ich bei*

der nächsten Gehaltsverhandlung wieder zu hören bekomme ›Haben
Sie das nötig? Ich dachte, Ihr Mann verdient gut?!‹«

»Aber aus Wut geschehen doch die schrecklichsten Dinge!«,
sagt Marie. Ein Irrtum. Wut sei strikt von Gewalt zu trennen,
schreibt Johanna Kuroczik in ihrem Buch »Wut!: Mut zum
Zorn«[5]. Es handele sich um »Äpfel und Birnen, die in unterschiedlichen Obstgärten wachsen«. Denn: »Wut mag ein Teil des
Teufelskreises sein, der Straftaten vorangeht – doch es gehört
noch vieles mehr dazu: subjektive Enttäuschungen, Kränkungen,
Demütigungen, Ohnmacht, das Gefühl der Ausweglosigkeit.«

Und die renommierte Psychiaterin Adelheid Kastner, die als
Gutachterin mit Vergewaltigern, Mördern und anderen Gewalt-
verbrechern arbeitet, sagt: »Diese eigentliche Affektlinie, also De-
likte, bei denen nichts außer dem beherrschenden Affekt unser
Handeln steuert, entstehen immer aus einem chronifizierten Af-
fektstau«, also aus der Unterdrückung von Gefühlen.[6] *Wut dagegen ist eine Art Überdruckventil. Sie zeigt, wo etwas für uns zu weit
geht. Wo jemand schon nicht mehr nur den Fuß in der Tür hat, sondern praktisch mit einem Panzer über unser Terrain brettert.* Regeln
oder Abmachungen verletzt. Sich unfair verhält. Dass soll er nicht
nur wissen. Er soll auch das Ausmaß des inneren Aufruhrs spüren.
Damit das nicht wieder passiert. Ohne Wut zu zeigen, fehlt uns
dieses wichtige Ausdrucksmittel und eben auch die Hoffnung auf
und das Instrument zur Veränderung. Oder – wie es der Kirchen-
lehrer Augustinus von Hippo gesagt haben soll: »Hoffnung hat
zwei schöne Töchter, ihre Namen lauten Wut und Mut. Wut darüber, dass die Dinge sind, wie sie sind, und den Mut, um sie zu
verändern.«

WUTPROBEN

»Ich bin so megasauer!«, sagt eine Kollegin in einem Telefonat. Sie erzählt, eine Zeitschrift habe – wider Absprachen – zwar ihre Rechercheergebnisse genutzt, aber »vergessen«, sie als Quelle zu nennen, und die Reportage als Eigenleistung der Redaktion ausgegeben. Sie hatte erst mit der Redaktion Rücksprache gehalten. Dort ließ man sie abblitzen. Sie könne jetzt einen Medienanwalt einschalten, sagte sie, um eine Richtigstellung zu erwirken. »Aber dann denken doch alle, ich sei so eine hysterische Alte!«

»Und wenn schon«, sagte ich. »Du willst doch sowieso nicht mehr für die arbeiten. Kann dir also quadrategal sein, was sie von dir denken. Und es hätte den charmanten Vorteil, dass sie es sich beim nächsten Mal in einer ähnlichen Situation vielleicht zweimal überlegen, ob sie noch einmal dasselbe versuchen. Auf jeden Fall werden sie nicht mehr glauben, dass Frauen ihre Wut daheim allein ins Kissen greinen oder runterschlucken. Nur aus Sorge um ihr Ansehen in der Öffentlichkeit.«

Wut aktiviert den Widerstandsgeist. Ohnmachtsgefühle wirken dagegen wie eine Vollnarkose. Schlimm genug, dass wir noch immer viel zu oft nichts tun können, keine adäquate und direkte Wut-Adresse haben. Wut-Urheber nicht immer zu greifen sind. Gut, dass man mit der nötigen Menge wütender Frauen dieses Manko locker ausgleichen kann.

Wie am 20. Januar 2017 in den USA geschehen, als eine halbe Million Menschen zum »Women's March on Washington« ihre Wut bündelten, um gegen eine Haltung gegenüber Frauen zu demonstrieren – die Donald Trump so formuliert hatte: »You can grab 'em by the pussy.«

Wut macht Sinn. Da wir sie nicht wie etwa die Ganzkörperbehaarung im Laufe der Menschwerdung verloren hätten, so die Psychiaterin Heidi Kastner, habe sich die Evolution wohl etwas dabei gedacht. »Die Wut hat viele Funktionen, sie vermittelt klare Grenzen, setzt Warnsignale, befreit von der Spannung, die aus Kränkung entsteht, vermittelt uns selbst präzise Einsichten in unsere Schwachstellen und fordert uns auf zu Veränderung, entweder an uns selbst oder an unseren Lebensumständen, sie fordert und fördert Lebendigkeit.«[7] Eine Ressource, die uns Frauen schon früh verschlossen wird.

Studien belegen, wie uns schon im Säuglingsalter die Wut abgesprochen wird. Versuchspersonen wurden für ein Experiment befragt, wie sie die Gefühle eines schreienden Babys interpretieren würden. Dachten sie, es handele sich um einen Jungen, sagten sie, das Kind sei zornig. Glauben sie, es mit einem Mädchen zu tun zu haben, hielten sie es für traurig.

Aber es ist ja so: *Die Wut geht ja nicht weg, wenn man sie unterdrückt. Sie sucht sich andere Wege.* Psychologen glauben etwa, dass Depressionen auch eine Folge davon sein können, wenn die Wut auf »stumm« geschaltet wird. Ein Phänomen, das auf die klinische Psychologieforscherin Dana Crawley Jack zurückgeht. Sie hatte beobachtet, dass klinisch depressive Frauen ein Muster in ihrer Beziehungsdynamik aufweisen. Sie neigen dazu, ihre Gefühle, Meinungen und Gedanken in ihren Paarbeziehungen zum Schweigen zu bringen, oft um gemocht zu werden oder um Konflikten aus dem Weg zu gehen.

»Self silencing« nennt sich das, wenn wir selbst die Wut auf das Maß herunterdimmen, von dem wir annehmen, dass es uns zusteht – dass es sozial verträglich ist, uns sozial verträglich macht, andere nicht verstört. So ändert sich aber nie, was uns so zornig macht. Und übrigens auch nicht, indem man fremde Menschen in Grund und Boden starrt – so wie Marie es tut.

Verfahren wir doch lieber nach der Devise »Return to sender« und bringen die Wut dorthin, wo sie entstanden ist. Schlagen wir also auch einmal das Glas ein, um den Alarm auszulösen – und so aller Welt zu zeigen, was ab jetzt nicht mehr geht. Tauschen wir die Beißschiene gegen einen Wrath-Anhänger (und in besonders hartnäckigen Fällen gegen ein »Fick dich!«) ein.

Fangen wir an,
Wege zu finden –
anstatt Entschuldigungen dafür,
sie nicht betreten
zu müssen.

GLITZER FÜR ALLE

»Das kalte Wasser wird nicht wärmer,
wenn du später springst.«

MODEERSCHEINUNGEN

Wir beide sind jetzt so ziemlich im besten »Komm du erst mal in mein Alter«-Alter. Wie derzeit die überwiegend meisten Frauen. Schließlich sind wir Babyboomer. Meint: Noch nie gab es so viele und so viele gut ausgebildete Frauen mehr oder weniger weit jenseits der 50 (und das bis auf viele weitere Jahre). Wir hätten also einige mehrheitsfähige Erfahrungen zu teilen, an Jüngere weiterzugeben. Zum Beispiel, wie unfasslich viel besser man früher einmal ausgesehen hat, als man damals jemals gedacht hätte. Eine Perspektive, die man sich dringend erhalten sollte – indem man etwa versucht, sich schon heute mit der Hingerissenheit von morgen zu betrachten. Oder: wie unwichtig Menschen sind, die einen sowieso nur nach der Optik beurteilen. Oder: dass man sich eigentlich höchstens bloß für 0,1 Prozent der Dinge hätte schämen müssen, für die man sich geschämt hat. Oder: dass in 99 Prozent der Fälle der richtige Moment ganz einfach jetzt ist und keinesfalls später. Oder: dass man zwar immer denkt, man könne sich alles Wichtige merken. Aber dass es doch besser ist, man schreibt es auf. Auch um immer wieder einmal nachzulesen, wie man die geworden ist, die man ist. Oder die Erfahrung: dass 100 oder 200 Euro im Monat in Altersvorsorge investiert – regelmäßig – am Ende und über all die Jahre ein erstaunliches Sümmchen ergeben. Oder, dass man zwar längst nicht alles wird haben können, was man sich so wünscht. Aber dass schon Teilmengen sehr viel glücklicher machen als gedacht. Vor allem aber haben wir –

haben alle Frauen um uns herum – die Erfahrung gemacht, dass wir schon viel früher und sehr viel häufiger unsere Mittelfinger hätten zum Einsatz bringen müssen. Dass wir dringend dieses Buch gebraucht hätten, weil wir stets viel zu viel Angst hatten – wegen nichts. *Weil sich wirklich IMMER gezeigt hat, dass der Mittelfinger uns weitergebracht hat. Und manchmal auch die Menschen um uns herum. Sehr viel weiter als stilles Dulden, ängstliches Wegducken, verzagter Rückzug.*

Zeigen wir ihn also allen, die uns be- und verurteilen, die uns ausbremsen wollen. Die uns nicht mögen (weil uns das wirklich herzlich egal sein kann). Zeigen wir der Welt, wer wir sind, wer wir sein können. Fangen wir an, Wege zu finden – anstatt Entschuldigungen dafür, sie nicht betreten zu müssen.

Hören wir auf, darüber zu grübeln, ob wir alles richtig gemacht haben, ob sich die anderen wohlfühlen, ob es schmeckt, ob die Schulaufgaben auch ordentlich erledigt wurden, ob die Frisur sitzt oder das Bauchweghöschen seinen verdammten Job macht. Gehen wir einfach davon aus, dass – wenn es ein Problem gibt – es sich schon melden wird.

Und übrigens: *Es gibt definitiv schon genug Probleme. In allen Farben, Formen, Größen. Es ist also völlig überflüssig, noch weitere dazuerfinden zu wollen.* Dafür könnten wir ein paar neue Träume sehr gut brauchen. Solche, in denen tiefenentspannte Frauen vorkommen. Mit sich und dem Leben in Einklang. Mit erhobenem Kopf auf dem Weg zu ihren jeweiligen Zielen. Dem Hinweis folgend: »Schau nicht zurück, das ist nicht deine Richtung.«

Denn das ist ja auch so ein Frauen-Neigungsfach, wie wir kürzlich wieder in einem Podcast erfahren haben. Zwei Mütter von je zwei halbwüchsigen Kindern unterhielten sich fast eine Stunde lang darüber, wie sie es bedauern, zu lange (die eine) oder zu kurz (die andere) mit dem jeweiligen Kind beruflich pausiert zu haben. Doch sofern Zeitreisen nicht möglich sind, ist die Sache doch wirklich gelaufen. Und selbst wenn wir rückwirkend alles noch einmal anders machen könnten, dann würden beide Mütter die gleichen Bedenken wälzen – bloß mit vertauschten Rollen. Kurz: Wenn die Schwarzwälder Kirsch mal gegessen ist, ist sie gegessen. Da muss man sich nicht noch tagelang dafür geißeln, in Schuldgefühlen und Vorwürfen wälzen, um dann noch eine zu verspeisen, weil es jetzt eh egal ist.

In der Zeit also, die wir gewöhnlich mit Greinen, mit Reue, mit Verzweiflung über uns und die 1000 Makel verbringen, die wir täglich gnadenlos für uns erfinden, können wir ab jetzt unser Einhorn ausreiten, das Superheldinnen-Outfit waschen (30 Grad, Feinwäsche, höchstens 600 Umdrehungen im Schleudergang), blauen Glitzer auftragen – ganz egal, ob jetzt doch eher mauvefarbenes Puder angesagt ist und wie ermattet die Oberlider schon sind. Sollte jemand sagen: »Das geht nicht«, »Dafür bist du zu alt«, »Wovon träumst du nachts?!« oder »Hast du nichts Besseres zu tun?« oder »Wo sind eigentlich deine Kinder?« oder »Hast du etwa nicht eingekauft?« – wir hätten da zwei Mittelfinger, und wir werden sie auch benutzen.

ANMERKUNGEN

Die Webseiten wurden zuletzt abgerufen am 22. 5. 2023.

Danke, es reicht!

1 Es sei hier noch einmal wiederholt, denn uns ist das wichtig: Sie, unsere treue Leserin, kennen das ja schon: zwei Frauen, eine Haltung – aber zwei dann doch verschiedene Erfahrungs-Horizonte. Die eine hat Kinder – die andere keine. Die eine ist sehr gewichtsflexibel – die andere ihren durchschnittlich zehn Kilo plus ziemlich treu. Die eine war schon vor der Euro-Umstellung liiert, die andere hatte nach längeren Exkursionen durch den Dating-Kosmos erst kürzlich ein neues Glück gefunden. Kurz: Hier findet sich einmal wieder alles, was so ein Frauenleben ausmacht. Wer da was genau erlebt hat – ist dann gar nicht so wichtig. Sie und wir finden uns so oder so wieder.

2 https://malisastiftung.org/fortschrittsstudie-audiovisuelle-diversitaet-ergebnisse-tv-deutschland/

New kids on the Pflock

1 https://journals.sagepub.com/doi/10.1177/09500170211069780

2 https://www.researchgate.net/publication/30996973_Sex_Differences_in_Apologies_One_Aspect_of_Communicative_Competence

3 https://www.npr.org/2013/04/01/175714511/why-not-apologizing-makes-you-feel-better

4 https://www.eltern.de/kinderwunsch/schwanger-werden-10-tipps

5 Nicola Erdmann, »Warum wir über Hillarys Outfits sprechen sollten«, in: *Die Welt,* 29. 09. 2016

6 Maike Brozoska, »Arroganztraining für Frauen – Schluss mit freundlich«, in: *Süddeutsche Zeitung,* 29.04.2012

7 Jorge Bucay, *Wie der Elefant die Freiheit fand,* Fischer KJB, 9. 2010

I do it my way

1 Miguel Helm, Kerstin Kohlenberg, »Tik, tok, toxisch«, in: *Die Zeit,* Nr. 23, 01. 06. 2023

2 https://beautywilliams.podigee.io/6-cathy-hummels

3 https://www.vogue.de/beauty/artikel/millennials-generation-z-druck-psyche-durch-sozialen-medien

4 »Hasskommentare: Künast mit Verfassungsklage erfolgreich«, in: *Süddeutsche Zeitung,* 02. 02. 2022

5 In: *CARE,* Zeitschrift der AOK, Ausgabe Herbst/Winter 2009

Der Mittelfinger im Kinderzimmer

1 Vgl. auch: https://www.familie.de/familienleben/kinder-die-zu-hause-mithelfen-werden-spaeter-erfolgreichere-erwachsene/; und: Julie Lythcott-Haims in: »How to raise an adult«, St. Martin's Griffin, New York

2 »Überbehütet. Warum Eltern ihre Kinder nicht zur Schule fahren sollten«, in: *Spiegel online,* 29. 01. 2018: https://www.spiegel.de/lebenundlernen/schule/warum-eltern-ihre-kinder-nicht-mit-dem-auto-zur-schule-fahren-sollten-a-1189924.html

3 *Das Gehirn,* 13. 02. 2022, https://www.dasgehirn.info/aktuell/frage-an-das-gehirn/ist-langeweile-gut-fuer-das-gehirn

Wir Überschätzten

1 Frank Luerweg, »Worin wir uns selbst überschätzen«, in: *Spektrum der Wissenschaft,* 01. 10. 2020

2 https://www.sueddeutsche.de/kultur/robbie-williams-tour-hamburg-konzert-1.5743650?reduced=true

3 Michaela Muthig im Interview mit Dela Kienle, »Ständig war ich besorgt, dass jemand bemerken könnte, wie ungeeignet ich für den Job bin«, *Süddeutsche Zeitung,* 02. 01. 2023

4 Jens-Christian Rabe, »Klingt besser«, in: *Süddeutsche Zeitung,* 18.09.2020, https://www.sueddeutsche.de/kultur/wie-trump-beim-golf-betruegt-klingt-besser-1.5036363

5 https://nsf.gov/nsb/sei/edTool/data/workforce-07.html

6 https://seejane.org/research-informs-empowers/the-scully-effect-i-want-to-believe-in-stem/

7 https://idw-online.de/de/news632492

8 https://www.quarks.de/gesellschaft/psychologie/was-gendern-bringt-und-was-nicht/

9 Margarete Stokowski, »Auch durch Astronautinnen ändert sich nicht alles, in: *SPON,* 12. 01. 2021, https://www.spiegel.de/kultur/gendergerechte-sprache-auch-durch-astronautinnen-aendert-sich-nicht-alles-a-4d47d2de-32be-4166–8a71-d0e87729b78f

10 Lazar Backovic, »Mehr Christians als Frauen: Die Quote bringt noch lange nicht genug«, in: *Handelsblatt,* 20. 10. 2022, https://www.handelsblatt.com/meinung/kommentare/kommentar-mehr-christians-als-frauen-die-quote-bringt-noch-lange-nicht-genug/28757916.html

11 Daniel Bakir, »Milliarden-Boni trotz Milliarden-Verlusten – wie kann das

sein«, in: *STERN,* 20. 03. 2023, https://www.stern.de/wirtschaft/news/
credit-suisse--milliarden-boni-trotz-milliardenverlusten---wie-kann-
das-sein--33299220.html

12 https://makronom.de/der-gender-pay-gap-unterschaetzt-das-ausmass-der-
ungleichheit-auf-dem-arbeitsmarkt-35310#:~:text=In%20absoluten%20
Zahlen%20ausgedrückt%20heißt,5%20Millionen%20 Euro%20
rechnen%20können

13 Tobias Moorstedt, *Wir schlechten guten Väter,* DuMont Buchverlag, Köln
2022.

14 https://www.faz.net/aktuell/rhein-main/frankfurt/kinderbetreuung-
jungen-vaetern-fehlen-vorbilder-18649533.html

15 Shonda Rhimes, *Das Ja-Experiment,* Heyne Verlag, München 2016, S. 193

16 Agnieszka Althaber, »Die Suche nach Gemeinsamkeiten – Strukturelle
Gründe für die Teilzeitarbeit von Frauen und Männern«, in: *Zeitschrift für
amtliche Statistik,* Berlin-Brandenburg, 2/2019, S. 22–25

17 Shonda Rhimes, *Das Ja-Experiment,* Heyne Verlag, München 2016, S. 115

Türschließpanik

1 https://osthessen-news.de/naerrisch/n11740345/der-stein-des-
anstosses-strack-zimmermanns-buettenrede-im-wortlaut.html

2 Herbert Kordes und Lara Straatmann, »Faktenfinder«, *tagesschau.de, WDR,*
06. 10. 22.

3 Vgl. auch: https://www.zdf.de/nachrichten/politik/strack-zimmermann-
merz-buettenrede-100.html

4 https://www.goodreads.com/quotes/10642369-dear-superwoman-when-
some-doors-close-it-is-not-time

Fifty Shades of Nein

1 Jessica Bennett, »Welcome to the ›No-Club‹«, in: *New York Times,* 06. 08. 2019

2 Linda Babcock, Brenda Peyser, Lise Vesterlund, Laurie Weingart, *The No
Club: Putting a Stop to Women's Dead-End Work,* Simon & Schuster, New
York 2022.

3 Linda Babcock, Brenda Peyser, Lise Vesterlund, Laurie Weingart, *The No
Club: Putting a Stop to Women's Dead-End Work,* Simon & Schuster, New
York 2022

4 https://de.wikipedia.org/wiki/Mental_Load

5 https://www.youtube.com/watch?v=p9Ig-u64vHk

6 https://de.wikipedia.org/wiki/Ehelicher_Beischlaf

7 https://www.penguinrandomhouse.de/Eroeffnungsrede-von-Leila-Slimani/
aid89556.rhd

8 Shonda Rhimes, *Das Ja-Experiment,* Heyne Verlag, München 2016

9   https://editionf.com/ein-jahr-ja-experiment-shonda-rhimes/

10 Shonda Rhimes, *Das Ja-Experiment*, Heyne Verlag, München 2016, S. 178.

Aller Anfang ist Mut

1   Maya Angelou, *Ich weiß, warum der gefangene Vogel singt*, Suhrkamp Verlag, Frankfurt a. M. 2018

2   Reinhard K. Sprenger, *Die Entscheidung liegt bei dir*, Campus Verlag, Frankfurt a. M. 1998

3   Joanne K. Rowling, *Harry Potter und der Stein der Weisen*, Cornelsen Verlag, Hamburg 1998

Figurbetont

1   Jennifer Wiebking und Saralisa Volm, »Egal wie hübsch du bist, du wirst nie genügen«, in: *FAZ*, vom 05.05.2023; vgl. auch: https://www.faz.net/redaktion/jennifer-wiebking-12669608.html

2   https://academic.oup.com/jcr/article-abstract/48/1/102/6050839?redirectedFrom=fulltext

3   https://www.youtube.com/watch?v=b1XGPvbWn0A

4   Sabine Asgodom, »Sexistische Kollegen bei der Ehre packen«, in: *Die Welt* vom 25.01.2013

Selbstbehauptung in der Dating-Hölle

1   https://www.dailystar.co.uk, vom 23.02.2023

Wut ist auch eine Lösung

1   Soraya Chemaly, *Speak out! Die Kraft weiblicher Wut*, Suhrkamp Verlag, Frankfurt a. M. 2020

2   https://preply.com/de/blog/redestile-in-fuhrungspositionen/

3   Soraya Chemaly, *Speak out! Die Kraft weiblicher Wut*, Suhrkamp Verlag, Frankfurt a. M. 2020, S. 12

4   rnd.de, *Kritik wird immer lauter*, 15.07.2022, https://www.rnd.de/politik/ukraine-krieg-sie-hassen-putin-mutter-eines-toten-russischen-soldaten-4DP5YG7SVVDZDFLC3IB7QMYFNE.html

5   Johanna Kuroczik, *Wut!: Mut zum Zorn (Todsünden)*, Hirzel Verlag, Stuttgart, 2022, S. 75

6   Ebd. S. 75

7   Heidi Kastner, *Wut: Plädoyer für ein verpöntes Gefühl*, Kremayr & Scheriau, Wien 2014, Pos. 1297

SUSANNE FRÖHLICH
CONSTANZE KLEIS

Fröhlich mit Abstand
Wie wir uns neu in unseren Alltag verliebten

Susanne Fröhlich und Constanze Kleis erzählen unterhaltsam und lebensnah, wie sie ihren Alltag auf den Prüfstand stellen und sich dabei neu in ihn verlieben.

Denn was bleibt, wenn sich alles ändert? Wenn man nichts machen kann außer weiter? Dann zeigt sich deutlich: Unser Alltag ist voller Sensationen und die Summe all der kleinen Dinge, die uns ausmachen – der eigentliche Held unseres Lebens.

Liebe machen

Susanne Fröhlich ist ziemlich frisch verliebt, Constanze Kleis seit dreißig Jahren verbandelt. Jede hat einen anderen Blick auf die Liebe, also Redebedarf. Es geht um Fragen wie »Kann man Sex verlernen?« und »Was hält die Liebe auch dann noch taufrisch, wenn der Hautwiderstand schon längst aufgegeben hat?« Oder »Ist einem neuen Mann der Anblick einer Frau in im Schritt verstärkter Fahrradunterwäsche zuzumuten?« Und nicht zuletzt: »Wann ist der perfekte Zeitpunkt für eine Trennung?«

Darauf finden die beiden Freundinnen kluge, lustige, erstaunliche Antworten und ein gemeinsames Ziel: eine gleichzeitig zuckersüße, total unvernünftige und nachhaltig-nahrhafte Liebe, »eine Art Schwarzwälder-Kirsch mit Dinkelkeks-Qualitäten«.